# 大黒死病とヨーロッパ社会

◉中・近世社会史論雑編

瀬原義生
SEHARA Yoshio

文理閣

ブランデンブルク門（ベルリン）

フンボルト大学史学科研究棟　騎馬像はフリードリヒ大王
（ベルリン　ウンター・デン・リンデン通り）

ハイデルベルク城

ハイデルベルク市街

ハイデルベルク大学図書館玄関

聖霊教会の「広島原爆投下批判」の壁辞
（ハイデルベルク）

学生牢（壁の落書き）

ハイデルベルク大学　史学科研究棟

学生酒場「赤い雄牛亭」の壁面

©bpk/Knud Petersen/distributed by AMF

マネッセ写本『中世騎士物語』の挿絵
（ハイデルベルク大学図書館蔵）

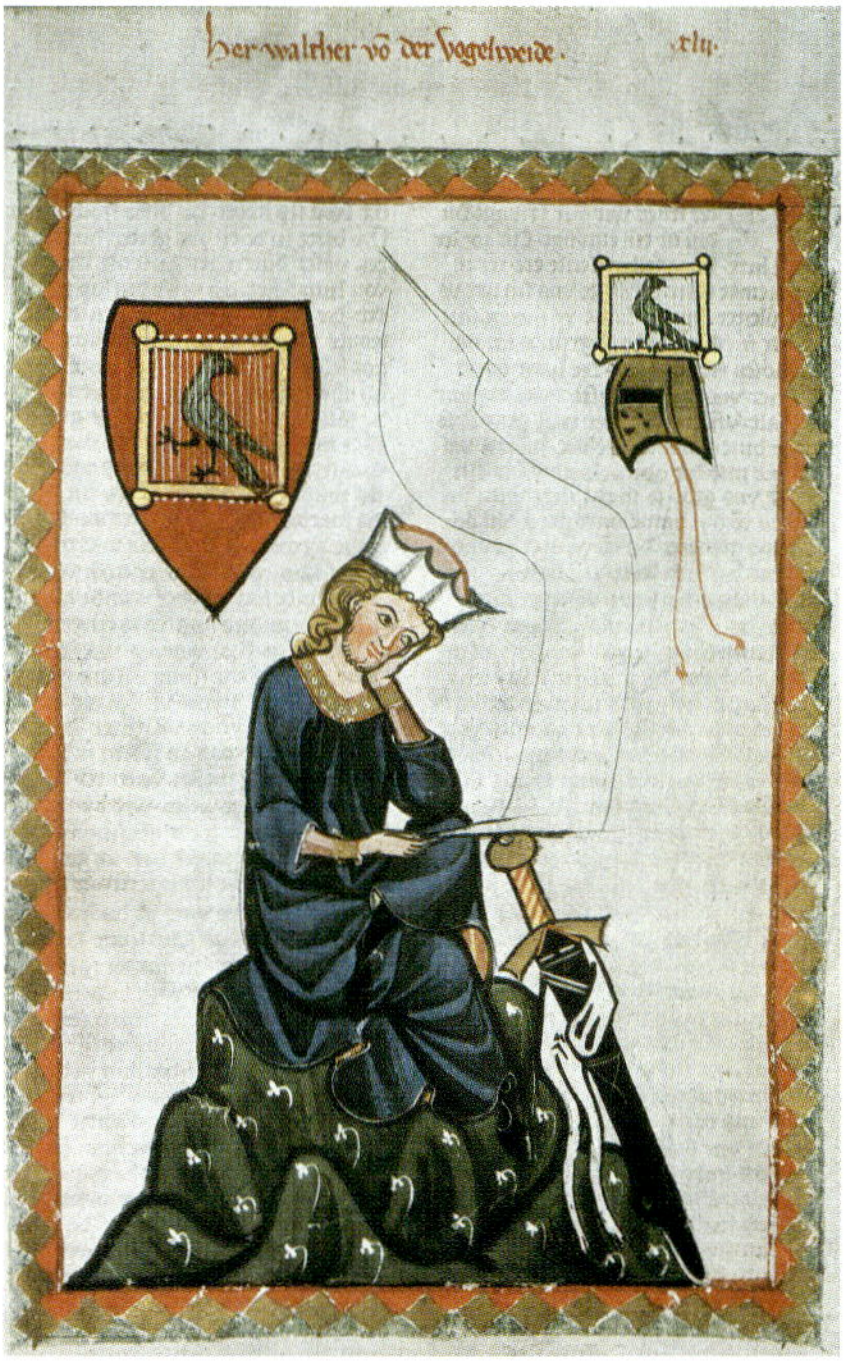


©bpk/distributed by AMF

ツヴィンガー宮殿
（ザクセン大公宮殿　現在：ドレスデン美術館）

ジョルジオーネ「眠れるヴィーナス」
（ドレスデン　アルテ・マイスター絵画館蔵）

ラファエロ「システィーナのマドンナ」
（ドレスデン　アルテ・マイスター絵画館蔵）

バイロイト祝典劇場
（ワーグナーが自作品の上演目的に計画、設計し、ルートヴィヒ２世の後援を得て完成）

ワーグナーの居館

ワーグナーの書斎・ホール

# 大黒死病とヨーロッパ社会——中・近世社会史論雑編——

目次

# 第一部　論　集

## 小　論

## 第二部　翻　訳

## 第三部　講　演



## 第四部　エッセイ

# 第一部　論　集

# 第一論文　大黒死病とヨーロッパ社会

## はじめに

「大黒死病とヨーロッパ社会」、別の表現をすれば「大黒死病と封建危機」と題するテーマは、いささかカビの生えたテーマのようにおもわれるが、最近、現代の黒死病といわれるエイズ患者が急激にふえつつある現状とか、今日の世界総人口が六〇億にたっし、地球資源の限界を越えようとしている現況をみるとき、人口問題の重要さにおいて、なにやら一四世紀と現代とが共通の立場に立っているようにみえてくるのである。

大黒死病については、わが国でも、すでに、医療の面から、あるいは、それが与えた社会意識・文化への深刻な影響の面から、いくつかの研究がなされているが[1]、それが与えた社会・経済的な影響については、それほど突っ込んだ研究はなされていない。国別、あるいは、地方別に研究がなされているにしても、少なくともヨーロッパ全体の観点から、総合的に考察するということはなされていないようにおもわれる。以下は、この後者の観点からする一試論にほかならない。

(1) 例えば、村上陽一郎『ペスト大流行』(岩波新書、一九八三)、蔵持不二也『ペストの文化誌』(朝日選書、一九九五)、クラウス・ベルクドルト『ヨーロッパの大黒死病』(宮原啓子・渡邊芳子訳、国文社、一九九七)、石坂尚武「黒死病除け絵画〈聖セバスティアヌス像〉の様式分析序説」(『文化史学』五八、二〇〇二)。

## 一　大黒死病の猖獗とその被害

ヨーロッパにペストが大流行するのは、一四世紀までには、二回みられた。はじめは前五世紀後半、あのアテナイでペリクレスが死んだときのことであり、第二回目は、六世紀半ば、皇帝ユスティニアヌスの治世のときである。(1)そして、第三回目の大流行が一四世紀半ばのそれである。

一四世紀大黒死病の発生地は、おそらく中央アジアではないかといわれているが、これが東は中国へ、西はキプチャック汗国へと二つの流れとなって流行し、この後者が、ヨーロッパへと流れてくることになる。一三四七年、クリミア半島のカッファ Caffa に滞在していたピアツェンツァの人ガブリエレ・デ・ムシスの記録(2)によれば、当時タタール人がこの港を包囲していたが、なかなか攻略できず、そこで一策としてペスト患者の死体を城内におくりこんだ。カッファの落城とともに、ここを根拠地にしていたジェノヴァ人が、西欧へ逃れ、それとともに、ペスト菌を運んだというわけである。そこで一三四七年一〇月まずメッシナ市が、ついでジェノヴァ市が襲われ、その後各国の港を入り口として大流行をみたのである。その流行の大体の推移を図示したのが次頁の地図であり、これはカルパンティエ女史が作成したものである。(3)

この地図によれば、ネーデルラント地方には、フランスとドイツからの流行の波がいわば東西から押し寄せ、惨憺たる状況を呈するはずであったが、どういう訳か惨事を免れ、いわば空白地帯を形成し、ペスト疫病にほとんどかからなかったという奇妙な現象が起こっている。(4)また、大分あとになってからはじめてペスト禍に見舞われるといった都市もあり、たとえばニュルンベルク市は、一四〇六年になってはじめてペストに見舞われ、市参事会員で、有名な『ニュルンベルク年代記』の著者であるウルマン・シュトローマーによれば、半年のあいだに一族の者八人が死に、次の年に息子が死んだと記され、その記事の直後に彼自身もペストで死んでいるのである。(5)

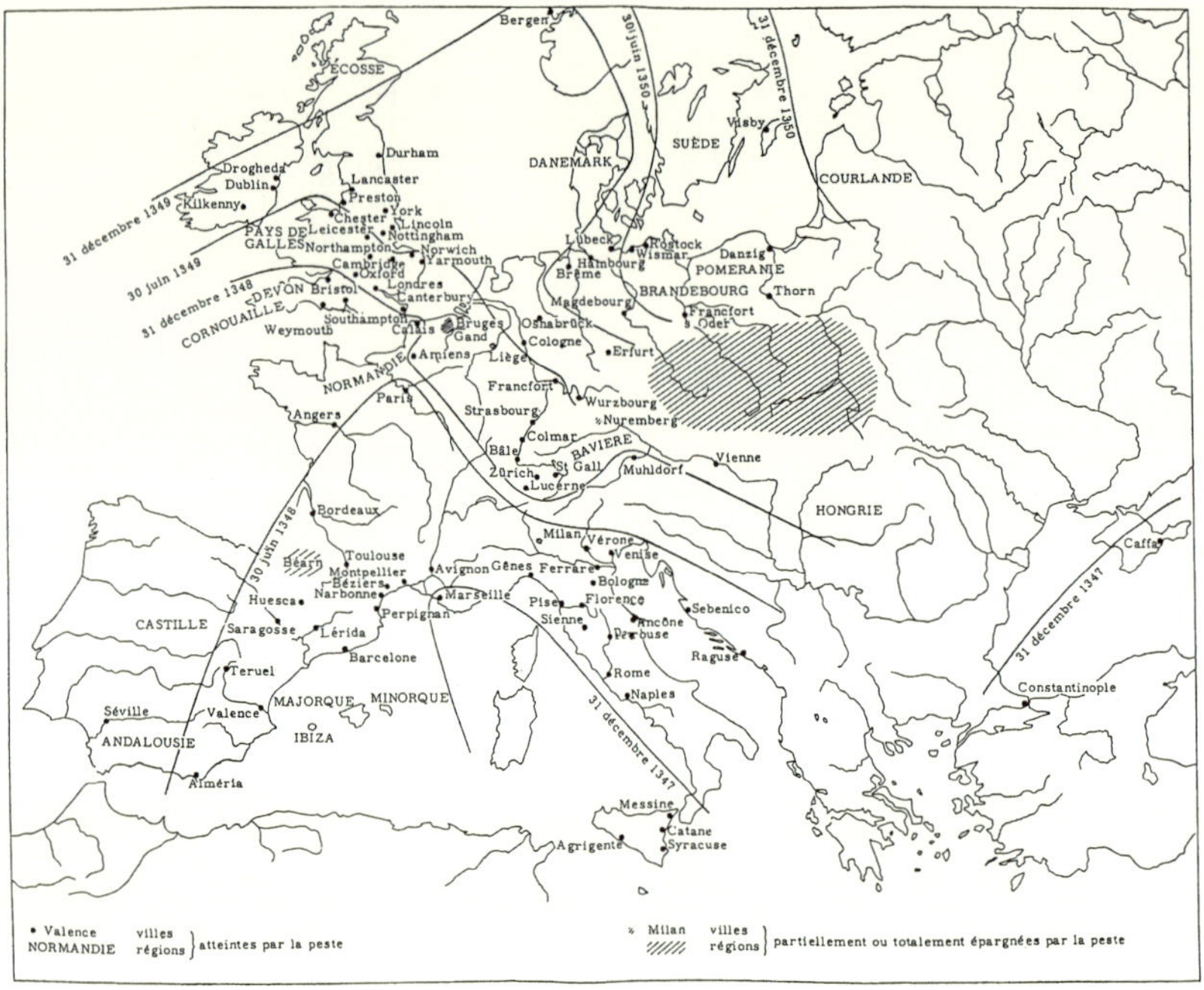


大黒死病波及推移図

ペストの惨状については、ボッカチオの『デカメロン』に著名な記述がある。

「……下層、中流の人びとは……一日千人以上も罹病しました。看病してくれる人もなく、何らの手当を加えることもないので、皆はかなく死んでいきました。また街路で死ぬ人も夜昼とも数多くありました。また多くの人は、家の中で死んでも、死体が腐敗して悪臭を発するまでは、隣人にはわからないという有様でした。……

上に述べましたようなおびただしい数の死体が、どの寺にも、日々、刻々、競争のように搬び込まれるものですから、……墓地だけでは埋葬しきれなくなり、どこも墓地が満員になると、非常に大きな壕を掘って、その中に一度に何百と新しく到着した死体を入れ、船の貨物のように幾段にも積み重ねて、一段ごとに僅かな土をその上からかぶせましたが、しまいには壕も一ぱいに詰まってしまいました(6)」。

シエナの年代記もこう書いている。

「父親は子供を、妻は夫を、兄弟たちはお互いを見放しました。何故なら、この病気は、呼吸しただけ、目で見ただけでもうつったからです。そのようにした者は死にました。そして、死者を埋葬してくれる者をみつけだすことは出来ませんでした。金を払っても、友情に訴えても駄目でした。家人ができる最上のことは、死者を溝に投げ捨てることでした。お祈りをする人もなしにです。死者を弔う鐘は鳴りませんでした。シエナの多くの場所で溝が掘られ、幾層にもなって、死者が埋められました。この年代記を書いているわたくし、アニョーロ・ディ・トゥーラも、わたくし自身の手で、わが子五人を埋めました」[7]。

死者の数が膨大なものであったことはいうまでもない。イタリアでは、フィレンツェ市の人口九万人のうち、四万余人が、シエナ市では、その周辺をふくめた人口九万人のうち、じつに八万人が亡くなっている。ただし、この中には、ペストを怖れて、郊外に移住した者も含まれているが、それにしても死亡率は八〇%にたっしたとおもわれる[8]。フランスでは、プロヴァンス地方が黒死病で五〇%の人口を失い、ノルマンディ地方もほぼ同様の人口減を記録している[9]。パリでは、一八万人の住民のうち、五万人が犠牲となった[10]。北ドイツでは、マクデブルク市が五〇%、ハンブルク市が五〇〜六六%、ブレーメン市が七〇%の住民を失っている。リューベック市では、財産所有市民の二五%、市参事会員家族の三五%が亡くなった[11]。

イングランドについては、総人口六〇〇〜七〇〇万人のうち、大黒死病では三〇%ないし三五%、さらにそれに引き続く疫病をふくめると、人口の五〇%強が亡くなったと評価される[12]。ウィンチェスター司教区では住民の五〇%ないし六五%の犠牲者が出[13]、聖職者の死亡をみると、リッチフィールド修道院で四〇%、グロステートで六〇%、イリーで七五%の高率に上ったのに対し[14]、カンタベリー大司教座聖堂のように、亡くなった者一三名、死亡率にして九・四%の軽さですんだところもある[15]。

人口史家ラッセルは、ヨーロッパ全体で二五%の人口喪失を想定している[16]。

参考文献の完全なタイトル名は、末尾の文献リストをみよ。

（1）Carpentier, p.1081.

（2）Gabrielle de Mussis は、イタリア、ピアツェンツァの法律家で、一三四七年、カッファに滞在し、イタリアに帰って、惨状を報告した。Bulst, S.46f. ベルクドルト、前掲訳書、五四頁以下。

（3）Carpentier, pp.1070–1071.

（4）Carpentier, p.1073.

（5）Bulst, S.49.

（6）ボッカチオ『デカメロン』（岩波文庫）（1）五五頁以下。

（7）Bowsky, p.15.

（8）Bulst, S.53 ; Bowsky, p.17.

（9）Bois, p.54f. 65. 例えば、モンプリエ市の人口は、一三四八年以前四万人であったのが、一三六七年一万八千人に減り、トゥールーズ市は一三三五年四万五千人が、一四〇五年一万九千人に、エグザン・プロヴァンスは一三四五年一四八六所帯が、一三五六年八一〇所帯に減少している、などである。Russell, Medieval Demography, p.163 ; Contamine, p.336.

（10）ベルクドルト、前掲書、一〇一頁以下。

（11）Carpentier, p.1065 ; Dollinger, S.85f. ; Bulst, S.53.

（12）イングランドの総人口については、意見が分かれている。いま、ラッセルとポスタンの評価を例示すると、下表の如くである。Postan, Agrarian Society in its Prime, §7 England, pp.561–562 ; Titow, p.67f. ラッセルの数字については、Carpentier, p.1083. もみよ。

今日では、ラッセルの評価は低すぎると見做されている。大黒死病、およびそれに引き続く疫病によるイングランドでの死亡率については、Postan, p.562 ; Titow, p.68 ; Bridbury, Black Death, p.587 ; Keen, p.33. etc.

（13）Bean, p.432.

（14）Coulton, p.496. に詳しい。

（15）Genicot, Crisis, p.675.

（16）Russel, Population, p.41.

| 年代 | 1086（Domesday Book） | 1358 | 1377（Poll-tax returns） |
|---|---|---|---|
| ラッセル | 110万 | 370万 | 225万（1／3減） |
| ポスタン | 175万 | 600–700万 | 300万（半減） |

## 二　民衆の苦悩の叫び

このような突然の大量死亡は人々の精神に大きな動揺を与えずにはおかず、さまざまな文化変容、民衆運動が起こってくるのは当然のことであるが、このときの典型となったのが、鞭打ち行者の流行とユダヤ人の迫害であろう。

群衆が悔い改めると叫びながら、お互いに、あるいは、自らを鞭打ちながら行進するという苦行者の運動の起源は、一二六〇年ごろの中部イタリア、ペルウジアに発するといわれるが、たちまちイタリア全土に広がり、一二六〇年の終わり、アルプスを越えてアルザス、バイエルン、ボヘミア、ポーランドへと拡大した。それにつれて、初期の敬虔な贖罪的行為という側面がうすれ、反封建体制的、反教会的色彩を帯びるにいたった。危険視した教皇は、一二六一年一月、行進の禁止を呼びかけ、運動は一応終息した。大黒死病の勃発とともに、再び燃え上がり、一三四九年同時多発の形をとって一挙に全欧を席巻し、イングランドにもたっした。しかし、運動が広がるにつれて、今度も反体制化し、最後にはユダヤ人迫害の先頭を切るようにさえなった。はじめは鞭打ち行進を奨励さえしていた教会側も、ここにいたって警戒心を強め、教皇クレメンス六世は一三四九年一〇月二〇日付の書簡を通じて、この運動を弾劾し、中止を要請した。運動は、一時的集団的熱狂にかられたものであっただけに、熱の冷めるのも早く、完全に瓦解した(1)。

### ユダヤ人の迫害

大黒死病期のユダヤ人迫害は、一三四八年四月一三日、南フランス、ツーロンで起こったのが最初といわれる(2)。中世のユダヤ人は、社会上層部への金貸しや、医者などのすぐれた技能の所有者として、国王や司教などによって保護され、都市の片隅で生活していたが、民間人の反感は消えず、事ある毎《ごと》に火を吹き、フランスでは、一一八〇年、国王フィリップ二世・オーギュストがその支配地のユダヤ人全員を逮捕し、身代金を搾取し、負債を五分の一に減額させ、一一八二年には支配地から追放した[3]。イギリスでも、一二九〇年、エドワード一世がユダヤ人すべてを国内から退去させている[4]。

ツーロンで起こったユダヤ人迫害は、次のような経路をへて、北方へ、そして、ドイツへと波及した[5]。

| | |
|---|---|
| 一三四八年五月 | ドーフィネ |
| 五月一四日 | マノスク |
| 五月一六日 | ラ・ボーム |
| 七月 | パリ、ランス |
| 八月一七日 | サン・サチュルナン |
| 一一月 | ベルン、カウフボイレン |
| 一一月二二日 | アウクスブルク |
| 一一／一二月 | ネルトリンゲン |
| 一二月六日 | リンダウ |
| 一二月八日 | ロイトリンゲン |
| 一二月二七日 | エスリンゲン |
| 一三四八年末 | コルマール、ハイデルベルク |
| 一三四九年一月一日 | フライブルク・イム・ブライスガウ |
| 一月二日 | ラーフェンスブルク |
| 一月四日 | コンスタンツ |

一月一六／一七日　バーゼル
二月一四日　シュトラスブルク
四月二〇／二一日　ヴュルツブルク
七月二四日　フランクフルト
一二月五日　ニュルンベルク
ミュンスター、オスナーブリュック、ロストック、シュトラールズント
一三五〇年

どこの迫害からかは判らないが、黒死病の原因をユダヤの井戸への薬物投入に求め、それを根拠にしてユダヤ人を焚刑に処し、彼らに対する借金を棒引きにし、その財産を略取するという行為が蔓延した。シュトラスブルクの場合には、黒死病勃発の直前におこなわれていた一三三二年のツンフト闘争とその結果である新しい市政体制への不満――一般市民、都市貴族双方の――が、ユダヤ人を迫害し、不満解消の身代わりを求めたのであるが、その発動を主導したのは、ユダヤ人に多額の借金を抱えた司教、アルザスの領主たちであった。彼らは、一三四九年一月某日、ベンフェルト（シュトラスブルク南南東一五キロのところ）で会議を開き、「ユダヤ人の絶滅 de non habendis Judeis」を計画した。そして、「ユダヤ人が井戸から自分たちの釣瓶《つるべ》を外したのは何故なのか」という見え透いた質問を市民に投げかけて、彼らをあおった。都市当局はそれでもユダヤ人をかばった。それは彼らがユダヤ人から賄賂をもらっているからだと、かえって民衆に疑われ、事態はエスカレートした。

一三四九年二月九日、シュトラスブルクの全ツンフトが旗をもち、武装して本山聖堂のまえに集まり、貴族もまたこれに合流し、市長たちに退陣を迫った。翌一〇日、市政はやや反動的なものに変わるが、一二日にはユダヤ人の大量虐殺をもって最後の仕上げがなされた。二千人のユダヤ人が焚刑に処せられ、ユダヤ人に借金のある者はすべてを抹消しようとし、借金のために渡した担保や証文を全部取り返した。またユダヤ人のもっていた財産を市参

事会は没収し、これをツンフトのあいだに分配した。「ユダヤ人を殺したもの、それは〈die vergift〉〈毒物と賄賂の掛言葉〉であったのだ」と、年代記は息もつかせず叙述している。(6)

(1) クラウス・ベルクトルド『ヨーロッパの黒死病—大ペストとヨーロッパの終焉—』(吉原啓子・渡邊芳子訳、国文社、一九九七年)、一一四頁以下。
(2) F.Grraus, Pest—Geisler—Judenmörde, 2.Aufl., 1987, S.159.
(3) Haverkampf, Ausbruch und Gestaltung, Darstellung 1056–1273, 1980, S.190f., 298.: Ders., Medieval Germany 1056–1273, pp.215f. 348. ドイツにおける最初のユダヤ人迫害は、一〇九六年、トリアーで起こっている。
(4) Coulton, G.G., Medieval Panorama, The English Scene from Conquest to Reformation, 1938, p.35f.
(5) Graus, S.159f.
(6) Chronik d. deut. Städte 8 (Closener, Strassburg), S.128f. 拙著『都市の歴史的展開』二〇八頁。

＊なお本節は、当論文発表後に執筆し、すでに拙著『ドイツ中世後期の歴史像』(文理閣、二〇一一年)一三五〜一三八頁に引用したが、行論の都合上、再度引用することをお許しいただきたい。

## 三　イタリア社会の変化

このように一時に大量の死者が出、激烈な社会運動が起こったわけで、当然、社会生活、経済生活にも大きな影響を及ぼさずにはおかなかった。この問題をめぐっては、これまで、さまざまな論争が交わされてきた。ある論者は、大黒死病に起因する人口激減に、古典的荘園制解体の直接的原因を見出し、近代社会形成の出発点をここに設定しようとしたのに対し、ある論者は、この人口論的決定論を否定し、封建社会の危機はすでに一二〜一三世紀のころから始まり、危機の主要な原因は領主対農民という封建社会の構造そのものにあり、封建農民の階級闘争こそが封建社会を崩壊させた原動力にほかならない、と説いたのであった。この封建危機論争は、わが国の西洋史研究においても大きな焦点となり、研究心をあふったものである。いまから四〇年まえのことである。しかし、その後封建危機のテーマはすっかり放置されてしまった。わが国における高度経済成長の実現とその大崩落の現状が、近代化を問う問題意識をはるかに乗り越えてしまったからである。

しかし、ヨーロッパの研究者のあいだでは、一四世紀の問題は、依然として熱烈な研究対象であることを止めなかった。そこで、ヨーロッパ各国における最近の研究動向をふまえつつ、大黒死病に見舞われたヨーロッパ社会の危機とその変容過程を追ってみたい。

まずイタリアに関して社会的変化が起こったのかどうか、という問題であるが、ペストの猛威についての文学上の華々しい記述に比して、その後の社会的影響についての立ち入った研究はほとんど見当たらない。わずかにシエナに関するボウスキーとピストイアに関するハーリハイの研究があるだけである。

ボウスキーによれば、すでに述べたように、シエナは市内および周辺部の人口のおよそ八〇%を失うという惨状を呈したのであるが、その回復は意外と早かった。一二八〇年代に始まった都市貴族支配、いわゆる「九人政務委員会 Noveschi」体制は、嵐が過ぎ去ると、平常通り執務を再開し、市の財政収支簿 Biccherna に記録されている支出をみると、一三四九〜一三五二年の半期平均二一万ポンドで、一三四一〜一三四四年半期平均二六〜二八万ポンドに比して、やや下廻る程度である。(1) しかし、人口減のため、課税については、引き上げによって、収入の維持を図らねばならなかった。興味深いのは、罰金の増額や六〇〇ポンドの死刑免除金を導入したことで、一三四九年前半だけで六三五人から二万三六〇〇ポンドの増収があったといわれる。(2) もっと重要なのは、間接税 gabella の倍額引き上げ、富裕市民に対する公債の強制割当て、および旅籠業者への四〇〇〇フローリンの営業税課税、他所者出身の金貸し業者に対する一人当たり一〇〇〇フローリンの課税導入で、これらによって一三五一年前期だけで、七万五〇〇〇フローリンの増収が実現した。(3)

人口の減った農村部への課税は緩和され、農村労働者の移動を制限しようという法令が出されたが、効果はなかった。他方、他所からの移住民招致が奨励され、彼らには一三五四年まで免税の措置が取られたが、ただし耕地を荒廃させないこと、という条件を守らねばならなかった[4]。

ペストによって、シエナの九人政務委員のうち、四人が死亡し、また多くの都市貴族も死んだ。他方では、この機会に土地を買収したりして上昇した「成り上り者 gente nuova」が、次第に数を増し、旧貴族の市政独占を脅かすにいたった。一三四九年の都市立法が、都市貴族、判事、医師らとその家族にだけ、贅沢な服装をすることを認めているのも、自分たちの特権的地位を守ろうという旧来の都市貴族層の危機感の現われとおもわれる。しかし、同年秋には、いままで都市貴族にだけ独占されていた間接税徴収権入札購入の権利を、市民に解放することが決定された。それでもなお、銀行家、都市貴族への攻撃は止まず、一三五五年、皇帝カール四世の来市をきっかけとして、市民の暴動が起こり、九人政務委員会体制はついに崩壊したのであった[5]。

フィレンツェの近郊にあたるピストイヤの状況はどうであったろうか。「竈調査簿 Liber focorum」によれば、コンタード・ピストイヤの人口は、一二四四年三万一千人と評価されるが、一三八三年には一万四千人へと減り、一四〇四年には九千人へと底をついている。大黒死病の結果であることは否定できないが、実はピストイヤの人口のピークは一三世紀前半にあり、四万四千人が居住していたと推定される。それから減少が徐々に始まり、一四世紀前半にもその趨勢は止まず、ペストがそれに加速を加えたとおもわれる[6]。

一四世紀前半までのピストイヤ農民は、まだ湿地帯であった平地を避けて、半数が丘陵の中腹に住んでいたが、地味が痩せているうえに、農具が貧弱で、その生産力は低かった。一二〇一〜一四二五年間の小作料率の史料があるが、それによると、率は表1の通りである[7]（単位：面積　1 stioro = 12.65 are, or 0.31 acres、小麦量　1 staia = 25.92 litres）。

一三世紀後半、1 stioro 当たり 2.50 staia の小作料は、農民にとって生活ぎりぎりの大変な負担であり、農民のなかには、農機具の購入、あるいは不足する日常の生活費を補充するために、収穫物の一部を永久地代として売却

表1　ピストイヤ地域の1 stioro当たりの平均的小作料

| | 土地貸与例 | 小作料 | | 土地貸与例 | 小作料 |
|---|---|---|---|---|---|
| 1201–1225 | 9 | 1.50 staia | 1326–1350 | 66 | 2.50 staia |
| 1226–1250 | 5 | 2.30 〃 | 1351–1375 | 230 | 1.60 〃 |
| 1251–1275 | 10 | 2.67 〃 | 1376–1400 | 269 | 1.50 〃 |
| 1276–1300 | 14 | 2.50 〃 | 1401–1425 | 394 | 1.40 〃 |
| 1301–1325 | 15 | 2.50 〃 | | | |

する者が現れた。例えば、一二六〇年三・二〇フローリンの投資に対して、1 staiaの小麦（時価四フローリン）を引き渡し、毎年これを繰り返すのである。つまり、利率は八～九％ということになる。一二八〇年代には、小麦価格が高騰し、1 staia当たりの投資は五・七フローリンとなり、利率は一二・五％に上った。(8) 農民の生活は窮迫し、ここから人口の漸次的減少が始まるのである。

大黒死病による農民人口の激減、労働力の不足は、こうした状況を一変した。表1が示すように、小作農民を確保するために、小作料は減り、したがってまた永久地代売却の利率も五％へと引き下げられた。フォルコーレForcole修道院のいうところによれば、「疫病のため、修道院領が未耕のまま放置され、地代が小麦12 staiaからその半分に減りはしないか」を怖れ、他の地主たちも同様であったからである。地主たちは、さらに耕作に出すに当たって、耕牛、農具、種子、肥料までも提供しなければならなかった。そして、地代は、収穫量に応じて、それを折半するという慣行となり、かくして新しい体制としてのメッツァドリアmezzadoria制（折半小作制）が成立し、これはトスカナ全体でも普及することになったといわれる。(9)

以上、例証は二カ所にすぎないが、示唆するところは大きいとおもわれる。都市では、これ以後、下層市民の活動が活発となり、(10) チオンピの騒擾などを経て、やがては最上層市民の寡頭独裁制が生まれる。農村においては、そうした上層市民の経済的基盤としてのメッツァドリア制が確立をみた。大黒死病は、そうした近世イタリア社会体制の出発点としての意義をもつのではないか、とおもわれるのである。

（1）Bowsky, p.21. シエナの九人政務委員会体制については、モラ・ヴォルフ、民衆運動、七八頁を参照。
（2）Bowsky, p.22.
（3）Ibid.
（4）Ibid., p.26.
（5）Ibid., pp.29, 33f. 九人政務委員会制の崩壊過程については、モラ・ヴォルフ、民衆運動、一四五頁以下。
（6）Herlihy, Population, p.230f.
（7）Ibid., p.238.
（8）Ibid., p.239ff.
（9）Ibid., p.242ff. メッツァドリアについては、森田鉄郎『中世イタリアの経済と社会』（山川出版社、一九八七）第九章（四一三頁以下）を参照。
（10）一三四八年前後の各都市における、手工業者の賃金統制令の発布については、Kovalevsky, S.413ff. をみよ。

## 四　イギリスの農業危機と農村の変貌

大黒死病とその社会経済的影響について、もっとも研究の盛んなのはイギリスである。賦役労働の金納化が、大黒死病を契機として一般化したかどうか、という問題について、古くソロルド・ロジャーズ以来、論争が展開されてきたが、この問題が、ハンドレッド・ロールズを史料としたコスミンスキーの研究[1]によって決着をみたことは周知の事実である。しかし、大黒死病の社会経済的影響を全面的に論じたのは、M・ポスタンであった。彼は一九三九年に「一五世紀[2]」と題する論文を発表しているが、さらに一九五〇年に「中世後期における人口減退に関する若干の経済的証拠[3]」という論文を発表し、後者が問題をより全面的に扱っている。この後者の論文の出発点は、一四、一五世紀の穀物価格と農業労働賃金の統計表である[4]。

これによれば、穀物価格が漸次下落しているのに対し、労賃の方は反比例的に上昇し、一五世紀中頃になると、

表2　ウィンチェスター司教領の一日当たり農業労働賃金

| 小麦価格（1クォーター当たり） | | | | | 賃　金 | | |
|---|---|---|---|---|---|---|---|
| 年代 | ペンス貨 | % | 銀の grain 量 | % | ペンス貨 | % | 小麦量 |
| 1300–19 | 7.00 | 100 | 1734 | 100 | 3.85 | 100 | 1.00 |
| 1320–39 | 6.27 | 89 | 1547 | 90 | 4.78 | 124 | 1.40 |
| 1340–59 | 6.30 | 90 | 1372 | 79 | 5.12 | 133 | 1.48 |
| 1360–79 | 7.56 | 106 | 1508 | 89 | 6.55 | 169 | 1.54 |
| 1380–99 | 5.58 | 80 | 1113 | 65 | 7.22 | 188 | 2.35 |
| 1400–19 | 6.35 | 90 | 1188 | 68 | 7.33 | 189 | 2.10 |
| 1420–39 | 6.55 | 93 | 1107 | 64 | 7.32 | 189 | 2.00 |
| 1440–59 | 5.65 | 80 | 926 | 53 | 7.29 | 189 | 2.36 |
| 1460–79 | 6.02 | 86 | 812 | 47 | 7.22 | 188 | 2.20 |

（小麦量単位　クォーター）

労賃の実質購買力は、一三〇〇年ごろの二倍、ないし二・三倍に達している（表2）。この事実をどのように説明するか。

まず穀物価格であるが、この時期、単位面積当たりの収穫量が増えたということはありえず、また作付面積の方も、減りこそすれ、増加することはなく、したがって穀物供給量はむしろ減少していた。それでも穀物価格が下がるということは、需要の側の減少を前提とするほかはない(5)。

次に賃金の上昇の問題であるが、農業労働の分野から他の生産分野への労働力の流失が要因として考えられる。しかし、一三五〇～一四七〇年までのイギリスの工業生産は、一般的に下降のカーヴを描くか、停滞の線を示している。その中で、毛織物工業をみると、年生産量五万反から推定される就業人員は大体一万五千人であり、イギリス全人口の〇・六五％を占めるにすぎない。毛織物工業への労働力の移動といっても、小規模なものにすぎなかったと推測される。したがって、農業労働賃金の上昇というのは、他分野への労働力の流出によるのではなく、ある地域内での労働力の絶対的減少に起因すると考えられる(6)。

人口減少の影響はさまざまな分野であらわれる。すなわち、定期借地料、地代、あるいはエントリー・ファイン、いわゆる土地保有登記料、各収入の減少となってあらわれる。例えば、ランカスター公領の定期借地料収入は、一五世紀中に二〇％低下し、ノーフォーク、フォ

表3　グラストンベリ修道院領における消滅地代の増加

| | 1353 | 1366 | 1368 | 1381 | 1395 | 1405 | 1448 | 1452 |
|---|---|---|---|---|---|---|---|---|
| 荘園名 | £ s.d. | £ s.d. | £ s.d. | £ s.d. | £ s.d. | £ s.d. | £ s.d. | £ s.d. |
| Walton | — | — | 3 14 5 | 3 15 0 | 6 7 4 | 4 1 4 | — | 9 7 9 |
| Street | 0 9 3 | 2 13 4 | — | — | — | 5 5 4 | 12 9 2 | |

ンセットマナーのエーカー当たりの地代は、一三七〇年代の一〇と四分の三ペンスから一五世紀前半八ペンス、同世紀後半七ペンスまで低下している。グラストンベリ修道院の土地保有登記料をみると、一三世紀初期、一ヴァーゲイトにつき一ポンドであったのに対し、一三五〇年ごろには一二ポンドにたっし、以後低下を始め、一四五〇年にはきわめて低額なものとなり、登記料なしに貸し出される土地も出ているほどである⑺。

注目すべきことは、一四世紀後半に「消滅した地代 decasus redite」と称する記録が増えていることで、例えば、グラストンベリ修道院領の二つの荘園についての地代の消滅ぶりを示した例をあげよう。

この表3からも判るように、ストリート荘では、一三五三年消滅地代が九シリング三ペンスであったのが、一三六六年には二ポンド一三シリング四ペンスにふえ、一四四八年には一二ポンド九シリング二ペンスへと増大している。ウォルトン荘についても、同様なことがいえる。これは、借地農民の減少、それにともなう耕作地の放棄を端的に示すものであろう⑻。

こうしてポスタンは、大黒死病による人口激減と、それにともなう農業危機の出現の相関性を論証しているのであるが、しかし、彼は、農業危機の発端を示す年代を一三二〇年代としている。この農業危機の発端は、ペストによる人口減少では説明できない。そこでポスタンは、その原因として、一三世紀に伸びすぎた農業生産、過剰人口化の反動、その収縮過程を想定し、これこそが一四、一五世紀の危機の底流にあるのではないか、と示唆しているのである⑼。

こうしたポスタンの主張に対して、コスミンスキーは次のように批判している。第一に、農業労働者の賃金が騰貴するのは、人口の減少した期間ではなく、一三八〇〜九九年にその最大の飛躍をみており、これは、さまざまな要因、とくに一三八一年のワット・タイラー一揆に示された、労働者が自己の利益を守り抜く能力と努力に起因するものである。第二に、ポスタンは、個々の農民保有地面積の拡大現象を人口の減少に帰しているが、それは農民層の上下分解によって説明されることである。第三に、地代や地価の下落、借り手のない保有地の増加などは、人口の長期的減少の結果ではなくて、領主直営地の土地が大量に土地市場に投げ出されたからにほかならない、としている。[10]このコスミンスキーの批判は、理論的には説得的ではあるが、十分な実証的裏付けを欠いているというのが、いつわらざる感想である。

ところで、ポスタン以後の研究はどのようにすすめられているのであろうか。それは、大体二つの分野で行われている。一つは、ペストとその被害の実態、それのイギリス経済全体への影響をもっと緻密に探ろうとする方向であり、いま一つは、一四、一五世紀のイギリス農村内部の実際の動きをきめ細かく分析しようという、いわば社会史的研究である。

前者としては、ビーンとブライドベリの研究が典型的といえよう。ビーンは、一三四八年から一四八五年にかけてイギリスを襲ったと記録される三十回余りのペストを一つ一つ分析し、その被害の軽重を論じている。その結果、三十回のうち十回のペストが全国土をおおったものであること、[11]そして、一三七四年以降になると、ペストの流行は地域的なものとなり、しだいに都市的風土病的現象となることが明らかにされた。とくに一四二〇年以後になると、ロンドン市に集中するようになる。さらに、ペストの種類をみると、大黒死病をはじめ一四世紀のペストは、大体、肺ペストと称せられるものが中心で、死亡率も非常に高かったが、一五世紀に入ると、いわゆる腺ペストが主流となり、これは死亡率もやや低く、したがって人的犠牲者も初期のころに比べて、比較的軽くてすんだのではないか、とビーンは推定しているのである。[12]

このビーンの論文をふまえて、ブライドベリは次のように考える。一三四八年の大黒死病から次の一三六一／六二年のペスト流行までには、一三／一四年の間隔があり、この間に、一四世紀前半に存在した過剰人口の残存部分と、上昇する結婚率、しかも早められた結婚と、やや余裕のできた生活条件によって養育された若い人口とが、失われた人口を補充し、社会的に大きな変動を来たさなかった。しかし、第二回目と第三回目（一三六九年）、そして、第四回目（一三七五年）とのあいだには、それぞれわずか七ないし六年間の間隔しかない。これは失われた人口を回復するには余りにも短すぎ、ついに一三八〇年代をして労働者数の最底辺を実現させることになり、労働賃金のピークを出現させたのである。またこのことは、それまで少なくとも励行されていた一三五一年の労働者規制令の効力を失わさせ、荘園経営の収益性を下落させ、荘園経営を放棄させることになる。一三八一年の大一揆は、そうした転換の時代が到来したことを告げる事件であった。要するに、一四世紀末には、度重なるペストの流行が、人口の復原力を上回り、農業危機を深刻化させるにいたったのだ、というのがブライドベリの見解である。[13]

表4　1281－1530年年平均毛織物・原毛輸出量の推移
（単位　原毛1 sackに換算）

| 年代 | 毛織物 | 原毛 |
|---|---|---|
| 1281-90 | — | 26,856 |
| 1321-30 | — | 25,268 |
| 1351-60 | 1,267 | 32,655 |
| 1381-90 | 5,521 | 17,988 |
| 1411-20 | 6,364 | 13,487 |
| 1441-50 | 11,804 | 9,398 |
| 1471-80 | 10,125 | 9,299 |
| 1501-10 | 18,700 | 7,562 |
| 1531-40 | 23,424 | 3,481 |

ただし、ブライドベリも、全体的にみれば、一四世紀前半のイングランドが過剰人口の状態にあり、数度にわたるペストが人口の適正状態を生み出し、一五世紀に入ると、農業分野の景気低迷は継続したにしても、工業分野の生産力を上昇させることになったと論ずる。そのもっとも顕著な例が毛織物業の分野である。彼があげている毛織物輸出の数字を適宜あげれば、表4の如くである。[14]

毛織物輸出が倍々増している間に、毛織物に対する国内需要の方も増加し、販売登録税 aulnage の記録によれば、一三五六～五八年間に国内向け毛織物が五千反 cloth であったのが、同世紀末には一万反へとふえ、生活の余裕化がうかがわれる、というのである。[15] ブライドベリの主張は、全体的には、上述のビーンと同一の方向をとったものといえよう。

イギリス農村の社会史的研究の方をみると、これは、カナダ、アメリカの研究者によって行われ、トロント大学のラフティス教授を中心として、デヴィント、ブリットンといった研究者が論文を発表している。

ラフティスは、ハンチンドンシャー、ラムゼイ修道院領のアプウッド Upwood、ブラウトン Broughton、アボッツ・リプトン Abbots Ripton、ウィッソウ Wistow、ワーボーイズ Warboys の五村について、いままでほとんど利用されてこなかった膨大な村落（荘園）裁判記録文書を史料として、村の実際の動態を明らかにし、デヴィントもまた、ラムゼイ修道院領のキングス・リプトン King's Ripton 村、ホリウェル・カム・ニーディングワース Holly-well-cum-Needingworth 村を、ブリットンはブラウトン村についてさらに突っ込んで研究している。[16]

ここでは、ラフティスの研究を紹介するが、彼の研究は、上記五村の一二七〇年代～一三五六年にいたる、関係する所帯二三六四、人員四八一六人にかかわる、およそ二万八〇〇件の文書を史料として、[17]大黒死病前後の村落の動向を見定めようとしたものである。それによると、文書に出てくる所帯、ないし人員は、（A）住み続けている者、（B）途中で消滅した者、（C）一時的に登場する他村者、（D）ごく些少な役割しか演じない者、に分類されるが、いまそれを統計化すると、表5のごとくである。[18][19]

村住民のうち、五〇～三〇％の住民が村の役職、村落裁判陪審人 jurors、エール飲料鑑定人 taster、主任弁護人 capital pledge といった役職に選ばれ、一年任期で、就任していた。荘園管理人 reeve、領主側村役人 beadle に任命されたのも彼らで、彼らはいわば標準農民であった。[20]

大黒死病が、これらの農民に対して与えた影響は、（B）の人数によって推察されるが、各村平均して一五～二五％の家が断絶したとおもわれる。例えば、アプウッド村の場合は犠牲は比較的軽く、一〇家族が一三五〇年までに消滅したことが確認されているが、同村については、一三四九～一三九八年の裁判文書に、五一家族が（A）カテゴリーとして恒常的に登場してくる。それをみると、そのうち、一二家族は表5の分類では、（D）カテゴリー

表5 ラムゼイ修道院領5村の裁判文書登場住民の居住性分類

| | Upwood | Wistow | Warboys | Abbot Ripton | Broughton | |
|---|---|---|---|---|---|---|
| A） | 40(50%) | 34(38%) | 27(30%) | 26(33%) | 36(57%) | [47(29%)] |
| B） | 9(11%) | 21(24%) | 15(16%) | 19(24%) | 14(22%) | [15( 9%)] |
| C） | 7( 8%) | 17(18%) | 10(11%) | 8(10%) | 3( 5%) | [66(40%)] |
| D） | 28(31%) | 20(20%) | 40(43%) | 25(33%) | 10(16%) | [36(22%)] |
| | 84 | 92 | 92 | 78 | 63 | *[164] |

*Britton が、同時期の Broughton 村について調査した住民数とその居住性分類を併記した。

に属しているのである。つまり、社会的激変のなかで、彼ら低い地位にあった家が、経済的富を蓄積するチャンスに恵まれ、標準的農民にのし上がっていったと推測されるのである。[21]

大黒死病以後の裁判の案件で、まず取り上げられるのは、領主直営地に対する「賦役の不履行 Default in opera」の問題である。死亡や他処への流出・移住による不履行[22]のほかに、雇用労働者の不足のため、労働者を雇っても、それを農民自身の耕地経営に宛てる[23]に精一杯で、とても領主直営地への代理賦役にまで廻す余裕がなかったからとおもわれる。

それに反比例して、賦役に金納化の記録が目立つようになる。アプウッド村をみると、一三八五年から、標準農民八家族について、村の役職についたという理由で、賦役の金納化が認められている。一四〇〇年以降になると、そうした農民が直営地の耕作に従事した場合、五シリング程度の報償金 subsidia が支払われている例が頻出する。[24]「地代帳 extents」により、一三七一年と一四一二年に賦役を行っている農民全体の土地保有量を比較すると、前者については 26¼ virgates、後者については 20¼ virgates とあり、virgate 当たりの賦役が同量とすれば、後者の賦役量は五分の一強、減少したことになる。この減少を補うため、小農民の雇用がふやされており、前者については 11 cottage 分、後者については 15 cottage 分となっている。[25]

領主は、賦役のゆきわたらない直営地を、荒廃のまま放置しておくわけにはいかず、土地市場に放出して、貸し出すことになる。アプウッド村の場合、放出された直営地は一五〇エーカーにのぼり、借地人には村外者——多くは隣村の者——が現

表6　アプウッド村領主直営地借地人の出身分類

| | 1385-6 | 1386-7 | 1392-3 | 1408-9 | 1411-12 | 1412-13 |
|---|---|---|---|---|---|---|
| 標準農民 | 13 | 13 | 10 | 23 | 24 | 24 |
| 小農民 | 9 | 9 | 8 | 5 | 5 | 4 |
| 村外者 | 17 | 20 | 16 | 11 | 11 | 12 |

表7　村民間紛争の分類表

| | 喧嘩争論 | 不法横断 | 弁護・保証事件 | 総数 |
|---|---|---|---|---|
| Wistow | 85 | 68 | 25 | 178 |
| Warboys | 122 | 177 | 90 | 389 |
| Abbots Ripton | 27 | 57 | 28 | 112 |
| Broughton | 57 | 50 | 39 | 148 |
| Upwood | 47 | 126 | 63 | 236 |

れ、また小農民はグループを組んで、借り受けた。いま、一三八五～一四一三年について、借地人の出身を分類してみると、表6の如くである(26)。

一四世紀末までは、村外者が借地人の半数近くを占めており、小農民もそれなりに借地人となっているのに対し、一五世紀に入ると、村の新たな標準農民となった者たちが、借地人の圧倒的部分を占めるにいたっていることが判る。

しかし、裁判記録の主要な内容をなしたのは、村民間の紛争、すなわち、叫喚追跡〈hue and cry〉、襲撃、悪口雑言事件、他人の土地、あるいは隣村の土地への家畜の不法追い込み・横断、解禁前の沼地での放牧などの、いわゆる〈trespass〉、借金をめぐるトラブル、その弁護、中・下層農民の女房たちがつくる不良エール醸造の問題、富裕農民による村外民の不法雇用、許可なしの離村問題などであった。いま、ラフティスが上記五村での紛糾について収集し、分類した表を示せば表7の如くである(27)。

このほか、在来の居住者と新来者とのあいだに喧嘩口論が頻発し、荘園管理人に対する襲撃・傷害事件(28)も起こっているのである。

これを要するに、ラフティスらの研究によれば、「一三六〇年から一三九〇年にかけてのイングランドの表面上の経済的均衡は、村内の無数の社会的緊張からみて、偽りであり……村の社会的共同性は崩壊しつづけた」[29]が、一五世紀に入って、新しい標準農民を基盤として、ようやく安定性を取り戻した、ということになる。そして、マクファーレンの総括的表現を借りれば、イングランドにおける小農民社会、つまり農民家族と土地所有とが一体のものと考えられる社会の特質は、黒死病直後に消滅し、これ以後、個人主義的土地所有観が確立をみるにいたった、とする見解において歴史家たちは一般的に合意している、といわれているのである。[30]

このラフティスらを中心とする、いわゆるトロント学派を厳しく批判しているのが、テル・アビブ大学のツビ・ラジ教授である。彼もまた、バーミンガムのヘイルズオーウェンHalesowen教区の荘園裁判記録[31]をふまえて、その一二七〇～一三四八年間、さらにその後にわたる、ほぼ二〇〇の農民家族の動向を考察しているが、彼のみた大黒死病前の農民の実態はどうであっただろうか。

まず土地に対する農民の考え方であるが、農民らにとっては、保有地は全家族の生活を支える基礎であり、したがって後継ぎの子供はもとより、そうでない子供たちにもなんらかの土地があたえられるのが普通であった。二〇〇家族のうち、一四〇家族が一人以上の子供に土地を与えているのである。相続した長男は、兄弟姉妹に配慮し、年老いた両親の世話にあたった。[32]また親戚間、村民相互間の関係も密接で、お互いに借金したり、土地、穀物、家畜、牧草などの売買、犂とかそれを引っ張る役畜の貸し借りなどが盛んに行われたことが文書からうかがわれる。[33]一三四九年にかけての訴訟事項一五二二件につき、のべ二万五三一四名の保証人の名が記録されているのである。[34]

この状態が、大黒死病後、どのように変わるのであろうか。一三四九年ヘイルズオーウェンでの死者は、男子八一人で四三％、女子も同程度、子供はそれ以上に犠牲になった。[35]そのさい、男子二六人（二〇～三九歳）が子供なしで死に、子供があってもすぐ死んで、家族が全滅したという数はほぼ四〇家族にたっした。[36]保有者空白になった土地については、後述するように、さまざまな手段によって保有者が補充されていくが、断続する疫病のために、人口回復率は改善せず、人口は低迷を続け、一四三〇年代には、黒死病前の五分の二に落ち込んでいる。[37]

ところで、その保有者補充の仕方であるが、先にふれたデヴィントらによれば、家族内、親戚内での土地移転は、

表8　1371－1390年間ヘイルズオーウェン教区の紛争分類

| | 紛争総数 | 親戚間の紛争 | 隣接隣人間の紛争 |
|---|---|---|---|
| 不法横断 | 215 | 75(34.9%) | 64(22.8%) |
| 襲撃・流血 | 90 | 38(42.2%) | 31(34.4%) |
| 叫喚追跡 | 127 | 57(44.9%) | 41(32.3%) |
| 借金・土地保有の保証 | 119 | 59(49.6%) | 36(30.2%) |
| 総数 | 551 | 229(41.6%) | 172(30.2%) |

移転全体の二六%、さらに低い場合には一八%、高くても三九%どまりであったと評価され、土地に対する親族集団の愛着心が急速に失われていったといわれている[38]。これに対して、ラジは反論する。それは、史料の読み込みの不足、とくに裁判記録に出てくる農民のさまざまな名前の同定の不十分さからくる誤りであり[39]、ヘイルズオーウェンの場合には、一三五一～一四三〇年間の土地の全移転のうち、家族・親戚内の移転は五七%を維持したというのである[40]。一三四九年を境として変化が起こったとすれば、それ以前が、主として男子が相続人であったのに対し、以後は、結婚した女子の縁故をたどって、その夫を呼び寄せて、相続させるという例が多数みられるということであろう。とくに一三七〇年以後になると、他村に出ている娘たちの夫が続々と村に来るようになり、これを嫌った領主側は、他処に嫁いだ娘に相続を放棄するように要求している。村共同体の方は、親戚関係の土地相続を歓迎し、他から移住してきたとしても、娘の夫ならすぐさま村民として扱ったのであった[41]。

土地相続だけでなく、裁判にあたっての介添人とか、借金返済の一時肩代わりとか、さまざまな点で親戚間の相互扶助はより重要になった。それだけ親戚間の争いもふえ、裁判にのぼせられる事件も多くなる。表8は、一三七一～九〇年間の紛争のうち、じつに四一・六%が親戚間のそれであったことを示している[42]。これに比べて、一四世紀初頭の親戚間の争いは、二五%に過ぎなかったのである。

大黒死病後の、土地に対する農民家族の愛着心は変わらず、村共同体も生きつづけ、対領主闘争の中心組織でありつづけた、というのがラジの結論である。

この間に、三好洋子が著書『イギリス中世村落の研究』を発表した。イースト・アングリアのベリ・セント・エドモンド修道院領リッキングホール Rickinghall の膨大な史料研究をふまえた力編であるが、いま、論争に関係しての女史の実証にもとづく発言をみると、次の三点が重要である。一つは、一四世紀前半までの農地相続慣行においては、男子優先、均分相続であったこと。第二は、大黒死病を挟んだ時期から、一子相続制が着実に伸びていること。形式的には複数相続の形をとっている場合にも、実質的には、一人相続になっている場合が多く、それは、集積した保有地を分散させないという富裕農民の要求に応えるものであったこと。第三に、一四世紀後半から、保有地を集積した富裕農民が出現するのに対応して、五エーカー以下を保有する貧農の数がぐんと増えていること、である。この第一、第二の主張は、まさに論争を統合的に把握する理論を提示したものであるが、女史の主張が、どの程度の普遍性をもつか、が問題であろう。とはいえ、女史の論文が貴重な一石を投じたことは確かである。(43)

以上述べたように、現在のイギリス農村史の研究者のあいだでは、大黒死病後の村の変貌について、激動的とする見解と、そうでないとする見解の対立がみられるのであるが、総合的にみて、人口数の低迷からすると、一五世紀イングランド農村が経済的になお停滞的であったこと、その間にあって、血縁関係にもとづく家族的紐帯が弛緩し、個人的土地所有が次第に定着・拡大していったと判断してよいようにおもわれる。その中にあって独り気を吐いていたのは毛織物業の着実な台頭であって、しかもそれは、後述するように、ドイツ・東欧を輸出先とした台頭であり、来るべき一六世紀イギリスの繁栄は実にこの一点にかかっていたといえるのである。そのさい、既存の毛織物工業地帯フランドルとの競争を避けて通ることはできない。そこで、次にはフランドルの状況をみることにしよう。

（1）E.A.Kosminsky, Studies in the Agrarian History of England in the Thirteenth Century, 1956. コスミンスキー『イギリス封建地代の展開』（秦玄竜訳、未来社）。ただし、ブリットンは、ラムゼー修道院領Broughton村の耕作面積量に関するHundred Rollsの記載が、修道院土地台帳のそれをかなり下回っていることを発見し、史料に対する慎重さを呼びかけている。Britton, p.77f.

（2）M.Postan, The Fifteenth Century, Ec.H.R., Vol.9（1939）

（3）Postan, Some economic evidence, Ec.H.R., 2nd. ser., Vol.2/3（1950）

（4）Ibid., p.226.

（5）Ibid., p.227f.

（6）Ibid., pp.230–233.

（7）Ibid., pp.236, 237 note 3.

（8）Ibid., p.239.

（9）Ibid., p.245f. その後の研究を吸収しつつ、再度、ポスタンの見解を繰り返し表明しているものに、ハッチャーの著作がある。とくに、Hatcher, p.68ff.

（10）コスミンスキー、上掲訳書、一六五～一六九頁。

（11）イギリス全体に波及したペストとしては、一三六一／六二、一三六九、一三七五、一三九〇、一四〇〇、一四〇七、一四一三、一四三四、一四六四、一四七一、一四七九年のそれがあげられている。Bean, p.428f.

（12）とくに、Bean, pp.427–431. ビーンの結論は、ペストによる人口減少が継続的なものではなく、経済活動の継続に支障はなかった、というところにある。後者の例証として、一五世紀を通じて、ロンドンからの毛織物輸出高が、ペストの年にも衰えず、むしろ高揚している例があげられている。Ibid., p.434.

（13）例えば、Bridbury, Black Death, pp.589–592.

（14）Bridbury, Economic Growth, pp.25–32.

（15）Ibid., p.35.

（16）文献リストの、J.A. Raftis, A. DeWindt, E. Britton の各文献をみよ。ただし、ブリットンの研究は、一二八八～一三四〇年間のブラウトン Broughton 村民一六四人の動向を追ったもので、大黒死病の影響を直接論じたものではない。

なお、ラフティスとほとんど同時に発表されたものに、スラップの研究がある。スラップは、東部諸州の八マナーを例にとって、一四、一五世紀前半の人口回復率 Replacement、正確にいえば、息子ないし男子の縁者による保有地の相続率を調査している。それによると、一三〇〇年前後、一夫婦当たりの男子出生率が一・八～一・六倍であったのに対し、一三三〇年代に入ると、一・四五～一・〇、さらには〇・八五に下がっている。大黒死病前後の一三四一～五四年の回復率は〇・五三、一三六〇年代は最低の〇・二五に落ち、八〇年代からようやく一・六へと回復している、と結論している。Thrupp, pp.101-111. また、ラジのヘイルズオーウェン教区の研究も、一三四八年までの人口回復率が一・五～一・一であったこと、一三五〇～一三九年のそれが平均〇・七であったことを明らかにしている。Razi, Life, pp.34, 119.

(17) Raftis, Social Structures, pp.84, 100. なお、Raftis, Tenure and Mobility. は、彼の研究の成果を数字化して集成したものである。

(18) Raftis, Concentration, pp.93-106.

(19) ブリットンは、Broughton 村について、一二八八～一三四〇年、裁判文書に登場してくる家族、人物は一六四（他村者を除くと一二八家族）であったと指摘しており、彼の行っている居住性分類を［　］内に添えておいた。Britton, p.12f.

(20) Raftis, Concentration, p.107.

(21) Raftis, Changes, pp.159-162. なお、同期間中に（D）農民として、一五家族が新規に登場してきている。土地保有者が漸次変化していることが判る。Ibid., p.163.

ラムゼー修道院領の King's Ripton 村に関するデヴィントの研究によれば、同村の裁判陪審員は、一三四八年まではもっぱら旧家が就任しているが、以後は徐々に変化が起き、一三五〇～五六年に三人の新来者が入り、一三八四～九七年には、旧家一二人に対し、新来者九人と激変し、一三九〇～一四五六年をとると、旧家はわずか五人にすぎないのである。DeWindt, King's Ripton, p.248f.

(22) Raftis, Social Structures, p.86.

(23) Ibid., p.93.

(24) Raftis, Changes, p.166. 残念ながら、「地代帳」は、一三七一年以降、断片的にしか残っていない。だから、賦役の金納化がもっと以前に溯ることは十分ありうることである。

(25) Ibid., pp.168-172（Table II）より計算した。Ibid., p.167. には、賦役を引き受けた小農民 cottager の二四名の名前が上げられているが、小農民を雇うにあたっては、名前を記録する慣習はなく、したがって、これがすべてであったとはいえない。

(26) Ibid., p.176.

(27) Raftis, Social Structures, pp.87-92, especially p.91. 大黒死病以後、村民の生活が困窮し、借金する者が多かったことについては、Raftis, Changes, p.174f. をみよ。

(28) Raftis, Changes, p.163f.

(29) Ibid., p.177.

(30) Macfarlane, p.95（訳書、一五七頁）。

(31) ヘイルズオーウェン教区は、同名の小都市を中心として、一二集落からなり、都市の人口は、教区住民の八三％を占め、他が農民二〇〇所帯余をなしていた。Razi, Life, p.4ff. ヒルトン『中世封建都市』七一頁以下。

(32) Razi, Life, p.55 ; do., Family, p.7.

(33) Razi, Family, p.10.

(34) Ibid., p.12.

(35) Razi, Life, p.102ff.

(36) Ibid., p.104f.

(37) Razi, Family, p.23.

(38) Faith, R.J., Peasant Families and Inheritance Customs in Medieval England, Agric. Hist. Rev., 14 (1966), pp.89–91 ; DeWindt, Land and People, p.134 ; Dyer, C., Lords and Peasants in Changing Society, p.302 (cit. in : Razi, Family, p.17f.)

(39) ラジのトロント学派に対する批判は、とくに、この幾通りの仕方で出てくる農民の名前の同定不足に向けられている。Razi, Toronto School, p.142f.

(40) Razi, Family, p.17. Table 3. をみよ。大黒死病以後の、親戚間の土地移譲のいくつかの実例については、cf. ibid., p.20f.

(41) ヘイルズオーウェンへの、一三五一年以後の男子の転入数は下表の如くである。Razi, Life, p.118. また、cf. id., Family, p.25.

(42) Razi, Family, p.29.

(43) 三好洋子『イギリス中世村落の研究』八三、一〇八、三四頁各以下。本書は、史料の種類、相続慣行、賦役労働の消滅過程、耕地制度の具体像など、教示される点が多かった。なお鵜川馨による同書の書評（『史学雑誌』九〇編一二号、一九八一年）も参照のこと。

| 年代 | 居住<br>男子数 | 左の内の<br>転入者数 | 同左の<br>百分比 |
|---|---|---|---|
| 1351－5 | 270 | 25 | 9.2% |
| 1361－5 | 255 | 47 | 18.4% |
| 1371－5 | 289 | 55 | 19.0% |
| 1381－5 | 275 | 51 | 18.5% |
| 1391－5 | 252 | 48 | 18.8% |

## 五　南ネーデルラント経済の構造転換

次にフランドルを中心とした南ネーデルラントに目を移そう。少し以前までは、この地域は大黒死病の被害をほとんど受けなかった地方とみられていたが、最近の研究では訂正されつつあるようである。たとえばブロックマンスの研究がその一例である。彼は、モンス、モーバージュなど南エノー地区の一三四九～五〇年の死亡率が、普段の五倍にのぼっていること、ブリュージュの聖ドナティアン教会の十分の一税収入が異常に低下していること、ガン市における土地譲渡証書の発行が、一三五〇～五二年、一三六〇～六一年、一三六八～六九年に増加し、とくに一三六〇年には平時の三倍、一三六八年には四倍に増えていること、[1] デーフェンテル市の聖レブイーヌス Lebuinus 教会の死亡記録によれば、一三五〇年死亡者が五二人にたっしたのに対し、平時は一～三人、多いときでも九人にすぎなかったこと、などを指摘して、南ネーデルラント全体が大きな被害を受けたことを証明したのであった。[2]

この大黒死病を起点として、南ネーデルラント人口の漸減が始まる。D・ニコラスによれば、一五世紀初期、フランドルの総人口は五五万人、うち農村在住者は七割強であったが、同世紀後半には、総人口は二〇％減って、四五万人に低下したといわれる。その中でも「三都市」といわれるブリュージュ、ガン、イープルの動向をみると、一三三〇年三万五千人ないし四万人であったブリュージュの人口が比較的水準を保ったのに対し、ガンは六万の人口を一五世紀末までには二万五千人に減らし、イープルは二万二千（一三一五年）の人口を、一三六〇年一万四千に、さらに一四三七年には九三九〇人へと減らしているのである。[3]

当時、南ネーデルラントの農村は、比較的人口過剰状態にあり、大黒死病による人口減も多くの廃村を生むにはいたらなかった。[4] そして、度重なるペストにより時折落ち込む都市人口へ移住人口をおくりだす余力さえもあった。

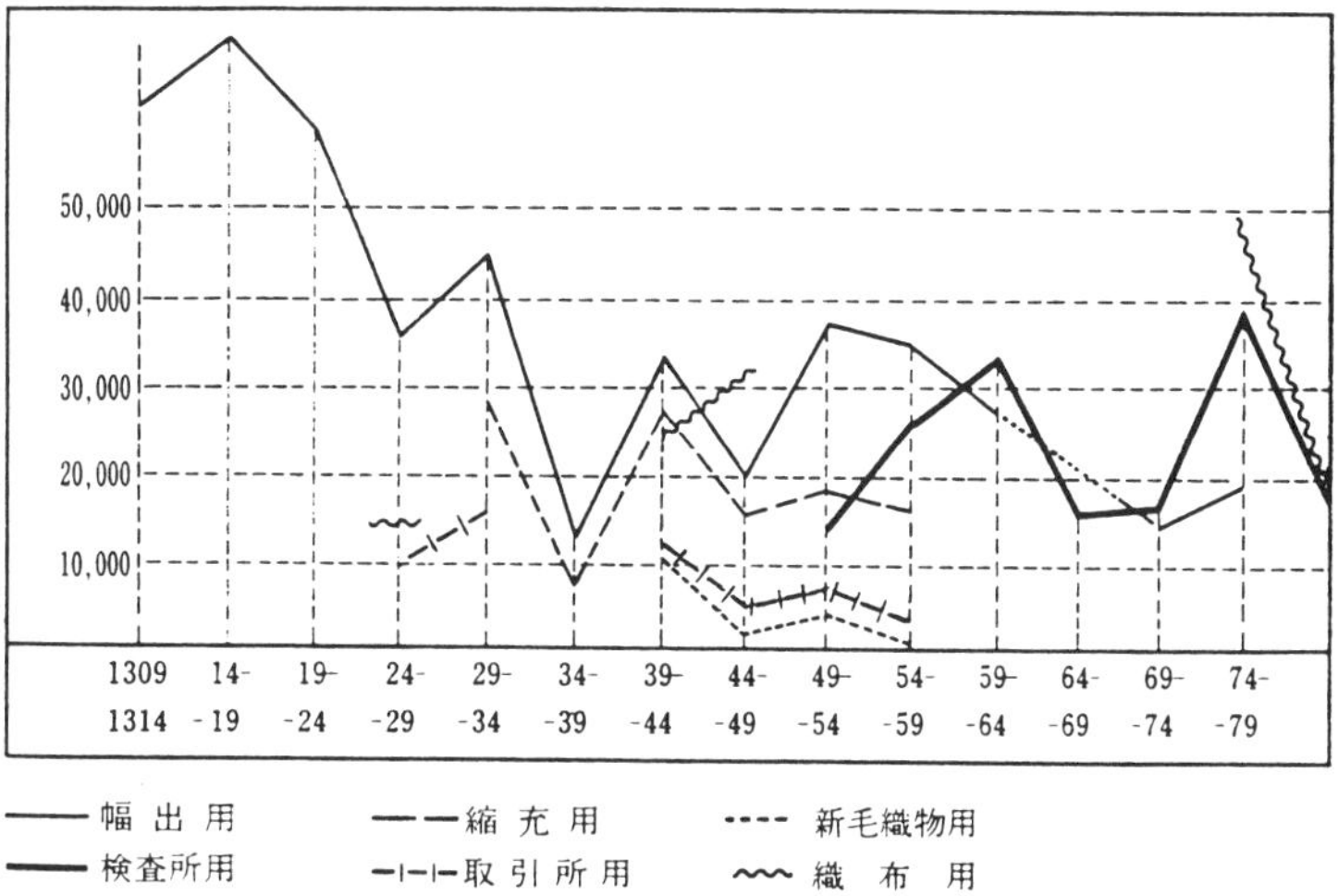


図1　イープルの検印用鉛購入量

例えば、ブリュージュ市の新規市民受け入れ数をみると、大黒死病直前の一〇年間に年平均二〇〇人前後であった。一三四九年からの三年間は五〇人前後に落ちたが、一三五二年には九九人の水準に戻し、一三六七年には二〇〇人を超えた。ブリュージュの人口が維持されたのは、この故である[5]。

　イープルの場合をみると、事情が大分異なる。大黒死病直前五年間の移住民数は年平均二五人であるが、一三四九年直後の移住民数もほとんど変わらず、大きな落ち込みはみられない。一三五九年以降は、五〇人の水準を維持している。しかし、イープルの平時人口規模からみると、この移住民数は絶対的に少数であり、人口喪失の四分の一を補うにすぎなかったといわれる[6]。イープルの規模縮小は止められなかったのである。

　このイープル市の凋落は、じつはフランドル経済の中枢をなしてきた「三都市 drie steden」毛織物工業の衰退からきている。例えば、イープル市の毛織物検印用鉛購入量をみると、図1の如くである[7]。

　これによると、一三一四年から一九年にかけてのピーク時に、毛織物生産量は九万反を示しているが、一三三四年から三九年には一万反強にすぎない。そして、それ以後、三万反の線を上下しているのである[8]。

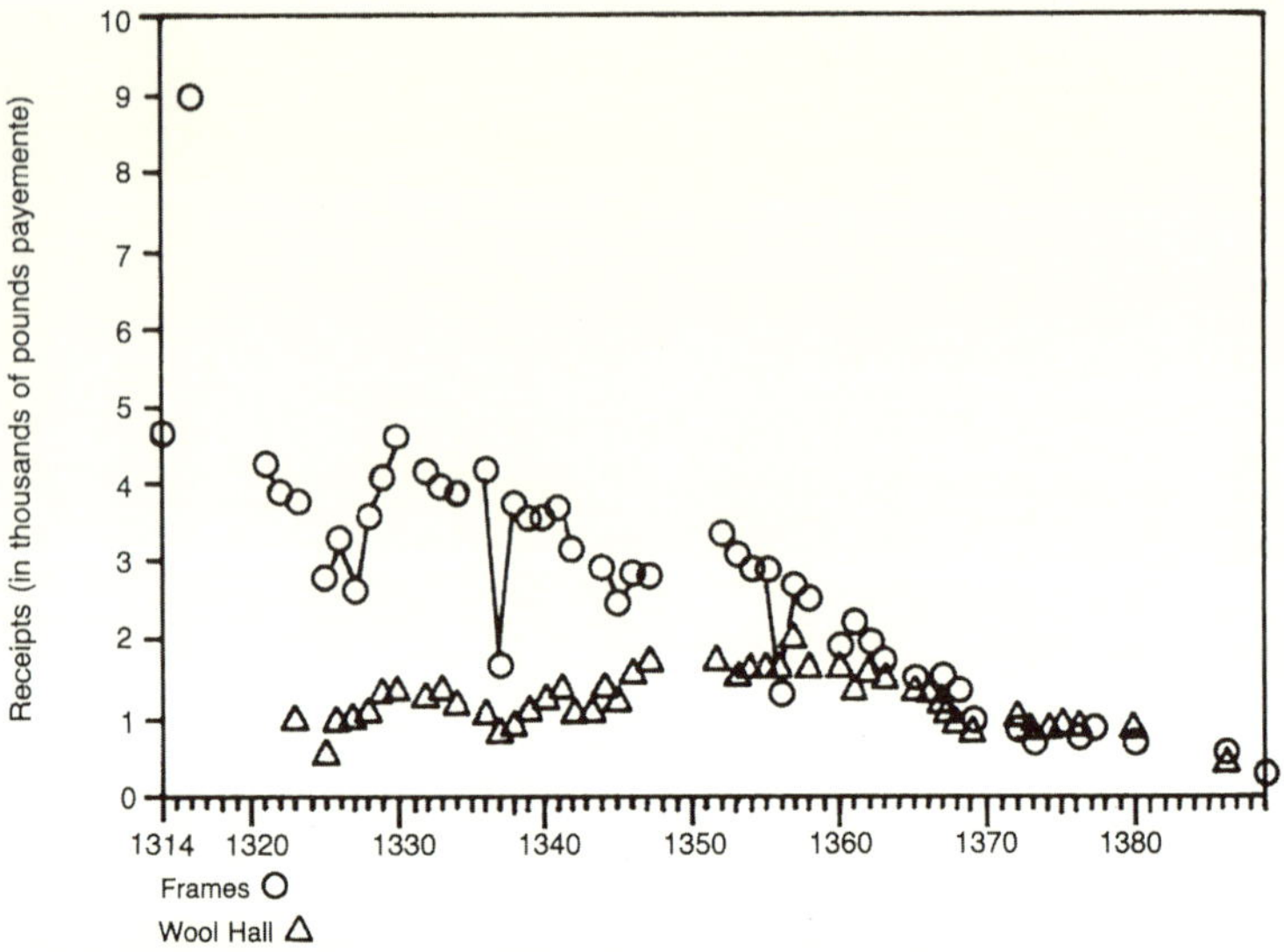


図２　ガン市の架枠経糸課税額の推移

ガン市も、一三五六～五八年、その住民の五五％、七二〇〇人余が毛織物業に従事、関与した都市であるが[9]、ここでも一四世紀第三四半期から衰退が始まる。すなわち、織機に張られた加工中の経糸に課せられた税（ramen tax）額の、急速な落ち込みが図２によく示されている[10]。

この「三都市」毛織物業の衰退の原因はなんであろうか。いうまでもなく、小都市および農村における毛織物業の台頭である[11]。すなわち、イープル周辺では、クールトレー、ディンツェ Deinze、ティールト Tielt、メーネン Menen、ウェルフィーク Wervik、ホンドスホーテ Hondschoote、ランゲマルク Langemark、なかんずくポーペリンゲ Poperinge があった[12]。ブリュージュ周辺では、アールデンブルフ Aardenburg、ディクスムイーデ Diksmuide、マルデーゲン Maldegen、ガン周辺では、ヘラールツベルヘン Geraardsbergen、アウデナールデ Audenaarde、リール Lier、デンデルモンデ Dendermonde、アールスト Aalst などであるが、のちにはブリュッセル、ルーヴァン、メッヘレンといったブラバント諸都市もこれに加わることになる。

これら小都市・農村の毛織物業が「三都市」のそれと競合しえたのは、前者が新しい需要に対応したからである。「三都市」の織布工ギルドが、従来からの、豪奢、美麗ではあるが、厚手の重い毛織物に固執したのに対し、小都市・農村工業は、薄手の、軽い粗製毛織物、いわゆる「セー saies（ウーステッド）」の生産を中心とした[13]。これは、安価でもあり、ドイツ、東欧など新しい市場において、大いに需要されたところであった。小都市・農村工業が、それに混じって、「三都市」織物の模造品を作って、売りに出したことはいうまでもない。

これらに対して、「三都市」側は、ギルドの営業禁制圏規定の拡張実施とか、「営業特許状 keure」の欠除を理由とした禁圧措置によって、小都市・農村工業を抑えようとした。とくにイープル市は一三二六、一三二八年ポーペリンゲに対して、ブリュージュ市は一三四〇年ディクスムイーデに対して、ガン市は一三四四、四五年デンデルモンデに対して武力行使を発動したのであるが[14]、これを完全に制圧するまでにはいたらなかった。小都市・農村工業に対するフランドル伯側の後援があったからである[15]。

とりわけ、小都市・農村工業を支えたのはドイツ商人であった。ドイツ・ハンザのフランドル進出は、一三世紀中葉からで、一二八二年、ブリュージュに拠点を構えることになった[16]。彼らがフランドルで仕入れたものは、毛織物であった。その購入量を、ブリュージュ・ハンザ商館の支出簿から推定すると、一三六九年、金額にして三万八六一〇ポンド・グロッシェン（二一万二〇〇〇リューベック・マルク）で、当時のリューベック港輸出入品総額の三九%に当たっていた。また一四一九年の毛織物購入金額は、一一万八三四〇ポンド・グロッシェン（六五万一〇〇〇リューベック・マルク）にのぼったといわれる[17]。

あるいは、一三六八年、リューベック港で徴収された「ポンド関税徴収簿 Pfundzollbüücher」[18]によれば、同港で輸出入された商品ならびにその金額は次頁の表9の如くである（単位 1000 lübeck. Mark）。

このように、ハンザ商人の取り扱った商品の中では、フランドル毛織物が抜群に大きな地位を占めたのであるが、それには「三都市」の製品だけでなく、安価で軽い「セー」織物が大量にふくまれていた。例えば、一三四七年と

表9　1368年リューベック港輸出入商品の種類とその金額

| 商品 | 原産地 | 輸入金額 | 輸出金額 | 総額 |
|---|---|---|---|---|
| 毛織物 | フランドル | 120.8 | 39.7 | 160.5 |
| 塩漬にしん | スカーニア | 64.7 | 6.1 | 70.8 |
| 塩 | リューネブルク | — | 61.6 | 61.6 |
| バター | スウェーデン | 19.2 | 6.8 | 26 |
| 毛皮 | ロシア、スウェーデン | 13.3 | 3.7 | 17 |
| 穀物 | プロイセン | 13 | 0.8 | 13.8 |
| ワックス | ロシア、プロイセン | 7.2 | 5.8 | 13 |
| ビール | ヴェンデ諸都市 | 4.1 | 1.9 | 6 |
| 銅 | スウェーデン、ハンガリー | 2.2 | 2.4 | 4.6 |
| 鉄 | スウェーデン、ハンガリー | 2.4 | 2.2 | 4.6 |
| 油 | フランドル | 2.7 | 1.5 | 4.2 |
| 亜麻 | リボニア、北ドイツ | 0.4 | 3 | 3.4 |
| 食料品 | | 2.2 | 1.2 | 3.4 |
| 銀貨 | | 0.7 | 2 | 2.7 |
| ワイン | ラインランド | 1.3 | 0.9 | 2.2 |
| 麻布 | ウェストファーレン | 0.2 | 1.1 | 1.3 |
| 雑貨 | | 39.9 | 16.6 | 56.5 |
| 記載なし | | 41 | 49 | 90 |
| 総計 | | 338.9 | 206.9 | 545.8 |

一四一七年に、ハンザ商人はポーペリンゲ市とのあいだに、同市で生産される織物を「そっくりin Bausch und Bogen」購入すること、同市の織布工はハンザ商人の輸入してきたスペイン羊毛を用いて、商人の「要望するスタイルmyt wat lysten」で織ること、という協定を結んでいる。[19] ハンザが一三七四年ディクスムイーデと、一三八九年サン・トメールと結んでいる協定も、同様なものであったとおもわれる。[20] 一四六九年になると、リューベックからレヴァルに向けた船に積まれた毛織物二四〇〇反のうち、ポーペリンゲ産が三六〇反、アールスト三〇〇反、コミーヌComines二〇〇反、トゥールコワンTourcoing一〇〇反、ナールデンNaarden三〇〇反、レイデン一〇〇反、イングランド産二〇〇反となっていて、「三都市」製品は影も形もないのである。[21]

このような事態にもかかわらず、ブリュージュ市はこれまでの商業政策を変えなかった。

すなわち、フランドル輸出入の窓口を唯一同市に限り、そこでは仲買人を通してのみの取引を認め、しかも重税を課したのである。これに対してハンザが生産地との直接取引などを求めて反撥したのは当然のことで、一二八〇年を最初として、ハンザはブリュージュに対しボイコット政策に出た。ボイコットは一三〇六、一三五八、一三八八、一四三六年と繰り返され、一五〇〇年ハンザの拠点が最終的にアントウェルペンに定着することによって、ブリュージュの繁栄に終止符が打たれたのであった[22]。

このような推移は、「三都市」の市政改革を招来せざるをえない。一三世紀末までの「三都市」の市政は、共通して、商人居住区の土地所有者で富裕商人でもあった「ポールター Poorter」市民によって支配されていた。ブリュージュでは、四五家族に属する七八人の名士市民 Notabeln が、一人の市長、一二人の参審員職、一〇人の市参事会職を独占していた。ガンでは、前任、現役、後任予定の三市参事会――各一三人から成る――の三九人衆が都市の独裁権を握っていた[23]。この体制が動揺するのが、一二七九～八〇年のころからであるが[24]、決定的となったのは、一三〇二年、フランス王フィリップ四世の騎士軍をフランドル市民軍が破ったコルトレイク（クールトレー）の戦いのときからである[25]。

このときから、ポールターの専制は崩れ、手工業ギルドの代表が市参事会に入ることになる。ギルドの代表といっても、相当な富裕民であったが、ギルドのなかでは、織布工ギルドと縮絨工ギルドが主導権を争った。そのもっとも熾烈な例がガンである。ここでは一四世紀初め、なおポールターと一部の織布工、さらに最富裕市民のなかから伯により任命された教区隊長 Captain の、三者の混合政体が行われていたが、一三三六年イギリス王エドワード三世による羊毛輸出禁止令を機に、動向は民主化へと一挙に傾き、ジャック・ファン・アルテフェルデ Jacques van Artevelde を独裁者に祭り上げた。そうした中で、織布工は一三四五年彼を暗殺し、四九年まで織布工の独裁を樹立した。しかし、四九年、縮絨工が政権を奪い、さらにその翌年の一三五〇年、織布工が復讐を果たし、それから二年間、血みどろの抗争が続いた[26]。

世紀後半に入って、ようやく平和への機運は高まる。一三六九年に確定をみた新市政（参審員会）は、三部から成り、毛織物業ギルドから一〇名、その他の手工業ギルドから一〇名、ポールターから六名、という構成をとることになった。その他の手工業ギルドでは、船荷運送業者、食肉商、パン屋、ビール醸造業者、皮革加工業者、大工などが大きな地位を占め、縮絨業者は片隅に追いやられている[27]。

ブリュージュやイープルでも、ガンと同じ時期に、織布工ギルドの高揚がみられたが、一四世紀半ば、前者ではポールターをふくめた九ギルド選出の参審員会、後者では、ガンと同様の四部会からの代表体制で治安を回復し[28]、そのような体制で、一三八四年、ブルゴーニュ公国の支配を迎えたのであった。

南ネーデルラント「三都市」の毛織物業は、一四世紀初頭を頂点として、徐々に衰退期に入り、小都市・農村毛織物業によって、さらにはブラバント、イングランド毛織物業によって追い越され、経済全体としても凋落していく。その中にあって、大黒死病は、けっしてその決定的転換点を意味しはしなかったが、大きな契機をなしたのではないか、と考えられるのである。

（1）南ネーデルラントの黒死病は、一三四九年以後、一三六〇、一三六八〜六九、一四〇〇〜〇一、一四三八〜三九年と繰り返されている。Blockmanns, pp.851-854 ; Nicholas, Reorientation, p.18f.
（2）Blockmanns, pp.837-845.
（3）Nicholas, Reorientation, p.24 ; do., Metamorphosis, p.37f.
（4）Blockmanns, p.849 ; Nicholas, Flanders, p.266. ジェニコー Genicot, La crise agricole, p.4 ; do., Crisis (CEH), p.666. によれば、一四、一五世紀南ネーデルラントの廃村率は、四〜五％であったという。
（5）Nicholas, Town and Countryside, pp.230-232.
（6）Ibid., pp.233-235.
（7）藤井美男論文、四二七頁。
（8）同論文、四二七頁以下。他の統計によれば、一三一二〜一三年の生産量が、一三六〇年六〇％に落ち、それ以上に回復されなかったという。Nicholas, Reorientation, p.10.

（9）Nicholas, Metamorphosis, p.19.

（10）Ibid., pp.136f., 187.

（11）以下は、Nicholas, Town and Country., pp.82–93, 102–107, 109–113；do., Flanders, pp.273–285；van der Wee, S.144f. による。

（12）イープル周辺には、上記のほかに、ルイ・ル・マーレ伯の代官が保護下においた機織地として、一七カ村の名があげられている。Nicholas, Town and Country., p.207f.；do., Flanders, p.283.

（13）Nicholas, Flanders, p.277f.「三都市」のギルド職人たちは、当時、イングランド、ノルマンディーなどで導入された効率のよい水車縮絨を拒否して、従来の足踏み縮絨に固執したといわれる。なお、次の文献もみよ。川口博「近世初期における産業の自由と規制」（同『身分制国家とネーデルランドの反乱』所収）。

（14）Nicholas, Town and Country., p.96ff., 108；do., Flanders, pp.280–282.

（15）Nicholas, Town and Country., p.203ff.

（16）一二八二年リューベック商人のブリュージュ定住街区が確認され、ハンブルクのそれが一三〇六年に史料に出てくる。Häpke, S.111：Nicholas, Flanders, p.204.
なお、フランドル商人は、初期のころ、ドイツへみずから出掛けて行って商業を行った。その代表はガン市であって、一二七〇年代から、主としてハンブルクで活躍した。一三三〇年代に入って衰退するが、これは、ハンザ側の積極化とフランドル側の毛織物工業の構造転換に原因するものとおもわれる。詳細については、高橋（小西）陽子「フランドル自己商業 Eigenhandel 衰退の影響―一三世紀のガンに関して―」（『史泉』五七、一九八二）をみよ。

（17）Dollinger, S.324f.

（18）Ibid., S.555.「ポンド関税」とは、戦時においてリューベックで徴収されたもの。Ibid., S.276.

（19）van Werveke, S.298；Nicholas, Flanders, p.284.

（20）van Werveke, S.302 Anm.5.

（21）Dollinger, S.326.

（22）Nicholas, Flanders, pp.302f., 386f., 390f.

（23）Pirenne, H.,Les anciennes démocratie des Pays-Bas, 1910（do., Les ville et les institutions urbaine, tom 1）, p.227；Häpke, S.189f.；Nicholas, Metamorph., p.1f.

（24）Pirenne, p.237ff.；モラ・ヴォルフ、訳書、三八～四一、五三～五八頁。河原温『中世フランドルの都市と社会』二四頁。

（25）Pirenne, p.240ff.；モラ・ヴォルフ、訳書、五三～五八頁。

（26）Pirenne, pp.242-245 ; Nicholas, Town and Country., p.175ff. ; do., Flanders, p.217f. ; do., The van Arteveldes of Ghent : The Varieties of Vendetta and the Hero in History, 1988. ; モラ・ヴォルフ、訳書、五九頁以下。なお、ジャックの息子フィリップ・ファン・アルテフェルデは、一三八二年、フランドル、北フランス都市民衆の騒乱の中心人物となり、翌年一月、フランス国王シャルル六世とのローゼベーケの戦いで死んだ。彼については、Nicholas, Flanders, p.228. ; モラ・ヴォルフ、訳書、一八〇～一八七頁を参照せよ。

（27）Nicholas, Flanders, p.243 ; モラ・ヴォルフ、訳書、六二頁。河原、前掲書、二五頁。なお、一四世紀半ばの織布工以外のギルドの親方数については、Nicholas, Metamorph., p.73f. をみよ。

（28）Pirenne, p.256f. ; Nicholas, Flanders, p.243.

## 六　ドイツにおける廃村、耕地荒廃の問題

次に、ドイツの問題に移っていこう。中世末期ドイツの特異な経済現象として、膨大な廃村、耕地荒廃の出現があげられる。このいわゆるヴュストゥンゲン Wüstungen の問題については、早くから歴史学者、地理学者の注目するところとなり、一九世紀半ば以来、数多くの史料収集、出版が行われているが、この問題を包括的に論じ、今日まで大きな影響を与えているのは、ヴィルヘルム・アーベル W. Abel の研究であろう。アーベルは一九四三年、『中世末期の廃村』と題する著書を世に問い、それは、その後、内外の文献、史料をひろく集め、また著書に対する批判への反論を加えて、一九五五、一九七六年と版を重ねている。(1) いま、その論旨を要約すれば、次のようにいえるであろう。

アーベルは、まずは廃村の統計的数値から出発する。一三世紀のドイツには、総数一七万の集落があったと推定されるが、一四、一五世紀の荒廃期にそのうちの四万が消滅したといわれる。廃村の程度は地方によって異なるが、大体、表10の数値であったと評価される。(2)

それを図示したのが、図3[3]である。

これによれば、ハルツ山地を中心としたテューリンゲン、ヘッセン地方と、ドナウ河上流北側がもっとも高い荒廃度を示している。

また、ヴュルテンベルク地方の廃村の時代的進行をみると、表11[4]の如くであり、廃村現象がすぐれて一四、一五世紀のものであったことが判明する。

では、こうした廃村、耕地荒廃の原因について、どのように考えたらよいか。これについては、さまざまな原因があげられてきた。長期にわたる低温と長雨によるとする気候不順説、戦争災害説、農耕集約化を目的とする周縁耕地の放棄説、農民の集住説、あるいは農民の大量都市移住説など多様であるが、アーベルにいわせれば、それらでは一四、一五世紀の破局的な荒廃化は説明できない。かくして、彼は、大黒死病を中心とする疫病と飢饉による人口の激減がもっとも納得のいく主原因である、と強調するのである。

表10　ドイツ中世の廃村率

| | |
|---|---|
| エルザス | 17% |
| ヴュルテンベルク | 20% |
| ライン・ファルツ | 33% |
| ヘッセン | 44% |
| オーベル・ヘッセン | 39% |
| ヴェストファーレン | 26% |
| オーベル・ラーン | 44% |
| アイヒスフェルト | 59% |
| オスト・ハルツ | 53% |
| フランケンヴァルト | 14% |
| アルトマルク | 33% |
| アンハルト | 64% |
| ノルトテューリンゲン | 66% |

アーベルによれば、一四世紀における人口減少は、一三〇一年から一三一七年にかけての時期に始まったといわれる。すなわち、この期間、異常に長い冬の寒さ、夏の長雨、雹、洪水、飢饉、戦争がつづいて、人口の減少をひきおこしたが、これに決定的一撃を加えたのが大黒死病であった。疫病はそれにとどまらず、一三五三年、一三六五年、一三六九年から七〇年、一三八〇年、一三八八年から八九年、一三九三年から九四年、一四〇三年から〇六年、一四二〇年と繰り返し流行し、人口喪失に拍車を加えたのである[5]。

さらにアーベルは、第二、第三の要因をも付け加える。すなわち、第二に、自然界の異変、社会の変動は、人々の生活条件、生活態度

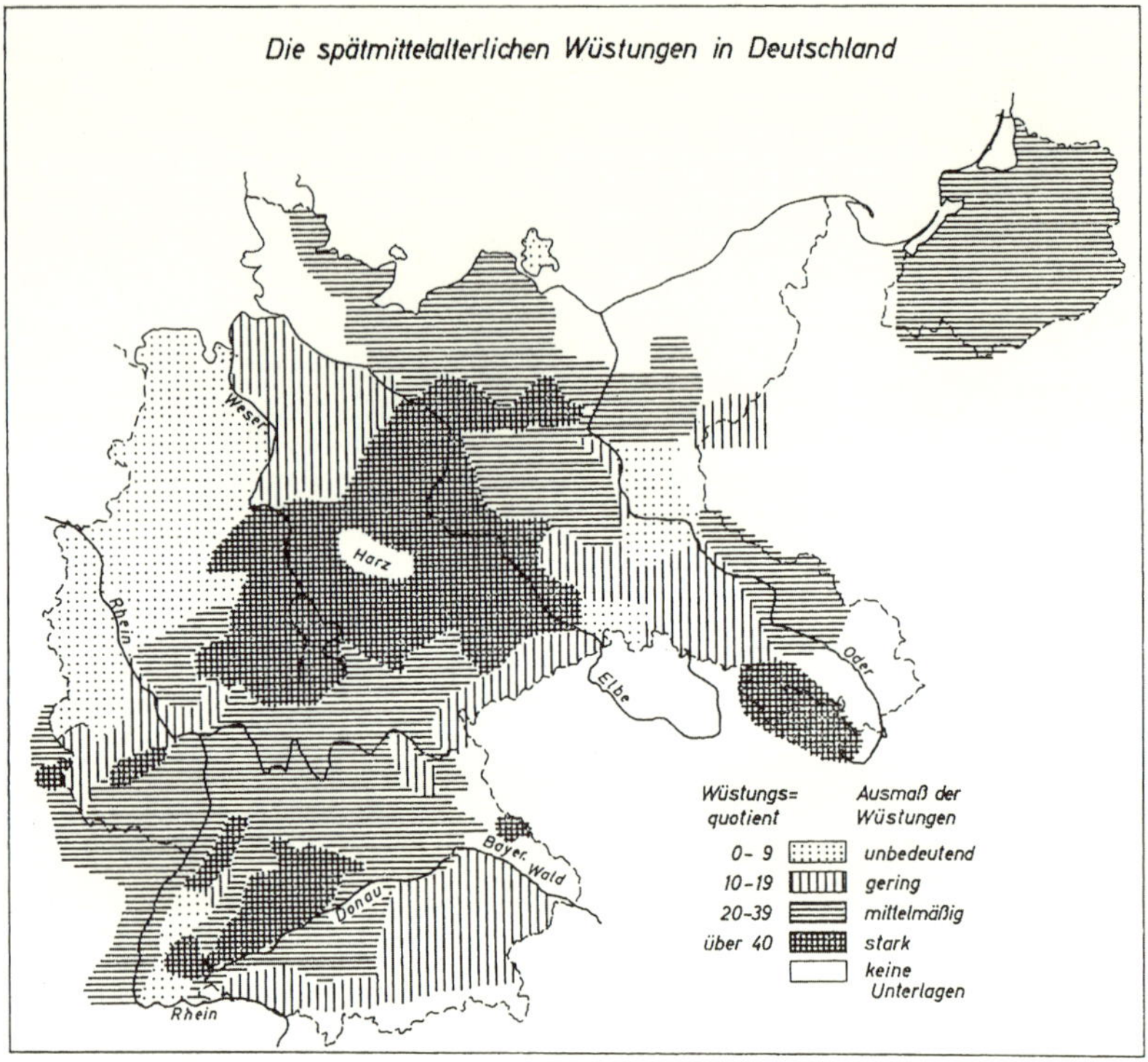


図3　中世末期ドイツの廃村の分布図

表11　ヴュルテンベルク地方の廃村の進行度

| 世紀 | ～9 | 10 | 11 | 12 | 13 | 14 | 15 | 16 | 17 | 18 | 19・20世紀 | |
|---|---|---|---|---|---|---|---|---|---|---|---|---|
| 廃村数 | 53 | 3 | 28 | 68 | 134 | 232 | 246 | 74 | 40 | 24 | 87 | 1038 |

表12　中世人口増減対照表

| 時期Ⅰ（開墾期11～13世紀） | | 時期Ⅱ（集落減少期14～15世紀） | |
|---|---|---|---|
| 出生率 | 42／1000 | 出生率 | 39／1000 |
| 死亡率 | 36／1000 | 死亡率 | 41／1000 |
| 出生超過 | 6／1000 | 死亡超過 | 2／1000 |

を変え、出生率の低下と死亡率の増加をもたらすことになった。すなわち、表12[6]に示すように、一三世紀までは出生率が死亡率を一〇〇〇分の六、上廻っていたのに対し、一四、一五世紀には死亡率が一〇〇〇分の二、上廻ることになった。つまり、他の論者とは異なって、アーベルは、人口の復原力は到底期待できず、人口減の長期低迷が続いたというのである。

この大量死亡は直接的に多くの廃村、耕地荒廃をもたらしたが、この傾向は、農民の都市移住によってさらに促進される。これが第三の要因である。都市もまた大黒死病、その他の疫病によって大打撃をうけ、多くの人命を失った。その結果、熟練手工業者の減少、同製品価格の高騰、ひいては労働賃金の高騰を招き、イギリスの場合と同様、穀物価格とのあいだにシェール状の価格差が形成された。図4は、ゲッチンゲン市における、木材一クラフター Krafter（四立方メートル）を伐り出す労働賃金とライ麦一〇〇キログラムの価格の相関図である[7]。一五世紀を通じて、都市の労働賃金が格段に高かったことが知られる。

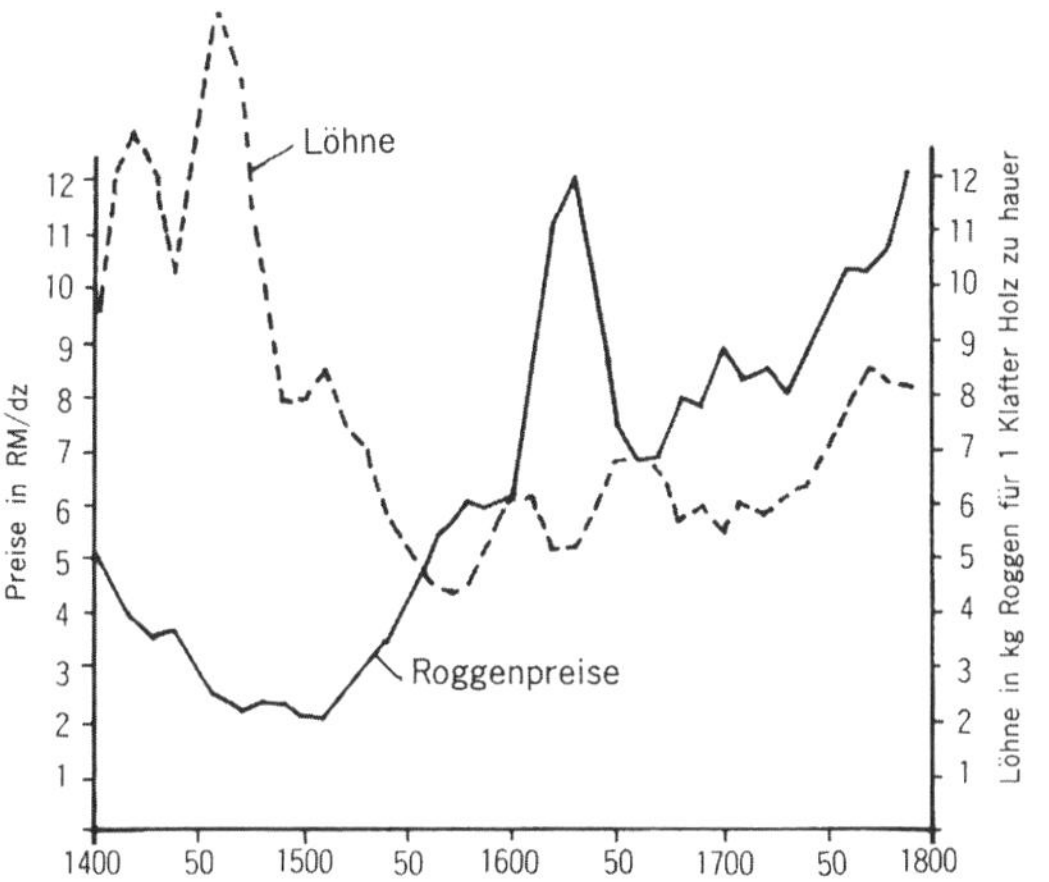


図４　労働賃金とライ麦価格の推移

また、図5[8]は、フランクフルト・アム・マインにおける一三五一年を起点とする物価の動向であるが、ライ麦価格が相対的に低下しているのに対し、都市での生産物の価格は、一六世紀までほぼ上昇を続け、その格差が開くばかりであったことがわかる。このような都市での労働賃金の相対的優位さは、農民を都市に引き付けずにはおかなかった。

例えば、フランクフルト・アム・マインで、一四三〇〜一五〇

○年間に受け入れられた市民は六二五二人にのぼり、年平均では八九人となる。ハンブルク市では、一二七七年から一三〇〇年のあいだ、新規に受け入れられた市民は、年平均三一人であったのに対し、一四〇一年から一四二〇年には年平均一〇七人、一四二一年から一四四〇年には年平均八六人、一四六一年から一四八〇年には年平均七四人が受け入れられている。ドルトムント市では、一二九五～一三五〇年の新規受け入れ市民は年平均二三人であるのに対し、一三五一～一四〇〇年には三八人であった[9]。このような農民の集中的移住によって、都市は喪失した人口を急速に回復したが、その反面、農村では耕作放棄がさらに拡大し、廃村が増加することになった。

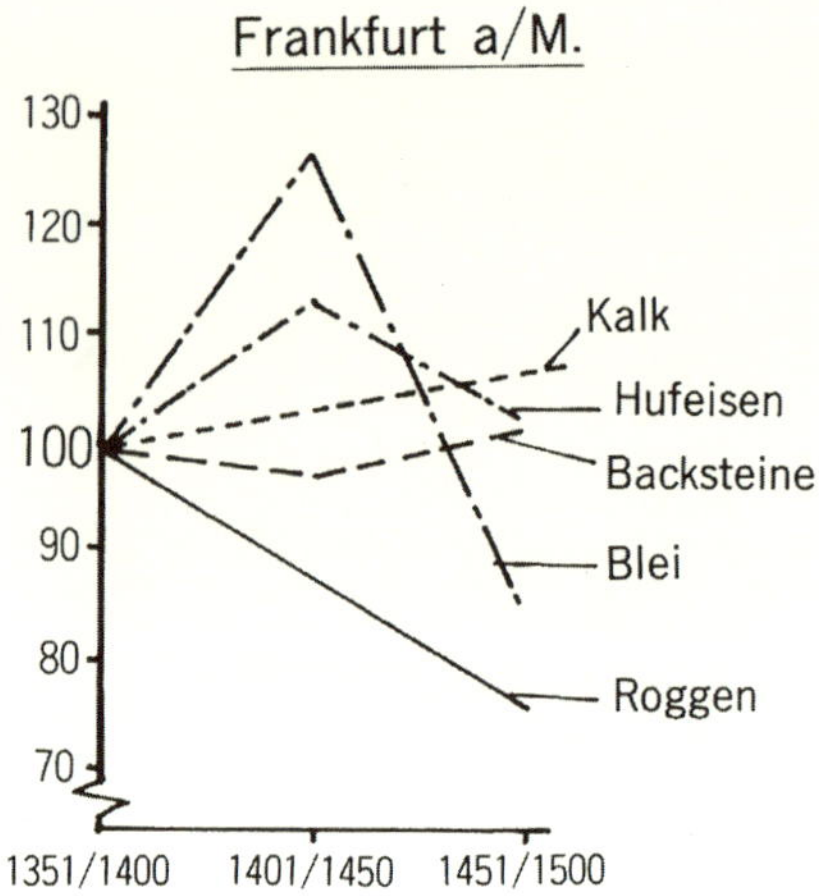

図５　フランクフルト市の物価動向

アーベルの見解を要約すれば、大体以上のようである。豊富なデータに裏付けられた、しかも強烈な彼のテーゼは、大きな反響を呼び、その問題提起を受けて、多くの賛同、補足、批判、反論の研究が発表された。以下、そのいくつかを紹介しよう。

まず、アーベルのテーゼを全面的に容認したのは、Ｆ・リュトゲである。リュトゲは『社会経済史における一四、一五世紀』（一九五〇）と題する論文で、これまで述べてきた社会経済的諸現象を全ヨーロッパ的視野から包括的に述べるとともに、人々の内面的、心理的変化にも言及し、時代転換の起点は一三四八～五〇年の大黒死病にあったと指摘し、「中世は一三五〇年頃に終わった[10]」と結論する。また別のところで、リュトゲは「大量のヴュストゥンゲン発生の決定的原因は、最近、アーベルが完全に明らかにしたように、この時期の甚大な人口喪失と、そこから起こった農業危機にある[11]」とも語っている。

ザルツブルク大司教領について行ったクラインの研究によれば、一三四八年、ポンガウ Pongau に七〇の農圃が存在していたが、一三五二年には、一七（二四％）が荒廃し、一一（一六％）が隣人の土地に合併され、一八（二六％）が保有者を変え、一二（一七％）が不明、わずか一二（一七％）が同一農民によって継続保有されているにすぎない。わずか四年間で、六六～八〇％の保有農民に変動が起こっているのであって、大黒死病がいかに猛威をふるったか、がうかがわれるが、そのさい注目されるのは、在地の農民によって土地の相当な部分が合併されたこと、また他処から一八人もの者が入ってきて、新たに保有農民になっている点である。こうしてクラインは実証面からアーベルを支持した[12]。

アーベルに対する批判的見解も少なくない。一九五三年に『ペスト流行に覆われた一四、一五世紀のドイツ経済生活』を発表したケルターもそのひとりである。ケルターの批判点は三つにわたる。（一）アーベルの示す穀物価格の漸次的低下の統計は不正確であり、歴史のダイナミズムを正しく表すものになっていない。例えば、一五世紀後半、五〇年間のミュンヘンの穀物価格をみると、疫病あるいは凶作の年の翌年には異常に高騰し、さらにその翌年には沈下するという現象が繰り返しみられる[13]。とくに都市、および領邦国家の食糧確保政策が、たえず穀物の過剰生産を促す傾向があった[14]ことを見逃してはならない。さらに「農業危機の長期化は、大黒死病だけから説明することはできず、疫病が繰り返し起こることによって、いつも新たに人口減少と消費の沈滞が起こったのである[15]」と。（二）また、ペストの都市生活への影響として、農民の都市への移住促進政策がとられたとされるが、しかし、市内では、熟練手工業者の自己防衛策としてツンフト結成が一般的にみられ、農民の市民への受け入れは、それほどスムーズに行われたわけではなかった。ペストのあった年の翌年に、大都市でツンフト蜂起が勃発しているのはその証拠ではなかろうか[16]。（三）なお、ペストによって居住者が死に絶え、空家となった市民の家屋を取り払って、今日みられるような広場とか、大規模な教会堂建設用の用地がえられた[17]のは、ペストのプラスの側面であった。このように述べて、ケルターは、アーベルの見解を修正し、あるいは補足しているのである。

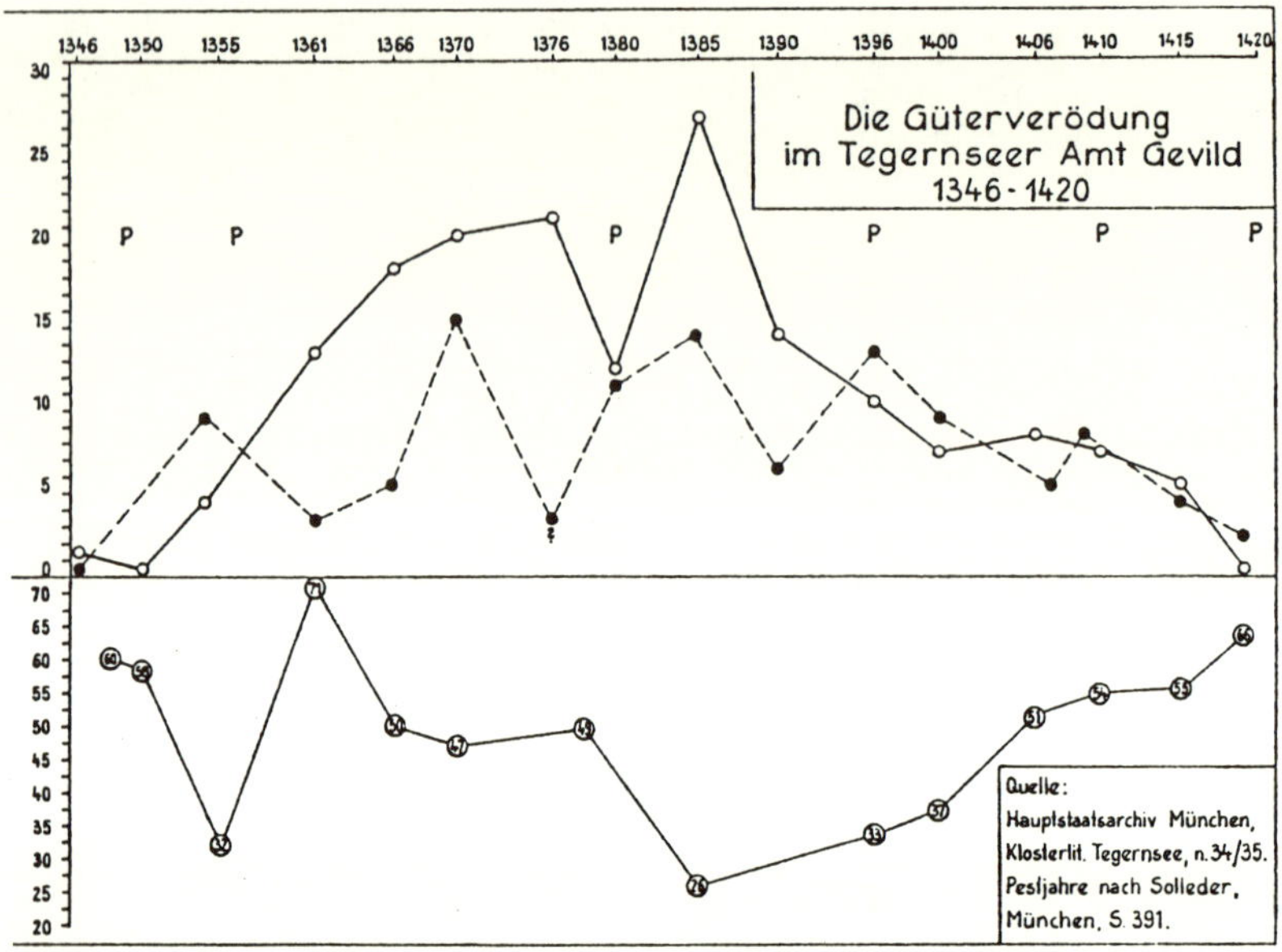


図6　ゲフィルト地区の耕地荒廃率と地代収入

ミュンヘン地域に材料をえたルブナーは、大黒死病の影響はほとんどなかった、と次のように述べている。すなわち、バイエルン大公国では、耕地の部分的放棄はすでに一三世紀末から起こっており、この荒廃化した土地については、数年間租税ならびに貢租が免除された。これを〈Ödrecht〉という。いま、南バイエルンのテーゲルンゼー修道院領、ゲフィルト Gevild 管区内にある一五五の農地に関する記録を整理してみると、図6のようになる。(18)

図の上段の黒点の折れ線グラフは、〈Ödrecht〉の適用されている土地数を表し、白丸のついた折れ線グラフは耕地の荒廃率を示したものである。例えば、一三五五年のところをみると、〈Ödrecht〉適用の土地は九カ所であるが、実際に荒れた土地というのは四カ所にすぎず、したがって荒廃率は三％である、といった具合で、二つのグラフのカーヴが必ずしも一致しないのは、そういうふうに説明されている。下段の方は、修道院の実際の収入を表示したもので、例えば、一三五〇年には五八リブラの収入があったのに対し、一三五五年には三二リブラの収入に落ちている、といった具合である。Ｐはペスト流行を表したものである。

一三五五年のところで、荒廃率がわずか三％でありながら、地代収入がほとんど最低の水準にまで落ち込んでいるのは何故か。大黒死病の後遺症と考えられなくもないが、じつは一三五二年春、農民のあいだで地代拒否闘争が勃発し、それが尾を引いたものとおもわれる。バイエルン大公ルートヴィヒは管区裁判官に対し、農民のストライキを打破するようにとの訓令を出し、また一三五二年六月一日、日雇賃金労働者の移動を制限し、賃金の高騰を抑えるラント条例を発布している[19]。イギリスの労働者規制法におくれることほぼ一年であるが、同年一月、ティロルでも同様の条例が発布されている。このティロル・ラント条例の前文には、「われらのラントのいたるところで起こっている大いなる災い、死亡によって、云々…von dez grozzen gebrechen wegen...von todes wegen, der in dem lande ist gewesen[20]」と大黒死病に触れられているのに対し、バイエルンの条例の場合には、なに一つ触れられていない。つまり、バイエルンの場合については、一三四九年の大ペストはほとんど影響はなかったのではないか、とされる所以である。しかし、図表全体をみると、一四世紀後半から一五世紀初頭まで、荒廃化は相当な程度みられ、頻発するペストの影響があったことは否定できないようにおもわれる。

アーベルにもっとも手厳しい批判者は、同じくバイエルンの歴史家キルヒナーであろう。彼は、一九五六年に発表した『農民逃亡と世襲保有』と題する論文のなかで、一四世紀初頭以来の封建領主の新たな重圧と搾取に耐えかねて、離村、逃亡する農民の実例を多数紹介しながら、「ペストによるカタストローフよりは、それ以前に、農民の逃亡とそれによる耕地の荒廃が、領主制をいちじるしい危機に導いた。アーベルの集めた農民逃亡の史料は、大黒死病以後のものしかない」と述べている[21]。

筆者自身が別の機会にみた東部ドイツ、マクデブルク都市年代記によれば、マクデブルク大司教アルブレヒト三世は、その任期中の一三六八～七一年の三年間に、農民を搾取するあまり、じつに三〇〇〇ホーフを荒廃にいたらしめた[22]、と記されており、また「多大の負担の故に荒廃した」と述べている史料もいくつかあり[23]、これらを総合すると、キルヒナーはヴュストゥンゲンの一つの有力な根拠を提出しているようにみえる。

旧東ドイツの歴史家も、キルヒナー同様、アーベルの自然災害説をしりぞけ、農民の階級闘争にヴュストゥンゲン出現の主原因をみているものが多い。代表的なのはクチンスキーで、彼は廃村の実例が圧倒的に一五世紀に多いところから、それらはペスト・疫病に関係なく、封建的生産様式そのものの危機から発生したのだ、と強調している[24]。

しかし、農民の個別的逃亡は、個別的耕地荒廃を生みだしても、廃村を生じはしない。集落全体の農民の逃亡は、のちに帰村を伴うものである。また上掲の地図から見て取れる最廃村地域のハルツ山地やドナウ上流、シュヴェービッシェ・アルプ地域は、山間の人口過疎の土地であり、ペストが流行する地域とはおもえない。そうとすると、廃村は、搾取激化と大黒死病などを契機とした、新たなより良い生活条件を求めての組織的集団移住に負うものではないか、とおもわれる。農業史家、農業地理学者は、一般的にいって、こうした農民集住説に傾いている。

この点で、示唆に富んでいるのは、デュビーの指摘である。すなわち、東部、北部ドイツでは、一二世紀頃から、領主が木材の売却に関心をもつようになり、それまで森林内に散居していた農民を、一つの集落に集住させた。農民の方でも、家畜飼育経済から穀作経済へ経営を転換し、こうした農業政策がヴュストゥンゲンの重要な成立要因である、というのである[25]。

この散居定住、小村定住地を放棄して、その一部を既存の集落と合併して、より大きな集村を形成する過程を南ドイツ、とくにヴュルテンベルクについて実証したのがイェーニッヘンである。一例として、のちに都市となるテューービンゲンの場合をみよう。テューービンゲンは、一一〇〇年頃、伯の城が建設されたときには、精々一五〇～二〇〇ヤウハルト Jauchart 程度の耕地しかない小村であったが、伯の城――周辺地に対する上申裁判所を意味した――と造幣所の存在で重きをなした。これに、一四〇〇年前後、西方と南方にあった Schwärzloch, Himbach, Weilersbach, Wemfeld の四集落が吸収され、さらに一四世紀末までに、二つの小集落、九つの散在住居 brühl が、テュービンゲンの支配圏内 zwing und bann に所属させられている[26]。この例は、やや特異な場合かもしれないが、イェーニッヘンが挙げている諸例の地図をみると、集落の草地のなかに、かつて居住され、その後放棄された散在居住の跡を示す〈brühl〉という名称が数多くみられ、また、合併された集落の耕地の一部が、既存の耕地に編入され、複雑な三圃制農法の運営が行われるようになったことが判る[27]。

これまで述べてきたドイツの廃村、耕地荒廃の議論から筆者なりの結論を導き出すとすれば、一三〇〇年頃から始まった散居居住、小村の放棄、より合理的経営を目指しての集村化こそが、事態の主流をなしたのではないかとおもわれる。大黒死病、あるいは領主の搾取に耐えかねた農民の逃亡が、そうした流れの主要な契機をなしたものとして、大きな意義をもつことはいうまでもない[28]。

この集村化は、農民の自治能力を強めただけでなく、厳格な三圃制農法の実施を可能にし、農業生産力を高めた。そして、同時に、その高められた生産力に対応した流通諸条件が形成されつつあったことも、また見逃してはならないであろう。すなわち、南ドイツにおいては、一四世紀末期の「都市戦争」にみられるように、領邦国家と帝国都市とのあいだに激しい戦争が頻発し[29]、両者とも戦争に備えて、また凶作時に備えて、穀物備蓄政策を励行するようになった。ニュルンベルクでは一三四〇年、アウクスブルクは一四三八年、シュトラスブルクは一四三九年、フランクフルトでは一四七〇年に、それぞれ穀倉の存在が確認されている[30]。解体しつつあった領主直営地経営が、「化石化した」といわれながらも、存続・再編されたのも、この故である。あるいは、一四世紀後半、ヴェネツィアを輸出入口として、南ドイツに勃興してきたバルヘント織物業が、大都市への人口流入をにわかに高め、それを養う穀物需要が高騰したことも挙げられねばならない[31]。

北ドイツの農地体制は、中世初期からルーズな荘園制であったが、一三世紀のころから解体し、荘園管理人（ミニステリアーレス）、農民ともに、自立的地位を獲得し、土地領主と定期的に地代納付――その額は慣習的に固定されていた――について契約を結ぶ、いわゆる「定期借地農 Meier[32]」となっていたが、彼らの生産物の余剰部分は、海外へ輸出された。ブレーメン、ハンブルク、リューベック各商人たちによって、穀物はフランドル、北ネーデルラント、ノルウェーへと輸出され、[33]あるいは、ブレーメン、ハンブルクでビールとして醸造され、ネーデルラントへ大量に輸出された。例えば、ハンブルク市では、一三七六年、四五七名のビール醸造業者がいたが、うち一二六名がアムステルダム、五五名がフリースランド、五〇名がフランドル向け輸出業者であったといわれる。[34]つまり、北ドイツの農業体制の変動は、部分的かもしれないが、一四世紀後半のネーデルラントの経済変動と連結していたのである。

(1) Abel, Wüstungen, 1. Aufl. (1943) ; ibid., 2. Aufl. (1955). 以下、引用は第二版による。なお、アーベル説とそれをめぐる論争について、簡単に概観したものとして、瀬原義生『ドイツ中世農民史の研究』二二八～二四〇頁を参照。
(2) Ibid., S.5.
(3) Pohlendt, Die Verbreitung der mittelalterlichen Wüstungen, S.13; Abel (ed.), Wüstungen in Deutschland, S.4.
(4) Weber, D., Die Wüstungen in Württemberg, Stuttgart 1927, S.197 Tabelle 19.
(5) Abel, Wüstungen, S.72ff.
(6) Ibid., S.85.
(7) Ibid., S.96.
(8) Ibid., S.100.
(9) Ibid., S.33. なお、リューベック市とリューネブルク市について、大黒死病直後の農民の都市移住状況が判明している。両市の新規市民受け入れ数の推移をみると、下表のごとくである。Genicot, Crisis (CEH. I), p.693. 瀬原、前掲書、二三八頁。
(10) F.Lütge, Das 14./15./. Jahrhundert（訳書、一一四頁）。
(11) Lütge, Deutsche Sozial-und Wirtschaftsgeschichte, S.144f.
(12) Klein, S.118.

| 時　期 | リューベック | リューネブルク |
|---|---|---|
| 1317–49年（年平均） | 175人 | 29人 |
| 1350年 | 271人 | 30人 |
| 1351年 | 422人 | 95人 |
| 1352年 | 255人 | 86人 |
| 1353年 | 210人 | 82人 |
| 1354年 | 236人 | 52人 |
| 1355年 | 205人 | 73人 |

（13）Kelter, S.165f.
（14）Ibid., S.167.
（15）Ibid., S.169.
（16）Ibid., S.188, 191f.
（17）Ibid., S.200f.
（18）Rubner, S.441.
（19）Ibid., S.443.
（20）Klein, S.155.
（21）Kirchner, S.65 Anm. 342. キルヒナーの引用している諸例について、瀬原、前掲書、一三五頁以下をみよ。
（22）Chroniken der deutschen Städte VII, S.261；Hertel, G., Die Wüstungen im Nordthüringen, Halle 1899, Einleitung XXVII.
（23）Abel, Geschichte der deutschen Landwirtschaft, S.134.
（24）Kuczynski, S.293ff. ベルトルド R. Berthold も、農民闘争説を主張している。
（25）Duby, Démographie et villages désertés, p.20. 上述したクラインの研究したザルツブルクの場合をみても、荒廃化した耕地は、大体において山奥ふかい、交通不便の地に位置しており、これは領主によって、空白となった平野の農地に山地の農民が移されたものと推察される。Klein, S.119, 131. また、ボン地区の廃村を精緻に調査したヤンセンも、廃村は一三世紀後半に最頻出しており、それは農民移住によるのではないか、としている。Janssen, W., Studien zur Wüstungfrage im fränkischen Altsiedelland zwischen Rhein, Mosel und Eifelnordland, Teil I, Bonn 1975, S.193, 201.
（26）Jänichen, S.192–196.
（27）Ibid., Abb. 2,3,4,5,6 usw.
（28）筆者は、拙著『ドイツ中世農民史の研究』において、廃村の主要原因として、農民闘争説に力点を置いたが、その後の研究の結果、本文のような結論にたっした。この機会に訂正しておきたい。
（29）「都市戦争」については、拙稿「シュヴァーベン都市同盟について」（同『ドイツ中世都市の歴史的展開』三三七～四二〇頁）をみよ。
（30）Rundstedt, S.80ff.
（31）バルヘント織物業の興隆については、拙稿「ヴェネツィア、ジェノヴァと南ドイツ都市」（同『ドイツ中世都市の歴史的展開』五〇三～五一〇頁）を参照。その中心アウクスブルク市の人口が、一三九六年一万二千人、一四九二年一万九千人、一六世紀前半三万人と躍進しているのに対し、ウルム市は一万二千人、メミンゲン、ラーフェンスブルク、ユーバーリンゲン各都市は一万人前で停滞し、チューリヒ市にいたっては、一四四二年に麻織物、毛織物工の組合が消滅し、人口も、一三七四年一万一〇五〇人から一五二九年五七〇〇人へと減少しているのである。G. Gottlieb, Geschichte der Stadt Augsburg, 1984, S.188; Th.V.Brodeck, Society and Politics of Late Medieval Ulm, 1972, p.17; R.Eirich, Memmingens Wirtschaft und Patriziat, 1971, S.47; P.Eitel, Die oberschwäbischen Reichsstädte, 1970, S.118; P.Keller, Züricher Wirtschaftgeschichte, 1970, S.113–130.

(32) Wittich, Meierrecht.; Ders Die Grundherrschaft in Nordwestdeutschland, S.271–379.

(33) Häpke, S.94, 102; Dollinger, S.317, 328f.; Nicholas, Metamorph., p.184f.; do., Reorientation, p.11. なお、前節の表9を参照せよ。一五世紀には、リューベックの輸出品として、穀物、ビールが相当大きな地位を占めているのが注目されるのである。一五世紀には、リューベック、ハンブルクを通じて、プロイセンのライ麦が大量にネーデルラントに輸出されており、これがエルベ河以東におけるグーツヴィルトシャフト形成の大きな要因となるのである。

(34) 拙著『ドイツ中世都市の歴史的展開』二六三頁注(5)。

## 七　フランスにおける「封建制の再建」

さいごに、フランスの場合をみよう。

フランスの歴史家は、一四、一五世紀、とくに百年戦争期を危機の時代として捉えてきたが、戦前におけるその代表作としては、マルク・ブロック『フランス農村史の基本的性格』をあげることができるであろう。その第四章第二節は「領主財産の危機」と題し、農村荒廃と人口減少、そして貨幣価値にともなう領主財政収入の低下現象を概観している。(1)

戦後まもなく、ブートリッシュが百年戦争期のボルドー地方を舞台として、領主経営の危機の諸相を明らかにした。(2) さらに、フランスに焦点をおきつつ、ヨーロッパ全体の危機現象を論じたペロワの論文「収縮経済の起源について」(3)が一九四九年に現れた。彼によれば、フランスの封建危機は、イギリスなどと異なって、すでに一三世紀

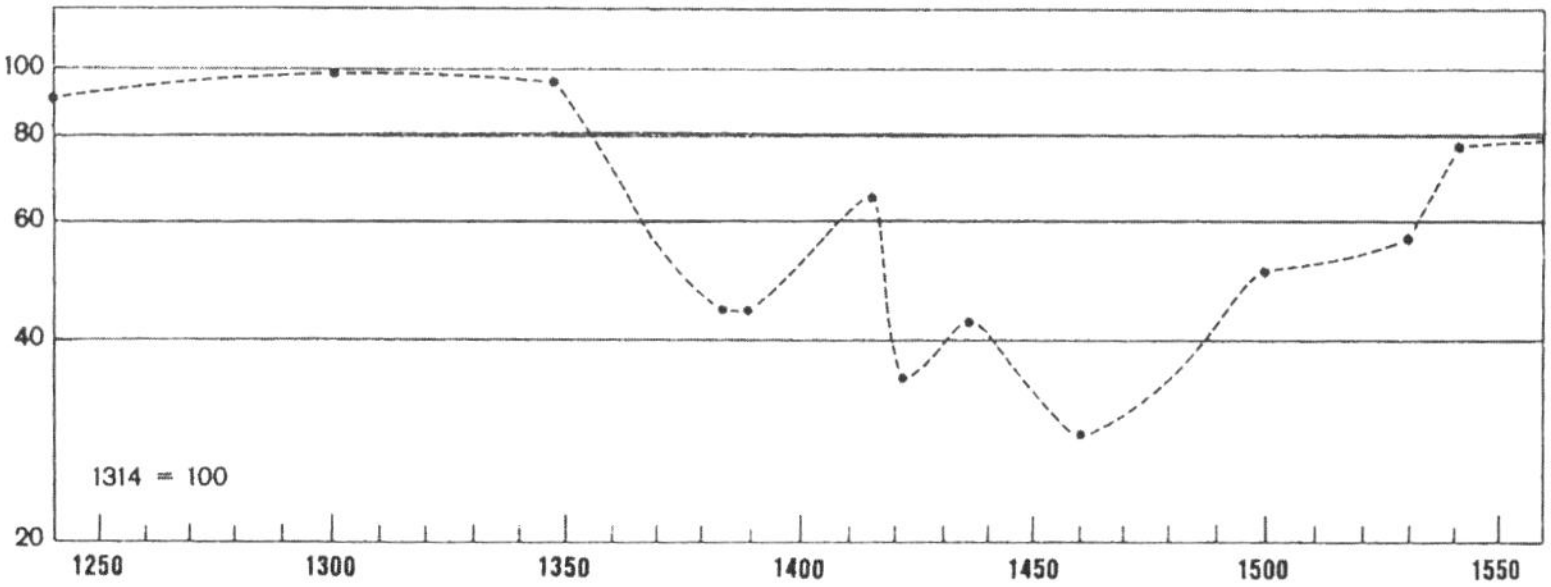


図７　東部ノルマンディーの人口動向

末から始まり、まず穀物不作の危機、ついで貨幣価値下落の危機、そして、人口の危機とつづき、一四世紀後期から一五世紀にかけて、これらの危機に加えて、戦争災害、国家財政の困難が加わった、としている。ややおくれて出てきたジョルジュ・デュビーの著作『西欧中世の農業経済と農村生活』（一九六二）になると、彼は、西欧全般についての危機の一般的特徴を的確に述べてはいるが、人口減少についての独自の解釈はない[4]。

こうした学説の流れに立って、一九七六年、ギー・ボアの研究『封建制の危機』[5]が現れる。このボアの研究は、史料の博捜と深い読み込み、そして、理論的整理の合理性、総合性において画期的労作のようにおもわれる。そこで、以下、ボアの労作を中心として、フランス封建危機の特徴を述べてみたい。

ボアが主として依拠した史料は、〈monnéage〉と称する税金の徴収簿で、モネアージュとは、三年に一度、かまど一つにつき一二スーの課税がなされ、それを記録したものである[6]。この徴税記録は、東部ノルマンディー地方についてよく保存されているが、この記録から推測される東部ノルマンディーの人口動向は、図７[7]の如くである。

これによれば、人口は一三〇〇年頃ピークにたっし、大黒死病ではほぼ三〇％減少し、その後は、うちつづく疫病のために、一三八〇年頃には五〇％にまで減少する[8]。一四一三年には、最盛期の六五％にまで回復するが、一四一五年、百年戦争の再開、イギリス軍のノルマンディー上陸によってふたたび四〇％を切り、一四六〇年頃には二三％の最低を記録しているのである。

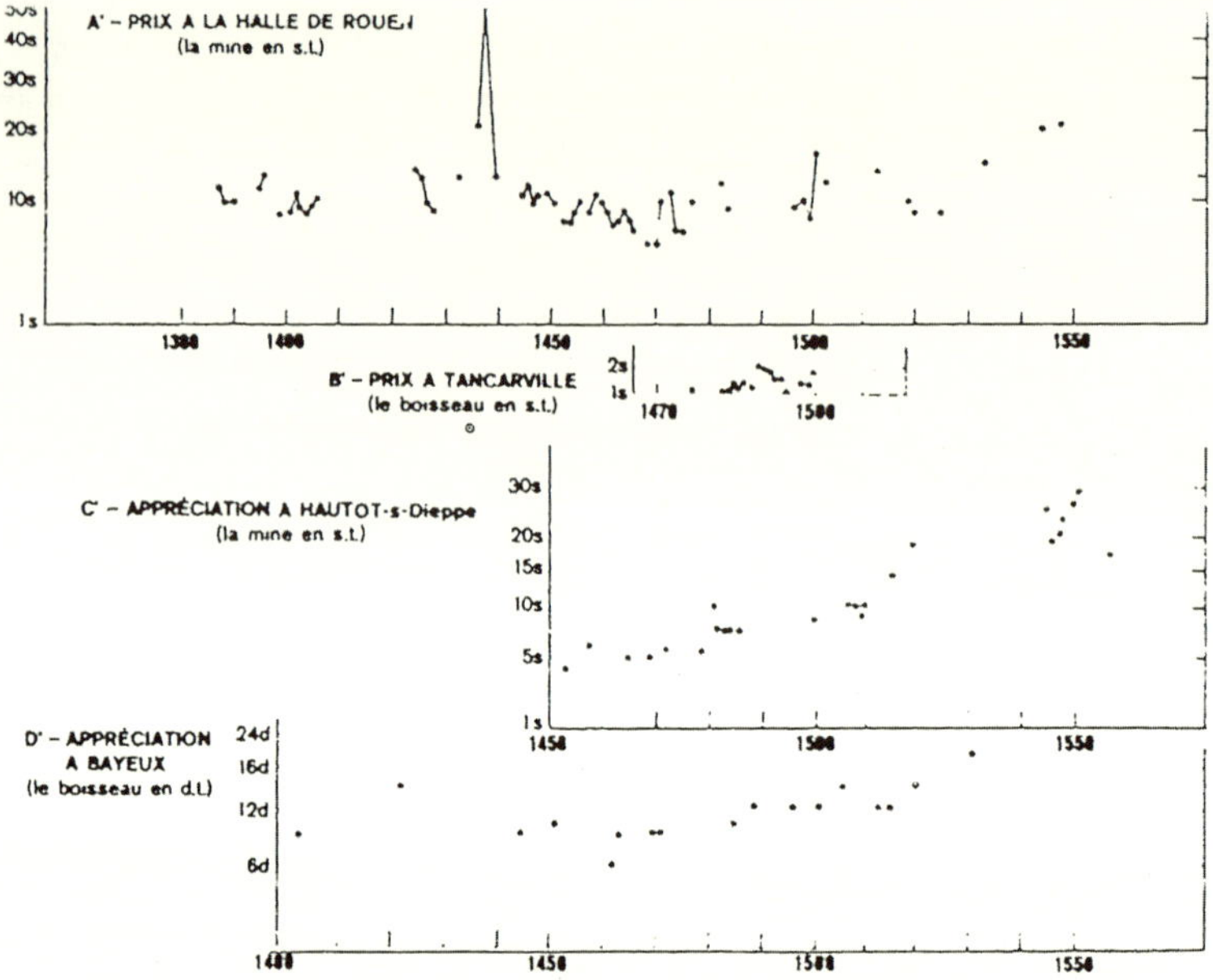


図8　北ノルマンディー各都市の穀物価格

大黒死病そのものは、一、二年の瞬間的物価騰貴に作用してはいるが、永続的影響を残すことはなかった。しかし、上述した人口の長期動向は、物価、賃金の動向に決定的に作用している。例えば、穀物（小麦）価格をみると、大きくいって、それは、一四世紀半ばより徐々に上昇し、一四三〇、四〇年代に頂点にたっし、それから下降に転じて、一四六〇、七〇年代に最低点に下り、それから反転している（図8）[9]。

一四三〇年代までは、繰り返し襲ってくるペストによって、絶えず多くの農民が奪い去られ、また労働生産性は一四世紀初頭の低い水準にとどまったままであったことから、穀物供給が相対的に減少し、価格を押し上げたものとおもわれる。一五世紀に入ると、農民は、低い生産性しかもたない周辺部の耕地をはっきりと放棄し、そのため生産力はぐんと高まるが、他方では、イギリス軍の占領の長期化などによって、人口が最低水準に落ち、ここから供給が需要をはるかにオーバーし、一五世紀後半部の価格低下をもたらしたものとおもわれる。一四三〇、四

○年代の穀物価格が上昇したといっても、出発点である一四世紀前半の価格の二〇％増にすぎないのであるが(10)、他方、手工業製品価格の上昇ははるかに顕著で、一四七〇年の水準をみると、およそ二倍に上昇しており、この価格格差のままで一世紀間推移している。この価格格差のもとになる一要因としては、都市と農村における歴然たる賃金格差にあることはいうまでもない(11)。

耕地の利用状況をみると、一五世紀初頭までは、非効率な周辺耕地が放棄されただけであったが、一四二〇年代に入ると、荒廃地がぐんと増えてくる。東部ノルマンディーの各教区をみると、多いところでは六〇％、少ないところで八％、平均三五％の耕地が放棄されているのである(12)。これは、一四一五年からノルマンディーを占領するにいたったイギリス軍が苛酷な重税を課してきたことに由来する。すなわち、ランカスター公ヘンリーは、ルーアン市に対し三〇万エキューの貢納を強制し、一四二〇年一二月には、ノルマンディー地方全体に対して直接税四〇万リーブルを課すことを命令し、その徴収を強行したのである。一世帯当たり四〇スーの課税であり、通例のモネアージュ（かまど税）の一三倍に当たる重税である(13)。そうでなくても、ノルマンディー農民は、一四世紀初頭以来、じりじりと増してくる国税の重圧にあえいでいたのに、ここにいたって、ついに我慢の限界にたっし、トマ・バザンの『シャルル七世の歴史』に鮮明に描かれているように(14)、多くの農民は農地を捨て、逃亡するにいたったのである。

逃亡した農民は、乞食となるか、あるいはブリガンとよばれる野盗の群れに入って、イギリス軍に対するレジスタンス運動に加わった。領主にとっては、多くの地代が未納のまま放置されたため、地代収入が激減し、さらに荘園経営の諸施設、とくに水車設備が破壊されて、経済活動が麻痺するにいたった(15)。事態の深刻さに気付いたイギリス側は、その課税を緩和し、経済は回復に向かうが、一四三五年一〇月、コー Caux 地域でイギリス軍の撤退を求める農民一揆が起き、また一四三八年大飢饉がそれにつけ加わったことから、回復の過程は遅々たるものであった(16)。そういう訳で、一四七四年の耕作地回復率をみると、九〇％という例外地域はあるものの、大部分は五三％、四六％、三〇％、二六％と低い水準にとどまっているのである(17)。

表13　Saint-Nicholas-d'Aliermont の土地保有（14－16世紀）

| 土地面積 | 保有者数 | | |
|---|---|---|---|
| | 14世紀末 | 1477年 | 1527年 |
| 6 hect.-0 | 66(50%) | 30(42%) | 78(51%) |
| 15- 6 hect. | 44(30%) | 31(43%) | 49(32%) |
| 40-16 hect. | 22(20%) | 11(15%) | 26(17%) |
| | 132 | 72 | 153 |

この間の農民層内部の変化をみると、例えば、サン・ニコラ・ダリエールモン区の例をとると、表13の如くである[18]。

これでみると、一四七七年の場合、農民数が半減しているが、そのなかで中層農民が比較的多数を占めているのが特徴といえよう。そして、この中層農民こそが、この時期の危機にもっとも対応しやすい大きさのものではなかったか、とおもわれる。彼らは、小作人も、雇用労働者も雇うことなく、自力で、肥沃な、中規模の土地に、熟達した技術で耕作することができ、その生産力は、一三世紀末に比べると、二倍近くに上昇したであろう、とボアは推定している[19]。農地は交換によって集中化がすすんでおり、共同体規制も緩和の方向に向かっていて、この中層農民の生産力を促進した。

一六世紀に入ると、農民層の両極分解が進展しているかにみえる。しかし、詳細にみると、必ずしもそうとはいえない。すなわち、一五二七年の下層土地保有者七八人のなかで、さらに一ヘクタール以下の土地しかもたない者は一八人であるが、彼らの中には、織布工、仕立屋、雑貨商、石工などが含まれており、恒常的農業賃労働者にはなりえなかった[20]。また、最上層土地保有者は、大部分、都市のブルジョワジーであり、その土地は、細分化されて、何人かの中農、貧農が小作しており[21]、したがって、中層農民の実質的割合は、一四七七年の場合とさほど変わらなかった、とおもわれる。

一四世紀半ばの農業生産力をみると、小麦の場合、上質の土地で播種量の五倍、中質の土地でほぼ四倍であったといわれる。いま九ヘクタールの土地を保有する農民を例にとるならば、三圃制のもとで、小麦を産出する面積は三分の一、つまり三ヘクタールであり、一ヘクタール当たりの生産量は一二クァンタル quintal（一クァンタル＝五〇kg）、つまり六〇〇キログラムとして、総生産量は三六クァンタルとなる。そのうち、十分の一税で三・五クァンタルが取られ、翌年の種子として八～九クァンタルを留保しなければならない。家族の自家消費分としては、同じく八～九クァンタルを必要とし、かくして余剰分として一五クァンタルが残り、売られることになる。この穀物売却代金およそ一〇～一一リーブルから、領主への貢租と国王への租税を納付しなければならない。領主への地代が一四世紀初頭どの位のものであったか、は不明であるが、相当に重いものであった。国税の方は、平時、一世帯当たり二～三リーブルであったと評価される。しかし、百年戦争が勃発すると、戦費課税が飛躍的に増大し、領主への地代は反比例的に低下する。農民が徴収の仕方の比較的ゆるやかな地代の納付を拒否し、地代は事実上、低額とならざるをえなかったからである。しかし、戦費課税の重圧は、農民の余剰生産部分以上に食い込むことが多く、これが一四二〇年以降、農民の大量逃亡、荒廃地の大量出現を惹き起こした主原因であったのである(22)。

さらに、ボアの研究で注目すべきことは、この時期における封建領主の経営を詳細に分析している点である。領主の収入は、(一) 地代収入、(二) 水車使用税など、いわゆるバナリテの収入、(三) 裁判収入、(四) 直営地生産物売却収入の四つから成っている。

表14　タンカーヴィル伯の地代収入（1400－1491）

| | |
|---|---|
| 1400 年 | 1800 リーブル |
| 1459 | 1077 |
| 1463 | 1345 |
| 1477 | 1533 |
| 1485 | 1625 |
| 1491 | 1679 |

まず地代収入であるが、地代は大部分金納であり、その収入高は一四世紀初頭、頂点を示し、以後急速に下降していく。ノルマンディーの場合、一三一六年を一〇〇とすれば、一四五八年のある領主の地代収入は二九％、三五％へと低下している。平均して、一四世紀初頭の水準から三〇～二五％程度へと激減しているのである(23)。これは、耕作地の面積が縮小したこと、農民の抵抗がはげしく、逃亡していく農民を繋ぎとめておくには、地代を引き下げるほかはなかったからである。一五世紀後半からは、やや回復のきざしがみえ、例えば、タンカーヴィル Tancarville 伯領の場合、表14の如くである(24)。

裁判収入はあまり大きな変化を示していない。

バナリテ収入のうちでは、水車使用税が注目される。水車使用税は、粉挽きに出された穀物一ボアソー bois-seau（＝一ブッシェル）につき、平均して一六分の一を納付しなければならない。つまり、六・二五％で、十分の一税のほぼ半分である。この水車の建設費用は相当なもので、ひっくるめて、一四二四年頃、その総費用は九〇〜一〇〇リーブルかかった。これに対する収入をみると、一四世紀初頭が全盛期で、一台当たり年一四〇、一二〇、一〇〇リーブルであった。しかし、戦争が始まると、水車はまっさきに破壊の対象となり、領主経済にとり大きな打撃となった。一五世紀後半から、水車の再建が始まるが、一五〇〇年以後、水車の使用は急速に高まり、その使用税も、あるところで、一五〇七年の六〇リーブルから、一五五六年の二七二リーブルへと、約四倍強にはねあがっているのである。(25)

領主直営地は、全耕地面積のなかで、五、ないし一〇％を占めているが、一四世紀半ばにほとんどすべてが折半小作制で貸し出されている。経営は請負農民自身の労働と、賃労働を雇って行われたが、刈入れ、脱穀、草刈りといった労働は賃労働者が行い、中心となる犂耕は請負農民が自分の道具を使って行っている。この折半小作制のもとで、領主にどれだけの収入があったか、というと、タンカーヴィル伯がその八五ヘクタールの直営地ラ・ベルジュリ La Bergerie を貸し出している例からみると、一四七八年の場合、総収入二一四リーブルのうち、小作人の取り分一〇七リーブル、賃労働者の賃金四三リーブルを引き去った六四リーブルが領主の収入と計算される。この領主直営地は、一五〇六年以後、もはや折半小作ではなく、定期借地に出されているが、その借地料収入は、一五〇六年一一〇リーブル、一五五四年には五五〇リーブルへと、かつての直営地経営収入のじつに一〇倍近くも上昇しているのである。(26)

このタンカーヴィル伯の全収入の推移を示したのが、図9である。(27)

一四六〇年を最低点として、領主経済の再建が着実にすすんでいることがよく理解されるであろう。なお、この図表で注目すべき点は、領主直営地の範疇に入る低湿地を放牧地として貸し出す貸出料、さらに森林地の木材販売

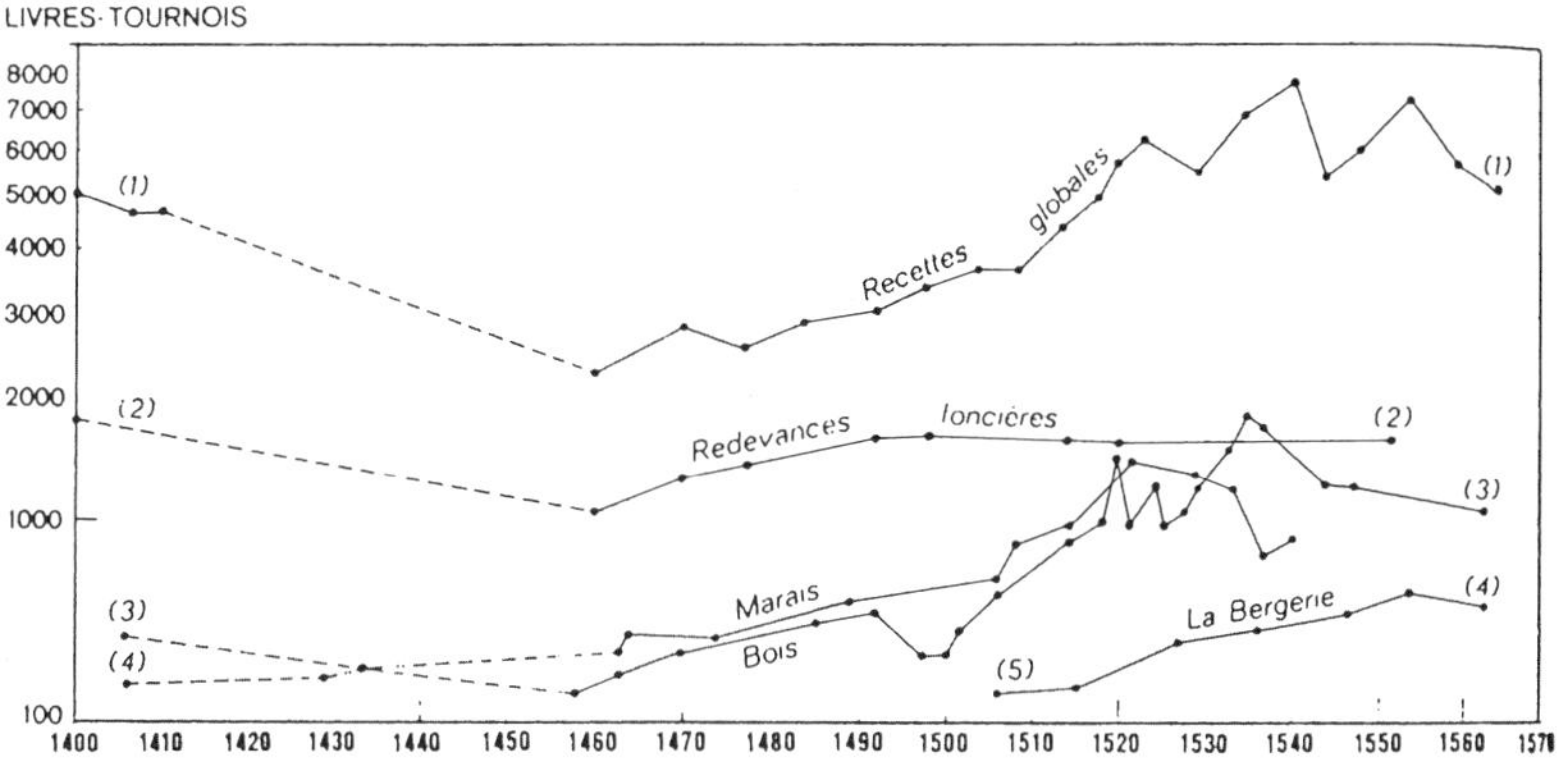


図9　タンカーヴィル伯の収入推移

金収入が非常な高騰を示していることであろう(28)。

もちろん、このような再建をなしえた貴族層は大貴族にかぎられ(29)、中・下級貴族は没落するか、国王・大貴族の家臣団のもとに入るか、するほかはなかった。ノルマンディーでは、中・下級貴族が四分の三に減ったといわれ(30)、また、フォレ Forez 地方の貴族を研究したペロワによれば、一三世紀にみえる貴族二一五家系のうち、一三〇〇年以前に消滅した家六六、大黒死病と戦争で死滅した家八〇、そして、一五〇〇年以前に消滅した家三八を数え、一六世紀に生き延びた家系は、わずか一四%の三一家系にすぎないのである(31)。

表15　ノルマンディーにおける国税収入の増加（1469－1541）

| | |
|---|---|
| 1469 年 | 354,500 リーブル |
| 1489 | 587,233 |
| 1493 | 562,233 |
| 1512 | 673,648 |
| 1513 | 594,600 |
| 1518 | 600,000 |
| 1530 | 760,000 |
| 1531 | 760,000 |
| 1540 | 920,000 |
| 1541 | 980,000 |

これに反して、これら貧困貴族の一部を官職新設や傭兵雇用によって救済し、農民の抵抗にあって経済再建に困窮している領主を支援して(32)、その権威をますます高めたのは国王であった。王権の伸張をなによりも雄弁に物語るのが、その税収の伸びであるが、その四分の一を占めたといわれるノルマンディーの国税収入の推移をみると、表15の

如くである。(33)

この飛躍的に伸展する財政的基盤に支えられて、フランス王権は、その絶対主義的体制の確立へ向けて、着実に歩みはじめていた。黒死病という大きなエピソードを内に含んだ一四、一五世紀のフランス「封建危機」は、領主階級の全面的衰退ではなくて、貴族階級の上層部に権力と経済力を集中する形の、いわば括弧付きの「再建」に収斂していったのである。(34)

(1) マルク・ブロック『フランス農村史の基本性格』(河野健二他訳)、一一二頁以下。なお、フランス封建制をふくめた、ヨーロッパ全般の社会的危機に関する膨大な研究を手際よく概観した論文として、F. Graus, Spätmittelalter als Krisenzeit, 1969. がある。
(2) Boutruche, La crise d'une sociéte: Seigneurs et paysans du Bordelais pendant la Guerre de Cent Ans, 1947.
(3) Perroy, A l'origine d'une économie contractée: les crises du XIVe siècle (id., Études d'histoire médiévale, pp.395–410)
(4) Duby, L'économie rurale, Vol.2, p.541ff.
(5) Bois, Crise du féodalisme, Paris 1976 (transl. in: The Crisis of Feudalism: Economy and Society in Eastern Normandy c.1300–1550, Cambridge 1984). 以下の引用は英訳書による。なお、ボアのこの労作を紹介した論文として、Herlihy, Black Death, p.35f.; Kriedte, Spätmittelalterliche Agrarkrise, S.49–56. がある。
(6) Bois, p.26ff. このモネアージュ税は、ノルマンディー大公の特権的徴税であったが、ほかに、ノルマンディーでは国税(fouage, taille)が取られ、その額は、一四、一五世紀の国庫収入の四分の一をなしていた。Ibid., p.44f.
(7) Bois, p.71.
(8) 大黒死病直後の一三五〇~一三七〇年代、人口の激減は、フランスの各修道院の直営地(Grange)経営に大困難をきたしたようで、パリのノートルダム聖堂参事会を始めとして、シトー会、プレモントレ会、ヨハネ騎士修道会など、軒並みその直営地経営を放棄し、借地に出している。Duby, L'économie rurale, Vol.2, p.583f.
(9) Bois, p.80.
(10) Bois, p.88. ノルマンディーの一四世紀初頭頃の小麦価格は判明しないが、パリ(サン・ドゥニ修道院)のそれは判っている。すなわち、一三〇〇年、小麦一スチエ(1 setier＝一五六リッター)一五スーの値段がし、一三〇三年に一九スーに上昇、一三一一〇年、鋳貨改良の故か、七スーに下がり、その後上下しながら、一三四二年、二五スーに上昇している。Fourquin, campagnes, p.193. フルカンの研究で、再び穀物価格の数字が出てくるのは、一四一九年六四～八〇スーからで、一四二一年には三〇〇スーの高騰ぶりをみせ、その後五〇～二五スーと落ち着きを取り戻している。Ibid., p.314f. パリの小麦価格は、一五世紀後半さらに下落し、一四六六～七四年平均一七スーとなるが、一六世紀に入って、一五四〇～四九年六五スー、一五五〇～五九年七四スーと上昇に転じている。Bois, p.82.

(11) Bois, p.97ff. いま、穀物価格と都市日雇い賃金労働者の賃金の格差拡大について、フォシエが上げている興味深い数字を下記に引用しよう。Fossier, p.86.

(12) Bois, p.145.

(13) Ibid., p.316ff.

(14)「シャンパーニュ、ボース、ブリ、ガティネの広い平野、シャルトル、ドゥルー、メーヌ、ペルシュ、ヴェクサン、ボーベの地域、コー地域、セーヌからアミアン、アッビルへかけての地域、サンリス、ソワソン、ヴァロワからランへかけての地域、さらに彼方、エノーの諸地域が完全に荒れ果て、耕されずに放置され、住民の影が見当たらず、野いばらに覆われているのがみられた。また、堅い樹木の生い茂ったところでは、大方の土地が、鬱蒼とした森林になってしまった……当時にあって、耕されていたのは、都市や、防塞のほどこされた場所、城砦のぐるり、その内部の土地だけであった……」Thomas Basin, Histoire de Charless VII, tom.I, p.87f. (cit. by Bois, p.322f.)

(15) Bois, p.318f.

(16) Ibid., pp.332–339.

(17) Ibid., p.148.

(18) Ibid., p.150. 詳しい統計をやや簡略化した。

(19) Ibid., p.151f.

(20) Ibid., p.152f.

(21) Ibid., p.153ff. 都市ブルジョワによる土地取得、その経営方式については、二宮宏之論文、九〇頁以下を参照。

(22) Ibid., pp.204–214.

| 穀物価格 | 1300–19 | 20–39 | 40–59 | 60–79 | 80–99 | 1400–19 | 20–39 | 40–59 |
|---|---|---|---|---|---|---|---|---|
| ウィンチェスター | 100 | 90 | 79 | 89 | 65 | 68 | 64 | 53 |
| マイン流域 | 100 | 100 | 80 | 55 | 75 | 52 | 70 | 52 |
| イール・ド・フランス | 100 | 90 | 78 | 56 | 6 | 56 | 70 | 70 |
| 日雇い賃金 | | | | | | | | |
| ウィンチェスター | 100 | 124 | 117 | 237 | 151 | 184 | 130 | 125 |
| イール・ド・フランス | 100 | 150 | 380 | 250 | 600 | 600 | 390 | 300 |

（23）Ibid., p.220.

（24）Ibid., p.222f.

（25）Ibid., pp.226–233.

（26）Ibid., pp.238–259.

（27）Ibid., p.257.

（28）Ibid., p.359.

（29）大黒死病以後の、サン・ドゥニ修道院を中心としたパリ周辺農村の苦悩と再建の過程を詳細に考察したFourquin, Campagnes, p.220ff. の研究を紹介する能力は、とても筆者にはない。ただ、それをまとめたとおもわれるフルカンの結論だけを引用すると、サン・ドゥニ修道院は、一四世紀前半貨幣収入が三万パリ・ポンドあったのに対し、一四〇〇年頃には一万五千ポンドに落ち、一五一九～二〇年にやっと二万ポンドに回復したという。ただし、貨幣価値が相当に落ち込んでおり、購買力は貨幣の名目どおりではなかった。Id. Lordship, p.222.「再建」といっても、旧状の回復からははるかに遠いものであったのである。

（30）Ibid., p.256.

（31）Perroy, Social Mobility among the French〈Nobless〉in the later Middle Ages（id. Études, pp.225–238）, p.231.

（32）例えば、領主は荒廃化した耕地をただちに「回収」することはできず、それを競売（en criées）にかける以前に、相当長期間待たなければならなかった。その間、農民側から執拗な遅延活動が行われたが、それを回避する道として、国王、あるいは在地の有力諸侯に上申して、特許をえるという方法があった。これが主として用いられるようになるのは一四五〇年以降のことである。Fourquin, Lordship, p.205.

（33）Bois, p.383.

（34）Fourquin, Lordship, p.203ff.

## まとめ

これまで、一四、一五世紀西ヨーロッパ各国の封建危機について、最近の研究動向をふまえて述べてきたことを、いくつかの点にまとめてみよう。

（一）一三世紀末、封建社会は全盛期にたっし、封建地代は高水準にたっした。この封建地代を納付するため、生産効率を無視し、周辺地までが開墾され、これを耕作するため、人口は最大限にまで膨張した。しかし、生産力ぎりぎりまで伸びているため、ちょっとした天候不順や不作でも、大規模な飢饉の原因となった。一三一五〜一七年に大飢饉が起きたのは、きたるべき大黒死病のための条件が熟していたことを証明するものであろう。

（二）一三四九年の大黒死病は、大量死を招いたが、それ自体としては、顕著な永続的影響を残さなかった。しかし、その後の、度重なるペスト禍と、それに伴う深刻な人口消耗は、一三七〇年頃になると、人口復原力を上廻るにいたり、人口の減少の恒常化はしだいに厳しい経済的影響をおよぼす要因となった。その結果としての、低落した農産物価格と高騰した手工業製品価格間のはさみ状格差、農業労働賃金と手工業労働賃金間の格差は、全ヨーロッパを通じて、ほぼ一世紀半の期間中保たれたのである。それにともなって、農民の都市流入は激化し、都市の人口喪失分は農民の移住によってすぐに補充されたが、農村内部でも移動は顕著で、それにともなって村落の共同体性は大いに動揺し、新参者と土着農民とのあいだに紛争が絶えなかった。

（三）このような基礎過程に立って、ヨーロッパ各国で、それぞれの条件に応じて、異なった影響があらわれる。まずイタリアでは、すでに封建的土地所有が解体し、市民的土地所有が一般化していたが、不足した農業労働力誘致・定着のためには、地代収取条件を緩和するほかはなかった。こうして近世イタリア農制を特徴づける折半小作制、いわゆるメッツァドリア制が出現し、拡大していった。

（四）イギリスの農村では、村落組織はなお保たれたが、その内部では、農地保有相続の混乱・不安定の故に、血縁関係で結ばれた家系の土地に対する共同所有観念が動揺し、個人的所有観念が優位を占めるにいたっていた。封建領主の農民支配は急速に弛緩していき、加うるに、バラ戦争などの戦乱における貴族家系の断絶・縮小、ジェントリ層と商人層の台頭、政界への参入によって、脆弱なイギリス独特の絶対王制の成立となるのである。

（五）南ネーデルラントでの黒死病の被害は、それほど顕著ではなかったようであるが、ほぼそれと同じ時期に

「三都市」の毛織物工業が衰退をはじめ、代わって農村毛織物業が台頭する。三都市の市政は、門閥支配から毛織物匠ギルド独裁支配を経て、門閥・手工業者妥協の政権が成立する。しかし、フランドル毛織物の販売は、ドイツ・ハンザによって独占され、いわばその死命を制せられてしまった。その点で、のちに、自力で毛織物をバルト海沿岸、ロシアに売り込もうとするイギリスの決意と競争力に、一段劣ることになった。

(六) 農民の大量死亡、移動にともなって、ヨーロッパ各地で、廃村、耕地荒廃が大規模に発生した。とくにドイツで顕著であった。しかし、この農業危機は一時的にとどまり、むしろ農民たちが生産効率の低い周辺耕地を放棄して、中心集落に集住する契機となる。集村が出現するのは大体この時期であったようで、それにともなって、従来からの対領主闘争の力はより強められ、それはやがてドイツ農民戦争へと結実する。農業生産それ自体をみると、いまや緻密な三圃制に編成された中・上質の耕地に、熟練した農耕労働が注がれ、生産力は高まり、これが穀物供給の過剰、その価格の低さを維持する要因となった。また、多くの研究者の強調する点であるが、農民はたとえ二、三世帯に減っても、耕地を捨て、集落を捨てるものではなく、この点で、アーベルの廃村と耕地荒廃を混同した統計の取り方には問題があるといわざるをえない(1)。

(七) 大黒死病など一連のペスト禍によって大打撃を受けたのは、領主階級も同様であったが、とくにフランスの貴族階級がもっとも苦しみ、その地代収入は三分の一に低下したといわれる。国王、大諸侯らは租税増徴などによって財政危機に対処するが、その租税が農民生産力を上廻るときは、激しい闘争を呼び起こさざるをえない。一三五八年のジャックリーの一揆、あるいは一四二〇年代のノルマンディーにみられた農民の大量逃亡、ブリガン運動への参加など、その典型といえよう。しかし、領主権力の再建は、結局、上昇した農民の生産力に依拠して行うほかはなかった。フルカンによれば、領主直営地が折半小作に出されたのは、領主権の衰退を意味するのではなく、農民の生産力を生かす、十分に計算されつくした行為であったといわれる。また一六世紀の王権が、巨額の租税を徴収しえたのも、農民の生産力を維持、育成した結果であるが、中、下級貴族、また都市ブルジョワ出身の新貴族はこうした王権の行政官として、王権の統制下に入り、この「封建制の再建」によってフランス絶対王政の基礎がおかれたのであった。

（八）本文ではほとんど触れなかったが、スペインもまた黒死病の脅威を免れなかった。ペストは、一三四八年四月、まずマヨルカ島を襲い、ついでヴァレンシア、バルセローナに上陸し、同年九月にはサラゴッサにたっした。おりからレコンキスタの進行中であり、アルヘシラスを陥落させたカスティリア王アルフォンソ十一世は、ジブラルタルを包囲していたが、ペスト流行のため大いに難渋したといわれる。また人々は死を免れようと、争って教会に寄進をし、その量が莫大でありすぎたので、のちに国王は返還を命じさせたほどであった。しかし、黒死病が大きな社会的影響を残したかどうかは不明である。(2)

（九）かくして、大黒死病とその余波は、都市・農村全般を根底から揺るがし、各国、各地域におけるさまざまな社会的前提、ペストに対する対応の仕方に応じて、多様な特徴を帯びた近世ヨーロッパ社会を生み出したのである。

（1）H. Mortensen, S.24; K. Scharlau, S.43–101.
（2）Ziegler, p.85ff.

付記　本論文は、一九九〇年法政大学で催された第四〇回日本西洋史学会大会でおこなった公開講演の原稿を基礎にしたものであるが、若干の文献を追加し、本文も補正した。
なお、本文成稿後、次の文献をえた。アンソニー・J・ポラード「中世後期英国史研究の最近の動向」（安元稔訳）、佐々木博光「黒死病の記憶―十四世紀ドイツの年代記の記述―」である。前者は、黒死病の原因を腺ペストとする従来の説に疑問を呈し、後者は、当時の年代記者が黒死病をあまり深刻に受け取っておらず、その記述の仕方がまちまちであり、解釈に注意が必要であると説いている。

## 文献リスト

Abel, W., Die Wüstungen des ausgehenden Mittelalters, 1. Aufl.（Jena 1943）; 2. Aufl.（Stuttgart, 1955）

ders., Landwirtschaft 1350–1500（in : Hndbuch der deutschen Wirtschafts-und Sozialgeschichte, Bd.1, hrsg. v. H. Aubin u. W. Zorn, Stuttgart 1971）

ders.（ed.）, Wüstungen in Deutschland, Frankfurt a.M., 1967.

Bean, J.M.W., Plague, Population and Economic Decline in England in the Later Middle Ages, Ec. H. R., 2nd. ser. 15（1963）

Bergdolt, K., Der Schwarze Tod in Europa : Die Grosse Pest und das Ende des Mittelalters, München 1995（ベルクドルト『ヨーロッパの黒死病：大ペストと中世ヨーロッパの終焉』宮原啓子・渡邊芳子訳、国文社、一九九七）

Berthold, R., Die Agrarkrisen im Feudalismus, Jb. f. WG. 1979/1.

Blaschke, K., Die Ursachen des spätmittelalterlichen Wüstungsvorganges, Wirtschaftliche und soziale Strukturen im saekularen Wandel, Festschrift für W. Abel, Bd.1, Hannover 1974.

Blockmans, W. P., The Social and Economic Effects of Plague in the Low Countries 1349–1500, Revue belge de Philologie et d'histoire, 58（1980）

Bois, G., Crise du Féodalisme, Paris 1976（id., The Crisis of Feudalism : Economy and Society in Eastern Normandy c.1300–1550, Cambridge 1984）.

Bowsky, W. M., The Impact of the Black Death upon Sienese Government and Society, Speculum 39（1964）

Bridbury, A.R., Economic Growth : England in the Later Middle Ages, London 1962.

do., The Black Death, Ec. H. R., 2nd. ser., Vol.26/4（1973）

do., English Provincial Towns in the Later Middle Ages, Ec. H. R., 2nd ser., 34/1（1981）

Britnell, R.H., Feudal Reaction after the Black Death in the Palatinate of Durham, Past & Present 128（1990）

Britton, E., The Community of the Vill : A Study in the Family and Village Life in the Fourteenth Century England, Tronto 1977.

Brown, E.H.P. & S.V.Hopkins, Seven Centuries of Building Wages, Economica XXII, No. 87（1955）

Bulst, N., Der Schwarze Tod. Demographische, wirtschafts-und kulturgeschichtliche Aspekte der Pestkatastrophe von 1347–1352, Saeculum 30（1978）

Carpentier, E., Autour de la peste noire : Famines et épidémies dans l'histoire du XIVe siècle, Annales E.S.C. 17（1962）

Cipolla, C.M.（ed.）, The Fontana Economic History of Europe, The Middle Ages, 1972.

Contamine, Ph., L'Économie Médiévale, Paris 1996.

Coulton, G.G., Medieval Panorama, 1938（rep.1974）
DeWindt, A., Land and People in Hollywell-cum Needingsworth, Tronto 1972.
do., Peasant Power Structures in Fourteenth-Century King's Ripton, Medieval Studies 38（1976）
Dollinger, Ph., Die Hanse, Stuttgart 1966.
Duby, G., Démographie et villages déserté（in：Villages désertés et histoire économique XIe– XVIIIe siècle, 1965）
do., L'Economie rurale et la vie des campagnes dans l'Occident médiéval, 2 vols., Paris 1962（id., Rural Economy and Country Life in the Medieval West, 1968）.
Faith, R. J., Peasant Families and Inheritance Customs in Medieval England, Agricultural History Review, 14（1966）
Fourquin, G., Les campagnes de la région parisienne à la fin du Moyen Age, Paris 1964.
do., Lordship and Feudalism in the Middle Ages, London 1976.
Fossier, R., Le Moyen Age 3：le temps des crises 1250–1520, Paris 1984.
Genicot, L., Crisis：from the Middle Ages to Modern Times（in：Cambridge Economic History of Europe, Vol.1, Cambridge 1966）
do., La crise agricole du Bas Moyen Âge dans le Namurois, Louvain 1970.
Graus, F., Spätmittelalter als Krisenzeit, Medievalis Bohemica.Suppl.1（1969）
Ders., Pest-Geissler-Judenmörde, 2. Aufl., Göttingen 1987.
Hatcher, J., Plague, Population and the English Economy 1348–1530, 1977.
Häpke, R., Brügges Entwickling zum mittelalterlichen Weltmarkt, Berlin 1908.
Haverkampf, Aufbruch und Gestaltung, Deutschland 1056–1273, 1984.
Ders., Medieval Germany 1056–1273, 1987.
Heers, J., L'occident aux XIVe et XVe siècles. Aspects économiques et sociaux, Paris 1973.
Helleiner, K., Europas Bevölkerung und Wirtschaft im späteren Mittelalter, 1954.
Herlihy, D., Population, Plague and Social Change in Rural Pistoia 1201–1430, Ec. H. R., 2nd ser., Vol.18/2, 1965.
do., The Black Death and the Transformation of the West, Harvard U.P., 1997.
Hertel, G., Die Wüstungen im Nordthüringen, Halle 1899.
Hilton, R.H., The English Peasant in the Later Middle Ages, Oxford 1975.
do., Class Conflict and the Crisis of Feudalism, London 1985.
do., English and French towns in feudal society. A comparative study, Cambridge 1992.（ヒルトン『中世封建都市──英仏比較論

―』瀬原義生訳、刀水書房、二〇〇〇年）
Hoffmann, H., Das Braunschweiger Umland in der Agrarkrise des 14. Jahrhunderts, DA., 37（1987）
Huppert, G., After the Black Death.A Social History of Early Modern Europe, Indiana UP., 1986.
Jäger, H., Wüstungsforschung in geographischer und historischer Sicht（in：Geschichtswissenschaft und Archäologie, hrsg. v. H. Jankuhn u.R. Wenskus, 1979）
Jänichen, H., Markung und Allmende und die mittelalterlichen Wüstungsvorgänge im nödlichen Schwaben（Ders., Beiträge zur Wirtschaftsgeschichte des schwäbischen Dorfes, Stuttgart 1970, S.157–217）.
Keen, M., English Society in the Later Middle Age 1348–1500, London 1990.
Kelter, E., Das deutsche Wirtschaftsleben des 14. und 15. Jahrhunderts im Schatten des Pestepidemien, Jahrbuch f. Nationalökonomie u. Statistik, 165（1953）
Kershaw, I., The Great Famine and Agrarian Crisis in England 1315–1322, Past & Present 59（1973）
Kosminsky, E. A., Studies in the Agrarian History of England in the Thirteenth Century, Oxford 1956.
do., Services and Money Rents in the Thirteenth Century, Ec.H.R., 5/2（1935）etc.（コスミンスキー『イギリス封建地代の展開』秦玄竜訳、未来社、一九六〇年）
Kovalevsky, M., Die wirtschaftlichen Folgen des schwarzen Todes in Italien, VSWG., Bd. 3（1895）
Klein, H., Das grossen Sterben von 1348/49 und seine Auswirkung auf die Besiedelung der Ostalpenländer, Mitteilungen der Geschichte für Salzburger Landeskunde, 100（1960）
Kraveren, J.von, Die wirtschaftlichen Auswirkungen des Schwarzen Todes, VSWG., 54（1967）
Kriedte, P., Spätmittelalterliche Agrarkrise oder Krise des Feudalismus?, Geschichte und Gesellschaft 7（1981）
Kuczynski, J., Einige Überlegungen über die Rolle der Natur in der Gesellschaft anlässlich der Lektüre von Abels Buch über Wüstungen, Jahrbuch f.Wirtschaftsgeschichte 3（1963）
Lütge, F., Das 14/15. Jahrhundert in Sozial-und Wirtschaftsgeschichte（in：ders., Studien zur Sozial-und Wirtschaftsgeschichte, Stuttgart 1963）（リュトゲ『社会経済史における一四・一五世紀』中村賢二郎訳、未来社、一九五八年）
Macfarlane, A., The Origins of English Individualism：The Family, Property and Social Transition, Oxford 1978.（マクファーレン『イギリス個人主義の起源』酒田利夫訳、リブロポート、一九九三年）
Mollat, M. & Wolff, Ph., Les Révolutions populaires en Europe, 1970（モラ・ヴォルフ『ヨーロッパ中世末期の民衆運動―青い爪、ジャック、そしてチオンピ―』瀬原義生訳、ミネルヴァ書房、一九九六年）

Morris, Ch., Review Articles : The Plague in Britain, Historical Journal, 14/1（1971）
Mortensen, H., Die mittelalterliche deutsche Kulturlandschaft und ihr Verhältnis zur Gegenwart, VSWG., Bd.45（1958）
Nicholas, D., Town and Countryside : Social, Economic, and Political Tention in Fourteenth-Century Flanders, Brugge 1971.
do., Economic Reorientation and Social Change in Fourteenth-Century Flanders, Past & Present 70（1976）
do., The Metamorphosis of a Medieval City : Ghent in the Age of the Arteveldes, 1302–1390, Lincoln 1987.
do., The van Arteveldes of Ghent : The Varieties of Vandetta and the Hero in History, Cornell UP.1988.
do., Medieval Flanders, New York 1992.
Perroy, É., Études d'Histoire Médiévale, Paris 1979.
Pirenne, H., Les anciennes démocraties des Pays-Bas, 1910（id., Les villes et les institutions urbaines, tom.1, 1939, pp.143–301）
Pohlendt, H., Die Verbreitung der mittelalterlichen Wüstungen in Deutschland, Göttingen 1950.
Poos, L.R., A rural society after the Black Death.Essex 1350–1525, Cambridge 1991.
Postan, M., The Fifteenth Century, Ec.H.R., Vol.9, 1939（ポスタン『イギリス封建社会の展開』所収、佐藤伊久男訳、未来社、一九五九年）
do., Some economic evidence of declining population in the later Middle Ages, Ec.H.R., 2nd. ser., Vol.2/3（1950）
do., Medieval Agrarian Society in its Prime : §7. England（Cambridge Economic History of Europe, I, 1966, pp.548–632）
Postan, M.M. & Titow, J., Heriots and Prices on Winchester Manors, Ec.H.R., 2nd. ser. Vol.11（1959）
Postan, M.M. & Hatcher, R., Agrarian Class Structure and Economic Development in Pre-industrial Europe, Past & Present 78（1978）
Raftis, J.A., Social Structures in Five East Midland Villages, Ec.H.R., 2nd.ser., Vol.18（1965）
do., Tenure and Mobility. Studies in the Social History of the Medieval English Village. Toronto 1965.
do., The Concentration of Responsibility in Five Villages, Medieval Studies, Vol.28（1966）
do., Changes in an English Village after the Black Death, Medieval Studies, Vol.29（1967）
Razi, Z., The Tronto school's Reconstitution of Medieval Peasant Society : A critical view, Past & Present 85（1979）
do., Life, Marriage and Death in a Medieval Parish. Economy, Society and Demography in Halesowen 1270–1400, Cambridge 1980.
do., Family, Land and the Village Community in Later Medieval England, Past & Present 93（1981）
Rubner, H., Die Landwirtschaft der Münchner Ebens und ihre Notlage im 14. Jahrhundert, VSWG., Bd.51（1964）

Rundstedt, Hans-Gerd von, Die Regelung des Getreidehandels in den Städten Südwestdeutschlands und der deutschen Schweiz im späten Mittelalter und im Beginn der Neuzeit, Stuttgart 1930.
Russel, J.C., Population in Europe 500–1500（in : Cipolla, Fontana Economic History of Europe）
do., Medieval Demography, New York 1987.
Scharlau, K., Ergebnisse und Ausblicke der heutigen Wüstungsforschung, Blätter für deutsche Landesgeschichte, 93（1957）
Thrupp, S.L., The Problem of Replacement-Rates in Late Medieval English Population, Ec.H.R., 2nd ser., Vol.18/1（1965）
Titow, J.Z., English Rural Society 1200–1350, London 1969.
van der Wee, H., Die Wirtschaft der Stadt Lier zu Beginn des 15. Jahrhunderts（in : Beiträge zur Wirtschafts-und Stadtgeschichte, Festschrift für Hektor Ammann, Wiesbaden 1965）
van Werveke, H., Die Stellung des hansischen Kaufmanns dem frandrischen Tuchproduzenten gegenüber（in : Bieträge zur Wirtschafts-und Stadtgeschichte, Festschrift für H. Ammann, Wiesbaden 1965）
Weber, D., Die Wüstungen in Württemberg, Stuttgart 1927.
Wittich, W., Die Entstehung des Meierrechts und die Auflösung der Villikationen in Niedersachsen und Westfalen, ZSWG. 2（1894）, S.1–61.
Ziegler, Ph., The Black Death, 1991.
アンソニー・J・ポラード「中世後期英国史研究の最近の動向」（安元稔訳、駒沢大学経済学会『経済学論集』第三六巻第二号、二〇〇四年）
マルク・ブロック『フランス農村史の基本性格』（創文社、一九五九年）
ロベール・フォシェ『ヨーロッパ中世社会と農民』（渡辺節夫訳、杉山書店、一九八七年）
石坂尚武「黒死病除け絵画〈聖セバスティアヌス〉の様式分析序説」（『文化史学』五八、二〇〇二年）
井上正美「中世ヨーロッパのクマネズミ―〈ネズミの西洋史〉の再検討―」（『立命館文学』五五八号、一九九九年、一〇八～一二四頁）
井上泰男「中世末期の社会と経済・フランス」（『岩波講座・世界歴史』第一一巻、一九七〇年）
近江吉明『黒死病の時代のジャックリー』（未来社、二〇〇一年）
川口博『身分制国家とネーデルランドの反乱』（彩流社、一九九五年）
河原温『中世フランドルの都市と社会』（中央大学出版部、二〇〇一年）
蔵持不三也『ペストの文化誌』（朝日選書、一九九五年）

佐々木博光「黒死病の記憶─十四世紀ドイツの年代記の記述─」（『人間文化学研究集録』第一三号、二〇〇三年）
同「十四世紀中葉のユダヤ人迫害」（『西洋史学』第二一三号、二〇〇四年）
同「黒死病とユダヤ人迫害─事件の前後関係をめぐって─」（『大阪府立大学紀要・人文社会科学』第五二号、二〇〇四年）
瀬原義生『ドイツ中世農民史の研究』（未来社、一九八八年）
高橋（小西）陽子「フランドル自己商業 Eigenhandel 衰退の影響─一三世紀のガンに関して─」（『史泉』五七、一九八二年）
二宮宏之「領主制の危機と半封建的土地所有の形成」（大塚・高橋・松田編『西洋経済史講座Ⅲ』岩波書店、一九六〇年）
藤井美男「一四世紀フランドル毛織物工業における都市と農村─イーペルとポーペリンゲの対立を中心として─」（『西欧中世における都市＝農村関係の研究』森本芳樹編著、九州大学出版部、一九八八年）
三好洋子『イギリス中世村落の研究』（東京大学出版会、一九八一年）
村上陽一郎『ペスト大流行』（岩波書店、一九八三年）
森田鉄郎『中世イタリアの経済と社会』（山川出版社、一九八七年）

（『立命館文学』第二九五号、二〇〇六年）

# 第二論文　ヨーロッパ中世都市の起源──その類型化の試み──

## はしがき

ヨーロッパ中世都市に関する最近の研究動向には、いくつかの特徴があるようにおもわれる。その第一は、従来主流を占めていた都市の法制史的研究が退き、社会史ないし生活史とでも呼ぶべき研究が台頭してきたことである。都市の法制史的研究で中心的役割を果たしてきたのはドイツ法制史家であり、彼らの主要な関心は都市の自由の源を究明するところにあって、時代的には一二世紀、研究対象としてはのちに自由都市、帝国都市となる大都市が選ばれ、その都市法の成立過程が追究されたのであった。ヨーロッパ全体の都市的自由の源流地としては、セーヌ河とライン河に挟まれたいわゆるニーダーフランケンの地がそれと見做され、そこでのコミューン運動の展開、それの基盤となった遠距離商業の実態、商人組織などが注目された。その集約的研究者がプラーニッツである。(1)しかし、プラーニッツの研究がエンネンによって批判されて以来、研究は多様な方向にむかいはじめた。(2)もはや都市の自由に焦点をおかず、非農民的人口の集住点としての都市一般がいかに成立したか、そのような都市にはどのような型があるか、その中でだれが推進的役割を果たしたか、ということが問題にされるようになる。コミューン運動はいわばその過程の中で、一部の都市において起こった二次的現象とみなされるにすぎない。また孤立的に出現する大都市ではなくて、一定の時期に簇生《ぞくせい》する中・小都市群にこそ研究のスポットライトをあてられるべきだとも主張されるようになる。さらに都市生活を詳細に検討するなかで、中・小都市だけでなく、大都市においてさえも、都市領主が意外に都市推進の役割を演じていることが明らかになった。こうして最近の都市成立論は領主権力との関連において論じられるのが普通となったのである。

第二の特徴は、中世都市成立の経済的基盤に関して、遠距離商業よりも在地の生産力および局地的商業を重視するようになった点である。周知のように、イスラム教徒の地中海進出による遠距離商業の途絶、一一世紀における商業の復活を説くピレンヌ・テーゼをめぐって批判が集中しているが、そこからベルギーの研究者デスピィのように、都市の成立を在地農業生産力の向上とその商品流通をおこなう近距離商業・局地的市場の勃興に求める見解があらわれる。(3) これは中世中期・後期に出現する中・小都市についても妥当するところから、この見解は多くの賛同をえている。しかし、この問題はそのように単純に処理できるものであるかどうか、緻密な検討を要するようにおもう。

第三の特徴は、都市の地誌的研究 Topographie が圧倒的に多くなったことである。戦後、爆撃によって破壊された都市の再建にあたって、あるいは近来の地下交通網の開発、老朽家屋の整理などを機会に、各都市において街路・家並みなどの調査が頻繁におこなわれ、古い時期についての都市景観を正確に復原することができるようになった。これによって歴史的記録が裏付けられ、市民生活がより如実に理解されるようになったことはいうまでもなく、そこに今日のトポグラフィー研究の盛行の原因がある。わが国でのヨーロッパ都市研究はこの点で大きな限界にぶつからざるをえないが、ともかく可能なかぎりでのフォローをしなければならないであろう。

第四の特徴としては、第三をも含めることになるが、考古学による都市遺跡の盛んな調査をあげることができる。その典型として、一九七二年四月ゲッチンゲン近郊のラインハウゼンで国際的シンポジウムが催され、一九七三〜七四年『ヨーロッパ中世都市の先・原初形態』と題してまとめられた二巻本の報告書をあげることができる。(4) この報告書は、ドイツ、イングランドの現存都市の考古学的調査とともに、すでに消滅してしまった Eketorp, Helgö, Haithabu, Kaupang in Skiringssaal, Birka, Paviken, Nitra, Wolin などスカンジナヴィア諸国、あるいはポーランドをはじめとする東欧諸国の都市遺跡の調査をもふくんでいる。この考古学的研究の分野でも、われわれに課せられたハンディキャップは大きいが、これらの研究成果を採用することなしには、もはや中世初期のバルト海沿岸、東欧の情勢について論ずることはできないであろうから、その情報吸収に努力するほかはないであろう。

以上のような研究の現状を通観してみると、研究の焦点がいずれも都市の起源・成立期にむけられていることが理解されるであろう。そこで以下においては、上記の諸点を総合しながら、ヨーロッパ中世都市の起源について、地域的特徴を概観し、整理を試みてみたい。

(1) H.Planitz, Kaufmannsgilde und städtische Eidgenossenschaft in niederfränkischen Städten im 11. und 12. Jh., ZRG. GA.10 (1960)(鯖田豊之訳『中世都市成立論』一九五九年); Ders., Die deutsche Stadt im Mittelalter, Graz-Köln, 1954.

(2) E.Ennen, Frühgeschichte der europäischen Stadt, Bonn, 1953(エネン『ヨーロッパ都市文化の創造』佐々木克巳訳、知泉書館、二〇〇九年); Dies., Die europäischen Stadt des Mittelalters, Göttingen, 1972.

(3) G.Despey, Villes et campagnes aux IX$^{e}$ et X$^{e}$ siècle. L'exemple du Pays mosan, Revue du Nord 50., 1968. 森本芳樹『西欧中世経済形成過程の諸問題』(一九七八年)一六六頁。井上泰男『西欧社会と市民の起源』(一九七六年)五一頁。

(4) Vor-und Frühformen der europäischen Stadt im Mittelalter. Berichte über ein Simposium in Reinhausen, 2 Bde., Göttingen, 1973-74(以下、Vor-u. Frühformen と略す)

## 一　ローマ都市の連続――イタリアとガリア西・南部――

上述した都市の考古学的調査は、ローマ帝国がその属州の隅々にまでかなり完成度の高い都市を築き、それを地方行政の末端単位としてきた事実を明らかにしてきている。このローマ都市の完成度をみるにつけ、それがなんらかの形で中世へ連続しなかった、とはとても考えられない。そこでまずイタリアとガリアについて検討してみる。

ローマ帝国崩壊後もイタリア諸都市[1]は、東ゴート王国、つづく東ローマ帝国、ランゴバルト王国の支配期を通じて、地方行政の中心でありつづけた。テオドリック大王は都市の有産市民に逃亡されないように配慮したといわれ、ランゴバルト王国はその支配領域を行政区に分けるにあたって、都市を核とするキヴィタスを単位とした。八世紀末まで、古代ローマの都市官職である defensor civitatis（都市護衛官）、curator（財政監督官）、あるいはそれに類した官職が存置されたが、なにより重要なことは古代末期以来、都市生活の実質的中心的指導者である司教座が都市から離れなかったことである。教皇グレゴリウス一世はローマの元老院階級に属する家の出身で、市の長官 praefectura urbana の経験者であった。虐殺と略奪をこととしたランゴバルト族も、定着後は「熱烈な土地所有欲をもつようになり、ローマ人のかたわらに、ローマ人のように、都市に住むことに慣れるようになった」といわれる。(2) 都市に居住したランゴバルトの自由民は、通常三ないし四名からなる民事裁判の参審員 iudices, scabini にローマ人と並んで選出され、他方、七五〇年以後、都市の商人が三つの租税納入市民の階層にわけられ、それに応じた軍役の履行が義務づけられている。七四四年ピアツェンツァ市では、石鹸工の組合があり、国王に年三〇ポンドの貢租を納入した。

カロリング朝期に入ると、すでに都市自治の芽生えがみられる。七九〇年ごろカール大帝の息子ピピンの発したイタリア勅令によると、「ピアツェンツァの人々は自らの法規によって、王宮付属の荘園から農奴を（市民に）受け入れている」とある。(3) すでにランゴバルト期にパヴィア、ミラノ、ピアツェンツァ、ヴェロナなどで貨幣を鋳造しているのが知られているが、カロリング期になると公・私文書に商人への言及が多くなる。たとえばミラノではアマトーレ Amatore という商人の家が八三五～一〇一〇年の間つづいているし、手工業者から商人となった Gisembertus negociens という家は八七五、九五六、九六〇、九六六年と史料に出てくる。(4)

皇帝ロタールはある勅令のなかで、サラセンの侵寇《しんこう》に対してローマの城壁を修築するため、「受封者でないが、土地を所有し、あるいは貨幣を所有している人々」に協力してもらうよう、教会や都市で説教しなさいと司教たちに勧告しているし、(5) また九四五年イタリア王ロタリオはマントヴァ司教に造幣権を認めるにさいして、ただし銀の混合率と貨幣の重さについては「市民の意向と協議に従うこと」と規定している。[6] これら商人が封建領主に寄生しながら成長していったことは、ミラノの例がもっともよく示すところで、一〇～一一世紀ごろ史料に頻出するLiutprand, Rimperto, Piero, Lanfrancoといった商人は、いずれも同市の聖アンブロージオ修道院の近辺に居住し、修道院の代理となって商業に従事している者たちであった。[7] また一〇二四年までランゴバルト、イタリア王国の首府であったパヴィアでは、春秋二回、一五日間の歳市が開かれ、ヴェネツィア、アマルフィ、ガエタ、サレルノから商人が訪れた。訪市したヴェネツィア商人の史料初見は七一五年で、一〇〇〇年ごろまで年額二五リブラ、ないし取引高の二・五％の取引税を支払っていたという。またパヴィアでは、一〇世紀ごろ、両替商、金細工師、漁師、船頭、石鹸工、毛皮商の団体（camera regis）があったことが判明している。[8]

商人・手工業者の台頭はやがて都市領主との抗争へと発展していく。八九四～八九八年トリノ司教は市民と対立して、市から追放され、八九一年モデナ市では司教に対して「悪しき民衆の陰謀 una populi malivoda conspiratio」が企てられた。また九二四年クレモーナ司教に対し、同市の「negotiatores」は集団を組み、「待ち伏せして上記教会を襲撃し」司教を追放した。ミラノでは、九四八～九五三年皇帝任命の大司教に対し、capitanei militesといった上層市民を中心として市民が反抗をつづけ、九八〇年ついに大司教追放に成功した。[9]

こうした異常に早い時期での都市領主と市民の抗争の勃発は、イタリアにおける都市の連続を推定してはじめて理解可能なことであるが、都市の連続性はその地誌的構造のうえにもはっきり読み取ることができる。古代ローマの都市構造の特色は、正方形ないし長方形の囲壁の中が規則正しい格子状街路に分けられているところにあるが、現在のイタリア都市にはその遺構を伝えているものが多い。トリノ、ヴェロナ、パヴィア、ミラノ、ピアツェンツァ、クレモーナ、ピストイア、リミニ、スポレト、ナポリなどはその好例であり、とくにパヴィア、ピアツェンツァはその市街地中央部に古代ローマの街路をそのまま残しているのである。[10]

イタリアと並んで、ヨーロッパ都市の源流をなすのがガリアであるが、とくにその西・南部においては、セナ

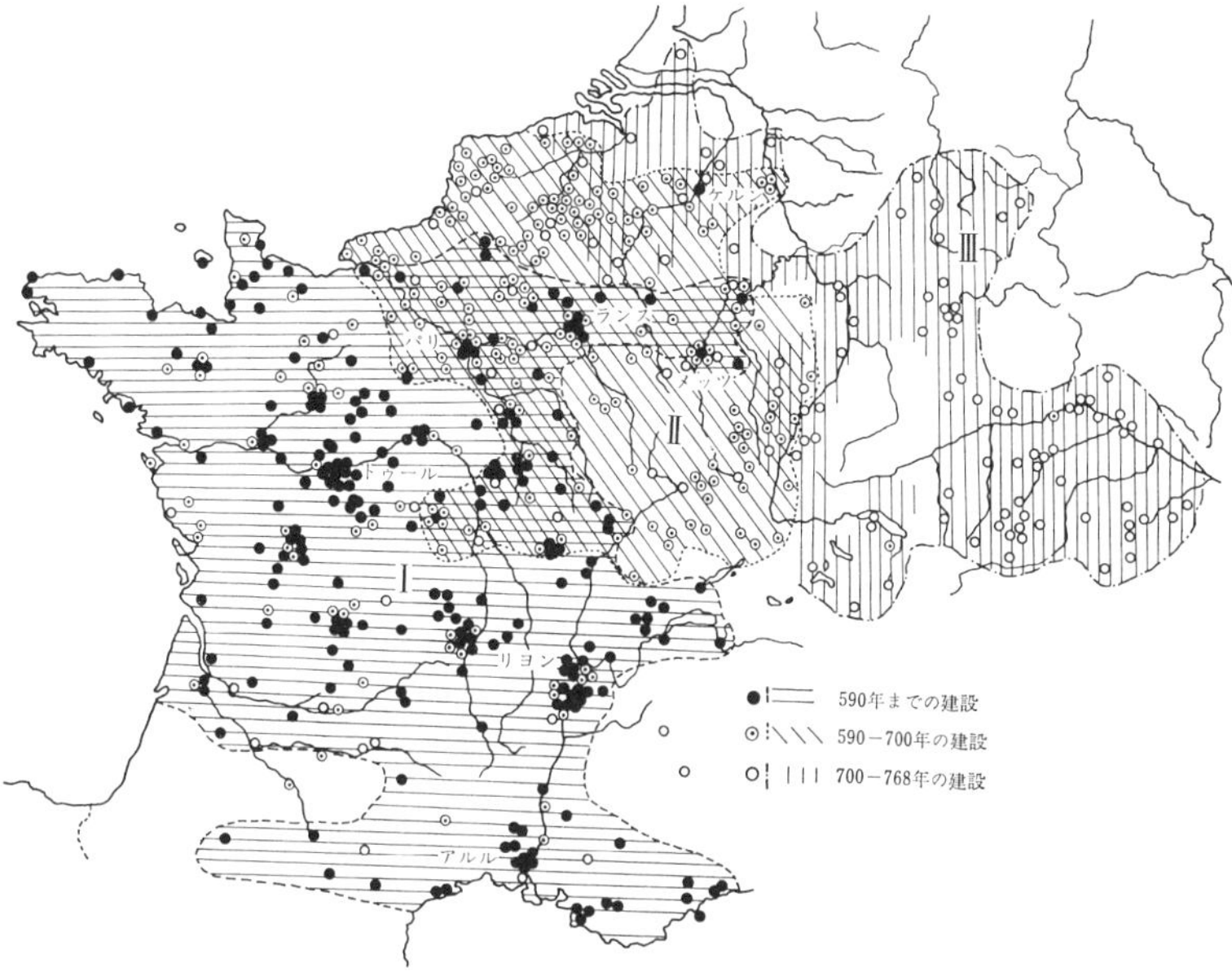


図1　ガリアにおける修道院設立状況

トール階級がローマ帝国消滅後も社会の根幹として厳然と存続した。その数六〇〇～八〇〇家族といわれる彼らはガリア西・南部に集中し、大土地所有者で、司教位を独占し、あるいは西ゴート、ブルグント、フランクの支配下にあって、その地方行政官たる伯 comes の地位を独占し、実質的領主階級でありつづけた[11]。彼らが強固に存在していたかぎり、都市生活もまた連続していたと考えてよいであろう。六世紀後半のひとであるトゥールのグレゴリウスは『フランク史』のなかで、当時のガリアにローマの囲壁を残した都市がおよそ三〇あったと、その地名を挙げている[12]。

　これを裏付ける図を二つ掲げる。一つはフランスを中心とする修道院の設立年代の推移を地域的に表示したものであるが（図1）[13]、一目瞭然のように、六世紀末までに設立された修道院は、セーヌ河とレマン湖を結ぶ線の西側、西・南部フランスに集中し、北東フランスからライン河へかけての修道院は主として七世紀に、ライン流域、その以東、ドナウ河流域のそれは八世紀に建立されたものであることがわ

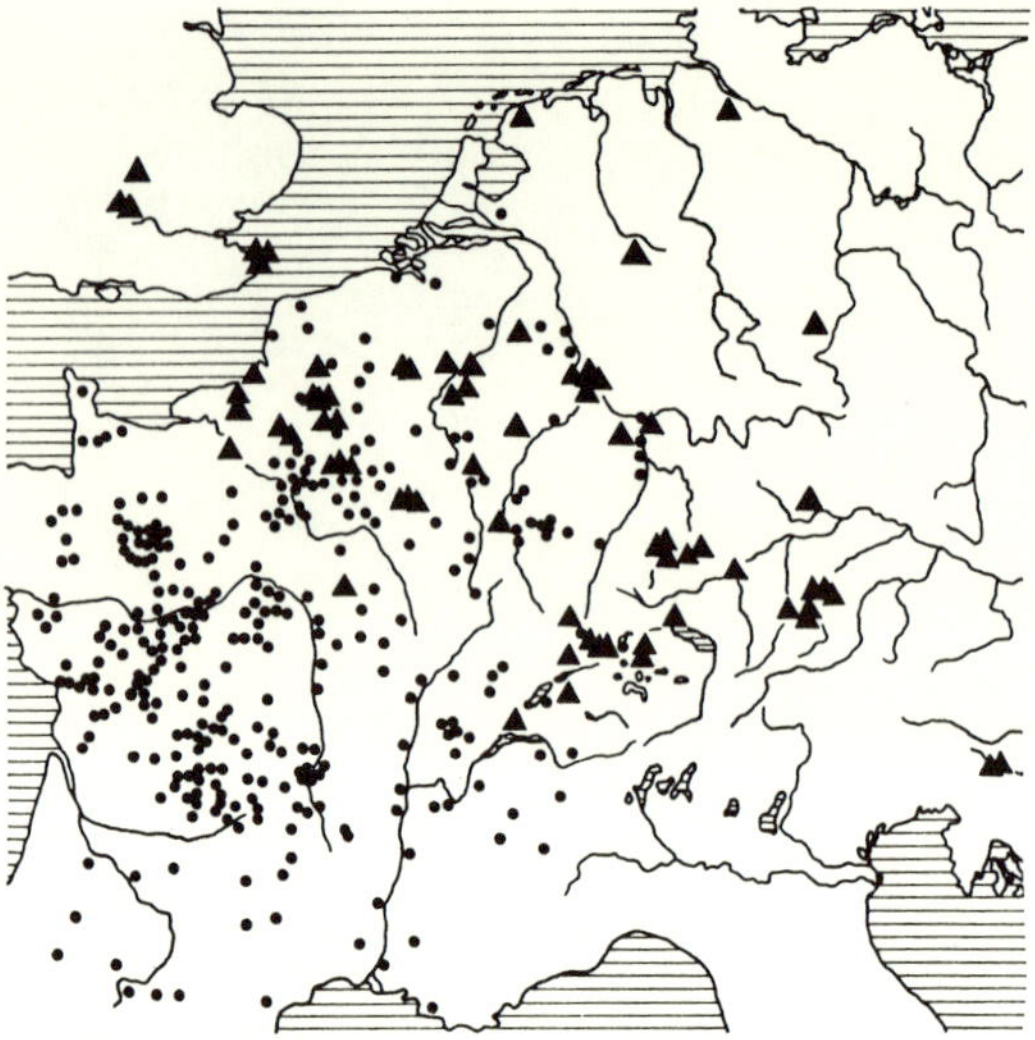

●造幣所，▲精密秤

図２　中世初期ガリアの造幣所と精密秤所在地

かる。ローマ帝政時代、キリスト教徒は市壁内で死体を焼くことを厳重に禁止されており、市外近郊に共同墓地が設けられたが、それを取り巻いて信徒の集落、礼拝堂、さらには修道院が建立された。キリスト教徒が勝利をえて、司教座が市内に移されたのちも、修道院は市外に残り、独自の集落を形成しつづけ、いわば古代から中世への都市連続の媒介者となったのであるが、これを踏まえるならば、図に示されたガリア西・南部はまさしくそれに該当することは明らかであろう。

もう一つは、考古学者ヴェルナーによって作成されたメロヴィング期の行列塚式墳墓から出土する貨幣、および貴金属を計量する精密秤 Feinwagen の分布図（図２）[14]である。これによると、セーヌ河以南に造幣所が多数点在しているのに対して、ムーズ河からライン河にかけては精密秤が多くみられ、セーヌ河とムーズ河の間では両者が混在する、という結果が示されている。つまり、セーヌ河以南では遠距離商業だけでなく、近距離商業においても商品・貨幣流通経済が比較的活発に行われていたのに対し、セーヌ河以東の地域では、そうした貨幣経済はさして頻繁ではなかった。しかし、そこにはさまざまな種類の貨幣が流れ込んでおり、それらの純度を調べ、秤にかけて貴金属量を比較計量することが行われ、その範囲において商品・貨幣交換が行われていたのである。このことは次節で取り扱う北東ガリア、ライン都市にとって重要な意義をもつが、ともかくこの図はさきの修道院分布図と酷似した特徴を示し、ガリア西・南部に都市生活を維持させる商品・貨幣流通経済があったことを確証するものであろう。

トポグラフィーの面をみると、トゥールーズ、ナルボンヌ、フレジュス、リヨンなどのように巨大な市域をもったローマ都市はその市域を大幅に縮小させたが[15]、他の諸都市の縮小ぶりはさほどのものではなかった。たとえばトゥール Tours は、三世紀のころ、巨大な円形劇場の外壁を利用しつつ、いわばその舞台広場の延長上に建てられた司教座都市（キヴィタス）であるが、四世紀に有名な司教マルティヌスが出、西ガリアの布教の中心となった。西ゴート、フランクの支配を通じて市域は変わらず、おそらく七世紀にキヴィタスから西八〇〇メートル離れたところに聖マルタン修道院が建てられ、そこに商人定住区が生まれ、この地区を〈burgus〉と称した。ブルグスには囲壁がなかったのか、九世紀末しきりにノルマンの襲撃をうけて修道院も破壊され、住民は囲壁のあるキヴィタスに避難しなければならなかった。九〇四／九一八年に囲壁が設けられてから、聖マルタン区は安全となり、経済活動も活発となった。一一二二年にはブルグス区の都市領主である修道院長（フランス王が兼任）に対する自治権闘争が起こっているのであるが、それまでこの地区はいわばキヴィタスの庇護のもとに成長したのである[16]。

ル・マン Le Mans も、ローマ時代には一〇ヘクタールのキヴィタスであるが、八三二年ルイ敬虔王がアルドリック Aldric を司教に任命したとき、彼は住民のために大規模な水道を建設し、司教座聖堂の建て替えを行っている[17]。つまり、ローマの建築技術とそれを駆使する職人がなお存在していたこと、多数の住民が市に住み続けていたことを物語るものではなかろうか。一一世紀にはキヴィタスの周囲にいくつかのブルグスが形成され、そこの市場では多種多様なものが売買されていた[18]。また一一世紀後半の史料には、商人のほかに、多様な手工業者が出現している。だからこそ、一〇七〇年この都市では、フランス最初のコミューンが結成されたのである[19]。

ガロンヌ河上流の支流ロー川に位置するカオール Cahors でも、古代ローマ建築の伝統がみられる。すなわち、六三〇年ここの司教となったデシデリウスは、就任後、精力的な建築活動を開始し、市壁をつくり、狭い市域のなかに司教座聖堂のほかに六つの教会を建て、市壁外には修道院、そのほか市門、塔、水道を建設し、市の面目を一新したが、これらの事業を行うため、知人のクレルモン司教から熟練建築工を譲り受けている。デシデリウスはアウストラシアの宮廷官を務め、またマルセーユの施政官にも任じた者であっただけに、その活動にはセナトール階級の理念が如実に反映しているようにおもわれる[20]。

このようにガリア西・南部のローマ都市は、いまやフランク王国の地方行政官や司教となったセナトール階級を実質的都市領主に戴いて、連続的に中世へとすべりこんだ。その経済的基盤としては、偶発的にマルセーユからローヌ河を通って、またナルボンヌ、ボルドーの商業路から入ってくるオリエント物産の商業もあったであろうが、貨幣鋳造所の分布やル・マンの市場が示すような局地的商業が中心であったと考えられる。しかし、これらの地域の農業形態は、小土地所有経営が圧倒的であり、北ガリアの荘園制のような集中的生産力をもってはいなかった。さらに政治的中心を欠いたために、たえず政治的混乱、社会的経済的不安に襲われたこと、これらの諸点がガリア西・南部の基本的な弱点であり、その後の停滞の原因をなしたようにおもわれる。

（1）中世初期イタリア都市については、G.P. Bognetti, Problemi di metodo et oggetti di studio della città italiane dell'alto medioeve (La città nell'alto medievo, Settimane di Studio del Centro Italano di Studi Sull'alto medioevo VI, Spoleto, 1959. 以下、La Città と略す), pp.59–87 ; G. Fasoli, R. Manselli et G. Tabacco, La struttura sociale delle città italiane dal V al XII secolo (Untersuchungen z. gesellschaftlichen Struktur d. mittelalterlichen Städte in Europa, Stuttgart 1966), S.291–320 ; G. Fasoli, Dalla "civitas" al commune nell'Italia settentrionale, Bologna, 1969 ; G. Dilcher, Die Entstehung der lombardischen Stadtkommune, Aalen, 1967. などによる。なお、詳しくは、瀬原義生『ヨーロッパ中世都市の起源』（未来社、一九九三年）第二、四、五章を参照されたし。

（2）Fasoli, Manselli, ...... *op. cit.*, S.294.

（3）Ibid., S.296.

（4）J.Lestocquoy, Les villes de Flandre et d'Italie soue le gouvernement des patriciens（XI$^{e}$–XV$^{e}$ siècles）, Paris, 1952, pp.14–15.

（5）Fasoli, Manselli, ...... *op. cit.*, S.296.

（6）Ibid., S.298.

（7）Lestoquoy, *op. cit.*, p.15.
（8）パヴィアについては、P. Vaccari, Pavia nell'alto medioevo（La Città, pp.151–192）, p.181f., 185.
（9）Fasoli, Manselli, …… *op. cit.*, S.298 f.
（10）イタリア都市の地誌的連続性については、E. A. Gutkind, International History of City Development, IV（New York, 1969）の写真が教えるところが多い。
（11）K. F. Stroheker, Der senatorische Adel im spätantiken Gallien, Tübingen, 1948, S.106–136. 増田四郎「古代末期のガリア社会」（同『西洋封建社会成立期の研究』一九五九年）。なおガリア西・南部の都市について概観した文献としては、H. Büttner, Studien zum früh-mittelalterlichen Städtewesen in Frankreich, vornehmlich im Loire und Rhonegebiet（Studien zu den Anfängen des europäischen Städtewesens. Vorträge u. Forschungen IV. 以下、Studien と略す。Lindau u. Konstanz, 1958, S.151–189）; H. Ammann, Vom Städtwesen Spaniens und Westfrankreichs im Mittelalter（Studien, S.105–150）がよい。瀬原、前掲書、第四、五章も若干論じている。
（12）F. Vercauteren, La vie urbaine entre Meuse et Loire du VI$^{e}$ au IX$^{e}$ siècle（La Città, pp.453–484）, p.455.
（13）F. Prinz, Die Ausbreitung der fränkischen Reichskultur（Studien, S.191–194）, S.192.
（14）J. Werner, Waage und Geld in der Merowingerzeit（Sitzungsberichte d. Bayer. Akad. d. W., Phils.-Hist. Klasse, Jg. 1954, Heft 1）, S.18. Karte 1.
（15）南フランス都市のトポグラフィーの変化については、P.-A. Février, Le développement urbain en Provence de l'économie romaine a la fin du XIV$^{e}$ siécle, Paris, 1964. を参照せよ。
（16）Büttner, *op. cit.*, S.183–186.
（17）R. Latouche, Les origines de l'économie occidentale（IV$^{e}$–XI$^{e}$ siècle）, Paris, 1956, pp.130, 202, 253f., 298；Ammann, *op. cit.*, S.129, 138f.
（18）たとえば、ル・マンの一〇、一一世紀の史料によれば、ある者が財産を修道院に寄進した場合、修道院側はそれに反対する親戚をなだめるために、市場でなにかを購入して贈る習慣があったが、その品目をみると、拍車、短靴、帯、包丁、鞘、くるみ、台付盃、りすの毛皮などとなっている。R. Latouche, les Marchés et le commerce dans le royaume de France du X$^{e}$ au XII$^{e}$ siècle（Vom Mittelalter zur Neuzeit. Zum 65. Geburtstag von H. Sproemburg, Berlin, 1956）, S.16f.
（19）詳しくは、R. Latouche, La commune du Mans（Mélanges Louis Halphan, 1951）, pp.377–382；A. Vermeesch, Essai sur les origines et la signification de la commune dans le nord de la France, Heule, 1966, pp.81–88. をみよ。
（20）Büttner, *op. cit.*, S.155 f.

## 二　ローマ都市の変容と中世都市の生成――ガリア北東部とライン都市――

ライン河はローマ帝国とゲルマン諸部族の国境線であり、三世紀半ばから攻防が繰り返された。ローマ側ではライン河、コブレンツからレーゲンスブルクにいたる長城 limes に沿って防砦が築かれ、さらにライン下流部がサリ・フランクによって突破されると、今日のマーストリヒトから西へブーローニュにいたる防砦線がつくられた[1]。攻防が行われている間には、軍団兵員の補充・交替が行われ、ガリア北東部全体がいわば補給基地として用いられ、軍団駐屯地を核として形成されていた都市的生活は活況を呈していたにちがいない。しかし、四世紀末帝国側がライン防衛線を放棄し、ガリア総督府をトリアーからアルルに後退させるや否や、軍団はガリア南部、イタリアへと引き上げていき、ガリア北東部の都市は急速に衰微していったとおもわれる。ここにはセナトール階級も十分に形成されておらず、商品・貨幣流通経済も低度であり、土地開発もなお十分には進んでいなかった。二八五ヘクタールという異常な広さを誇り、人口六万を擁したトリアーは人口僅かに二ないし三千の集落へと凋落し[2]、ケルン市域の西部三分の二は牧草地と化し、マインツ市もまたアラマンネン族の劫略《ごうりゃく》によって荒廃に帰したといわれる。

しかし、都市はけっして消滅したのではなかった。フランク族は都市を行政拠点として利用した。四世紀後半北ベルギーに侵入したサリー族の中心は Dispargum（ブリュッセルの東？）といわれたし、さらに彼らは五世紀半ば南西へ進出したとき、キヴィタスであるカンブレー市を本拠とした。クローヴィスの父キルデリックは、トゥールネー市を中心として統治し、そこに埋葬され、その墓は奇しくも一六五三年同地で発見されている。五世紀後半リブアリア・フランク族の王ジギベルトはケルン市を根拠地としていた[3]。

さらにフランク族を統一したクローヴィスはソアソン市に首府をおき、次いでそれをパリに移した。次代に入って、クローヴィスの王国は四分割されるが、その中心はオルレアン、パリ、ソアソン、ランスにおかれた。ランスを首府とするアウストラシアの諸王は、そのほかにもマーストリヒト、アンデルナッハ、ケルン、メッツなどにも宮廷を営んでいた(4)。

カロリング朝は政治支配の重心を東方に移し、都市を避け、王領地の中心にあるキエルジー Quierzy、ヘルスタル Herstal に代表されるオアーズ河、ライン河中流のいくつかの小集落で宮廷生活を営んだといわれる。旧ローマ都市で重用されたのはヴォルムス市にすぎない。しかし、北東ガリアの諸都市が全く放棄されたというわけではなく、たとえばピピン短躯王の政治的基盤はソアソン、ノアイヨン、ラン Laon の地域にあり、彼の王冠が司教たちによって聖別されたのはソアソンにおいてであった。その息子カールとカールマンが七六八年に王位についたのもそれぞれノアイヨン、ソアソンにおいてであり、八〇四年カール大帝が教皇レオ三世を迎えたのはソアソン、同じくルイ敬虔王が八一六年に教皇ステファヌス四世を迎えたのもランスの地であったのである(5)。

このように北東ガリアのローマ都市は行政拠点として重用されているのであるが、当時の都市の人口をはかる尺度として教会、修道院の数があげられる。たとえばメロヴィング朝末期のパリには二四〜二六教会、ランスには二二教会、リヨンには一八教会、八世紀後半のメッツにはじつに四〇の教会があったという(6)。このなかには小礼拝堂なども含まれているのであるが、それにしても都市人口はそれほど後退していないという印象をうける。

経済的基盤をみると、ローマ末期に興った諸都市の手工業、たとえばアラス、アミアン、カンブレーの織物業、ランス、アミアン、ボーヴェーのガラス製造、ランスの貴金属細工、ランス、アミアン、トゥールネー、シャーロン・シュール・マルヌ、ソアソンの武具生産などは、メロヴィング期に入って衰微したとはいえ、消滅しなかったといわれる(7)。ムーズ河流域の鉄、鉛の採鉱・冶金・加工業も継続している。ライン中流のマイエン Mayen の陶器、ノイヴィード Neuwied の石臼用玄武岩切り出し、ファルツ地方の Eisenberg の鉄鉱、アインリヒガウの Letinae 鉛鉱、タウヌスの Langenhain-Ziegenberg の鉛・錫・銅鉱の採鉱も継続された(8)。民族移動期に消滅したといわれてきたケルンのガラス製作も、最近の考古学的研究によれば、存続していたと結論されているのである。

しかし、この地域をして真の意味でヨーロッパ中世都市の源流地たらしめたのは、以上のような細々としたローマ都市の連続ではない。そうではなくて、新しい政治・社会・経済的基盤に立って新しい都市が出現してきたこと、さらに古いローマ都市が新しい都市に脱皮したことの中に革新性があったのである。では新しい諸条件とはなにか。要約していえば、古典荘園制という集中的農業生産機構の出現・普及、ムーズ河中流の鉱山・金属加工業およびフランドル毛織物業の急激な勃興、対イングランド・対スカンディナヴィア商業およびライン商業の新たな発展、さいごにフランドル、ノルマンディーなどにおける領域権力の早期出現にともなう城砦網の形成がそれにほかならない。

フランク族のライン河下流およびモーゼル河への移動・定住過程に関する最近の考古学的研究によれば、国境で破壊を行った蛮族も、奥地に入るとローマの生産組織の温存につとめ、とくに帝国直轄領への族民の立ち入りは禁止され、直轄領はそのまま王領地に移された(9)。おそらくそれらが古典荘園の起源をなすものであろうが、小土地保有農民の賦役と給養奴隷群の労働とを組み合わせて直営地経営にあたらせるという荘園経営においては、荘園管理人の適切な配置・運営によって、農業生産力の向上、生産物の効率的な収集・管理が可能となった。さらに荘園制の形成によって、農民階級全体の統制・支配も容易となったであろうし、集中・組織化された労働力によって未墾地の開発もすすんだはずである。こうして生じた余剰生産物は、ときには荘園管理人によって売却されることがあった。カール大帝の『荘園令 Capitulare de Villis』第三三条は、このことを認めている。このような経営の仕方は、王領地だけではなく、聖俗領主の大荘園においても行われるところであっただろう。七四四年宮宰ピピンは北ガリアの各司教に「すべての司教所在地で、正規の市場と秤器を適当な期間設けるように配慮すべし」と訓令しており、八～九世紀にサン・ドニ修道院領のいくつかの荘園で市場が開設されている(10)。

またカロリング期中部ライン地域に関係するいくつかの地代帳をみると、金納地代に関する記事が意外に多く、しかも納付されている地点は広く分布している。この金納地代の貨幣は、農産物を売る市場でしか入手されえないが、史家ヘスは中部ラインに三〇余の大・小市場の存在を推測しているのである。[11] このことは、多くの集落・領地で大・小市場を開設するように勧告した七九四年のフランクフルト教会会議の決定[12]とも符合しており、こうして荘園制は相当強固な局地的市場を創出していたのである。

つぎにムーズ河中流の鉱山・金属加工業であるが、ナミュール―ディナンを中心とする鉄・鉛の生産は、メロヴィング期に入っても衰えず、ローマ期の製品をモデルとして青銅、真鍮の製品が作られた。それらは周辺の行列塚式墳墓から発掘されているが、たとえばある青銅製止め金具付きベルト締めのように、東はハンブルク、西はカーン、南はボーデン湖まで広く流布しているものもあり、[13] おそらく商業の対象となったものとおもわれる。カール大帝が『荘園令』第六二条に、荘園管理人に対し毎年クリスマスに彼の管轄下にある鉄と鉛の量を正確に報告せよ、と指令しているのも、カロリング家がムーズ河中流域に本拠となる家領をもっていたからにほかならない。九八三年ヴィゼ（リエージュの東）の歳市開設特許状によれば、家畜、衣服のほかに、鉄、その他の金属製品が売られている。[14] 一〇七〇年ごろのコブレンツの『ライン関税表』によれば、フイ（ユイ）、ディナン、ナミュールなどムーズ中流域から来た者は、船一隻につき真鍮製鍋一個、真鍮製水盤二個、ぶどう酒二デナリ分を納付しなければならなかった。[15] ムーズ商人の進出はさらに活発で、銅買い入れのためにザクセンのドルトムントにまで出掛け、一一二〇三年にははるかゴスラールにまで赴いている。またイングランドからは錫を輸入し、一〇世紀末ロンドンにフイ、リエージュ、ニヴェル Nivelles の商人が現れているのである。[16]

カール大帝が日常使用しただけでなく、ハルン・アル・ラシッドに贈ったといわれる有名な毛織物〈pallia fresonica〉の原産地はなお決しがたいが、九世紀の若干の史料はアラス、トゥールネ、テルーアンヌなどに織布業があったことを伝えている。多くの史家はこれをローマ時代からの継続ではないかという。[17] しかし、これが飛躍的に伸びるのは一一世紀中ごろからである。そのころ綜《おさ》を用いて経糸《たていと》を分けて上下動させ、梭《ひ》で緯糸《よこいと》を通す織り方が開発され、織物の長さも、従来の縁の不揃いな正方形のものから、縁のそろった、長さ三〇～六〇オーヌのものとなり、巻き取りが可能となった。この新しい毛織物は〈pannus〉と呼ばれ、一一世紀半ばに書かれた『羊と麻の争い Conlictus ovis et lini』と題する詩に「このプロヴィンキア（フランドル）でつくる秀れた織物は／緑色、紺碧、そして、くすんだ青色をなす」とうたわれている。[18]

そのころからフランドル毛織物に関する史料もふえてくる。一〇一四年トゥールネの商人が毛織物を船に積んでガン市へ下っている記録、一〇二四年アラス、一〇四三年サン・トメールで羊毛、染料、ティーゼル Tiesel（毳立て用球果）の売買に関税がかけられている例などがそれである。[19] 毛織物の輸出の記録をみると、一一二七年ノヴゴロドに建てられた洗礼者聖ヨハネ教会に対し、クニャージのムスチスラヴィッチが与えた特許状によると、古くから行われている通り、聖ヨハネ商人組合に加入しようとする者は、イープル市の織物一反を納付しなければならない、とある。[20]

イタリア商人がフランドルに現れるのは一一世紀末であるが、一一二七年イープルの市場でその姿を見ることができる。その同じ年にアラスとサン・トメールの毛織物がシャンパーニュのバポームで、さらに一一三七年アラスの製品がプロヴァン市の市場で記録されている。ジェノヴァの公証人ジョヴァンニ・スクリバ Giovanni Scriba の記録簿によれば、一一五七年緑色と緋色の織物がシリアに送られているが、おそらくフランドルのものであろう。一二世紀後半、ジェノヴァ公証人記録簿に登場してくるフランドル毛織物をみると、サン・リキエ、カンブレー、サン・カンタン、イープル、アラス、リール、ドゥエ、トゥールネ、ヴァランシエンヌ、サン・トメール、ディクスムイデン Dixmuiden を産地とするものである。さらに毛織物の販売にともなって、フランドル商人が頻繁にイタリア都市を訪れ、そこに定着するという事態も起こった。その商人はアラス、ドゥエ、リール、トゥールネ、カンブレー、ディナン、リエージュ、フイの出身者であった。[21]

第三の要因である対イングランド、対スカンディナヴィア商業の勃興についてみると、いずれも七世紀ごろから徐々に活発化したようである。イングランドとの交渉から生まれてきた新集落カントヴィク Quentovic は、ベーダの『イギリス教会史』六六九年の条に初見し、他の史料ではローマへの最短路 via rectissima としるされている。[22]つまり、ローマへの巡礼行の出発点にあたったわけであるが、八世紀末マーシァ王オッファとフランク王カールとの間に展開された外交交渉では、巡礼の格好をしたイギリス商人が関税を支払わない、という点が重要な争点となっているのである。[23]カントヴィクは八四二、八六四年ノルマンの襲撃をうけて衰退していったが、イングランドとの往来はそのやや北に位置するヴィサン Wissant を通じておこなわれた。[24]一一一三年サン・トメールの多数の商人がイングランドに渡り、大量の羊毛を買い付けるために八〇〇マルクの資金を用意した[25]というのも、このルートを用いたものであろう。

スカンディナヴィアとの商業の基点となったドーレシュタット Dorestad[26]の史料初見は六八九年であるが、七五〇年以後さまざまな聖者伝、年代記に出てくる。当時最大の貨幣鋳造地、帝国関税徴収所、大商業地として栄えた。マーストリヒトの貨幣鋳造人マデリヌス Madelinus がこの地に移住して、六九〇〜七一九年間造幣に従事したことが判明しているが、そのマーストリヒト貨幣（七世紀前半のもの）がホルシュタイン西海岸で発見されており、スカンディナヴィアとの通商を裏付けている。ディナン、フイの貨幣（六五〇年ごろのもの）が、イングランドのサフォーク州、サットン・フー Sutton Hoo の遺跡から出土しているが、ドーレシュタットを経由したものであろう。ドーレシュタットがまたライン商業と北海・バルト海商業の中継地であったことはいうまでもないであろう。

ドーレシュタットは九世紀前半に全盛期を迎え、誇張もあろうが教会は五五を数えたといい、ここから出土するカロリング貨幣も八〇〇年直後が最高潮である。八三九年ルイ敬虔王と長子ロタールのあいだの王国分割案において、ドーレシュタットとクール（スイス）だけが特別に指名されているのも、その重要性を物語るものであろう。そして、八三四年から八六三年まで前後七回のノルマンの襲撃を受け、この地は衰微した。その後はティール Tiel、さらにユトレヒトによって受け継がれた。

以上述べた新しい経済条件のうえに立って、北東ガリアのローマ諸都市は蘇生した。七世紀ごろの都市人口は、ランス五八〇〇、ソアソン二〇八〇、トゥールネ一九〇〇、ボーヴェー一四五〇と推定されている。[27] ランスはローマ期の囲壁を修築してノルマンの襲撃を退けた。キヴィタスの中央には市場があり、それに隣接して、のちに織物市場、小麦市場、肉市場が開かれ、キヴィタスは終始経済活動の中心であった。九世紀の大司教エッボー、ヒンクマルらは建築工、石工、画工、鍛冶屋、金銀細工師らにキヴィタス内の家屋と土地を貸与し、保護に努めた。ソアソン、ランの場合にも、キヴィタスがおおむね都市生活の中心であり、トゥールネでは司教座聖堂に託身した人々、すなわち「サン・マリー庇護民」が商業活動の中心をなした。カンブレーでは、司教座に隣接して建てられたサン・ジェリー修道院の地区が、アラスでは聖ヴァースト修道院の地区が商工業の中心となっているが、後者には司教館はあっても、司教はカンブレーの方に常住しており、キヴィタス区は無きにひとしかった。アラスの場合にも、修道院長の認可によって「聖ヴァーストの貢租民はすべて、関税を免除され」、そのため自由民、あるいは他領民で修道院の庇護下に入ろうとする者が続出し、制限を付さねばならないほどであった。[28] 都市領主の保護がいかに絶大な経済的効果をもったかを証明する一例であろう。

注目すべきことは、ローマ都市の蘇生とならんで、ムーズ河中流およびフランドル海岸部に早くから新しい都市が生成したことである。ナミュール、ディナン、フイ（ユイ）、およびガン、ブリュージュがそれである。ナミュールが、発祥地であるシャンポーと呼ばれる地点（ムーズ河とサンブル河の合流する三角形の丘陵地）から、サンブル河の北側の地区に拡大するのは一〇世紀後半であるが、シャンポーにはナミュール伯の居城があり、これが都市発展の原動力であった。[29]

ディナンは金属加工業の中心地として、九世紀すでに商業地となっているが、一〇四七／六四年ナミュール伯は権利証書[30]なるものを発行して、自己の権利を住民に確認させた。これは非常に興味深い内容をもっている。たとえば「関税はすべて伯の所有するところである……通過する塩船一隻につき護岸料として二デナリ、売買される塩一マースにつき四デナリ、材木の筏一流れにつき二デナリ、燃料材ならば材木二本を徴収する……青銅、銅、錫、鉛、そのほかあらゆる金属の売買にさいしては、一〇〇ポンドにつき四ポンドを徴収す……他処《よそ》者で、この町に移住し、留まろうとおもう者は、以前どの領主に属しようとも、（今後は）伯に所属する者とする」とある。この最後の条項はきわめて重要で、領域権力としてのナミュール伯が排他的な都市領域支配の樹立のために積極的努力を払っていることがうかがわれる。

単一領主のもとで、組織された市民共同体となり、相対的にせよ、自治を獲得しようというのは市民側の願望であり、ディナン市と同様な性格をもつフイ市は、一〇六六年ヨーロッパ最古といわれる解放状をえた(31)。それは、不完全な形にせよ、市内に移住してきた者の農奴制の絆《きずな》を断ち切り、市内の治安を維持し、商業上の紛争を平和的に解決し、市の防衛を市民の手に確保しようとする内容のものであるが、これらは、フイの教会堂再建にあたって、市民が自分たちのもつ動産の半分を寄進するという条件で承認されたものにほかならなかった。

ガン市は、七世紀に建てられた聖バヴォ修道院と聖ピエール修道院という南北二つの核を中心として生まれてきたが、その中途でノルマンの侵入によって破壊され、実質上の出発点は九世紀末、フランドル伯の砦（カストルム）が築かれた時点であった。一〇世紀半ば、カストルムの南側に隣接して商人定住区portus、市場が出現している(32)。ブリュージュは、フランドル海岸では希少なこの港を目指して、南西のイープルから来るSteenstraatと、東のアールデンブルクから来るHoogstraatの両道路の合流点に築かれたカストルムから始まる。この城砦は八九七年以前に築かれたが、ノルマンの襲撃によって破壊され、フランドル伯が石造の城砦を再建したのは一〇世紀初頭のことである。城壁で囲まれた正方形のカストルムの中央を東西に道路が貫き、南に接して伯の砦、居館が並び、道路の北側に聖ドナティアン教会があり、カストルムを西へ出たところにアウデ・レイエ河を渡る橋pons de castelloがあった。橋を渡った西側に市場があり、船は河を溯って市場のところへ来た。しかし、まもなく海岸線の後退によって船の接近は困難となり、Oude Zwinと称する運河を掘らねばならなかった。まさしくブリュージュのカストルムは、東西交通路と海港の接合点を防衛するために設けられたのである(33)。

北東ガリアでの新しい都市の出現を促した第四の要因、すなわち、領域権力の早期的台頭とその積極的経済政策について、すでにナミュール伯、フランドル伯について述べたが、フランドル伯は一一世紀後半に入ると、サン・トメール、テルーアンヌを中心とする西フランドルと、ガン、ブリュージュを中心とする東フランドルとを連絡し、統一的領域支配を樹立する意味で、中部フランドルにイープル、メシーヌ、トゥルホウト、エール、カッセルらの諸都市を建設した。これらの諸都市は行政拠点の機能を期待されたものであったが、同時に商工業地の役割も果たすようになった[34]。こうしてフランドルは都市網によって張りめぐらされ、一一二七年フランドル伯シャルル善良侯の暗殺に起因する内乱にさいして、都市会議によって後継者ティエリー・ダルザスの選出が承認されるまでとなっているのである[35]。

本節の最後として、ライン都市からはケルン市だけをとりあげる。最近の考古学的調査は、中世初期のケルンが衰退しつつも、ある程度の都市生活を保っていたことを証明した。すなわち、フランク族の侵入とともに、住民生活の場は旧ローマ市域の東半分に縮小したが、ローマの政庁 Praetorium（一九五三年、現在の市庁舎地下より発見）はメロヴィング、カロリング期を通じて行政官庁の役割を果たしつづけ、その周囲にミニステリアーレス、フォークト（検察官）、関税徴収官などの役宅が並び、ユダヤ人街が付属していた。司教座聖堂も九世紀に現在の位置に定着するまでに、さまざまな建物配置上の変遷をとげていることが判明した。その聖堂ドームの地下からは、一九五九年王家出身と推定される婦人と幼児の二つの墓が発見されたが、六世紀半ばのものと推定され、豊富な副葬品、とくに貴金属ブローチ、銀製聖遺物用カプセルなど精巧な工芸品はローマ的手工業技術の保持を物語っている。教会、修道院も九世紀までに徐々に数がふえているのである[36]。

しかし、ケルンの飛躍は一〇世紀半ばにおとずれた。ケルン市域とライン本流との間には、中洲とラインの分流とがあったが、この分流が埋められて、のちのライン外市 Rheinvorstadt となる。この埋め立ては八世紀ごろ、Marspforte という門の出先地あたりから始められているが、中洲と連結して、やや広い埋立地として完成したのは、一〇世紀半ば大司教ブルーノのときであった。（大）聖マルティン修道院をその東の端（河べり）に建て、九四八年旧ローマの市壁をライン河まで延長して、ライン外市を包む形にしたのは、この新開地の北半分の完成を示すものである。そこには後世〈Unterlan〉と称する特別な地区ができたが、その住民らは屋敷地代 Hofzins の免除、独自の裁判権の保持、独自の土地移転登記簿保管箱 Schrein の保持など、さまざまな特権をもち、おそらく埋め立てにあたっての協力と労働に対して大司教が賦与したものとおもわれる。そして、彼ら住民は新開地に大きな長屋を建て、それを中心として主として地域向けの市場を開いた。これを Altermarkt という。

ライン外市の南半分はなお低湿地であったが、これが土盛りと護岸工事によって安定した土地となるのは一一世紀半ばごろである。一〇八〇年にライン外市南半分の教区教会として（小）聖マルティン教会が建てられているのがその証拠である。この部分に開かれた市場を Heumarkt というが、Heu は古ゲルマン語〈homen〉（沼地、荒蕪地の意）からくる。Heumarkt という名称が現れてくるのは一三世紀半ばである。この地区にはライン沿岸はもとより、ドイツ各地、いな全ヨーロッパから商人が訪れ、そして、定住した。一二世紀半ばごろ、この地区を包括する商人ギルドが結成され、このギルドが中世ケルン市自治の中心的担い手となるのである。それはともかく、この一二世紀半ばごろ、ケルン商業活動の重点は Altermarkt から Heumarkt に移行したとみてよいであろう[37]。

こうしたライン外市の形成過程はケルンの歴史にとって重大な意味をもつ。すなわち、一〇七四年大司教アンノーに対する市民の大反乱、一一〇八年皇帝ハインリヒ四世擁護のための市民蜂起と続き、一一一二年「自由のためのケルン市民の宣誓共同体がつくられた」という史料[38]の出現となるのであるが、だれが一体その宣誓共同体の担い手であったか、である。上述の経緯をふまえるならば、少なくとも一一世紀末まで闘争の主役を演じたのは、Altermarkt の商人たちであったといわなければならない。Heumarkt の遠距離商人たちは、なお組織的に未成熟であり、従属的役割しか演じられなかった。彼らが主役となるのは一三世紀からである。

ケルン大司教ブルーノはライン外市の造成に積極的であったが、彼はドーム管轄の一教区であった旧市内を四教区に分け、さらにロートリンゲン大公という勢威にものをいわせて、ケルン市領域に対する単一的支配高権を確立したもようである。そして、そのもとでの裁判集会がのちのケルン市民共同体形成の基盤となったのではないかとおもわれる。

（1）A. Joris, On the edge of two worlds in the heart of the new enpire（Studies in the Mdieval and Renaissance History, vol. III, 1966）, pp.9–21.

（2）Y. Dollinger-Leonard, De la cité romaine à la ville médiévale dans la région de la Moselle et la Haut Meuse（Studien, S.195–226）, S.218f.

（3）フランク族の移動過程については、E. Ewig, Die Civitas Ubiorum, die Francia Rinensis und das Land Riburarien（Wege der Forschung II, Darmstadt, 1973, S.403–446）. 瀬原「中部ライン地域におけるフランク族の定住形態」（同『ドイツ中世農民史の研究』未来社、一九八八年）をみよ。

（4）E. Ewig, Résidence et capitale pendant le Haut Moyen Age, RH. t. 230（1963）, pp.47–53.

（5）Ibid., pp.54–56.

（6）E. Ewig, Kirche und civitas in der Merovingaerzeit（Le chiese nei regni, dell'Europa occidentale : Settimane di studio del centro Ital.VII, Spoleto, 1960）, pp.50–51, 53–58.

（7）F. Vercauteren, Étude sur les civitates de la Belgique seconde, Bruxelle, 1934, pp.440–441, 444.

（8）F. Staab, Untersuchungen zur Gesellschaft am Mittelrhein in der Krolingerzeit, Wiesbaden, 1975, S.112–114.

（9）K. Böhner, Die fränkischen Altertümer der Trierer Landes, 2 Teile, Berlin, 1958 ; Ders., Archäologische Beiträge zur Erforschung der Frankenzeit am Niederrhein（Rheini. Vierteljahrsblätter, Jahrg. 15/16, 1950/51, S.19–38）; Ders., Die Frage der Kontinuität im Übergang von der Antike num Mittelalter（WdF. CCI, 1968）. 瀬原「フランク族の定住形態」一八頁以下を参照せよ。

（10）S. Rietschel, Markt und Stadt in ihrem rechtlichen Verhältnis, Leipzig, 1897, S.13, 14–16, 20 ; T. Endemann, Markturkunde und Markt in Frankreich und Burgund vom 9. bis 11. Jh., Konstanz u. Stuttgart, 1964, S.14f., 17f. なお、以下のベルギー都市形成の経済的基礎については、森本、前掲書、二一六頁以下と、瀬原『中世都市の起源』第七章「ベルギー都市の興隆」第一節を参照せよ。

（11）W. Hess, Geldwirtschaft am Mittelrhein in karolingischen Zeit, Bl. f. deutsche Landesgeschichte, Jg. 98, 1962, S.45–58.
（12）Vercauteren, *op. cit.*, p.458.
（13）F. Rousseau, La Meuse et le pays Mosan en Belgiques, Annales de la Société Archeologique de Namur, tom. 39（1930）, pp.8–10；F. Petri, Merowingerzeitliche Voraussetzungen für die Entwicklung des Städtewesens zwischen Maas und Nordsee, Bonner Jahrbücher, Bd. 158（1958）, S.239–242.
（14）Rousseau, *op. cit.*, p.70.
（15）Elenchus Fontium Historiae Urbanae, ed. par Van de Kieft et J.F.Niemejer, Leiden, 1967（以下、この史料集をEFHU. と略す）, n.39（p.64ff.）
（16）Rousseau, *op. cit.*, pp.91–92, 193–107.
（17）Vercauteren, *op. cit.*, pp.182–184；P. Rolland, Le problème de la continuité a Tournai et dans la Gaul du Nord, Annales d'histoire économie et sociale, t.7（1935）, p.249, 253；F. Petri, Die Anfänge des mittelalterlichen Städtewesens in den Niederlanden und dem angrenzenden Frankreich（Studien, S.227–295）, S.234.
（18）Ch. Verlinden, Marchands ou tisserands? a propos des origines urbaines, Annales ESC., t. 27（1972）, p.398；A. van de Vyver et Ch. Verlinden, L'auteur et la portée du «conflicttus ovis et lini», Revue belge de phil. et hist., t.12（1933）, pp.59–81. ただし、〈conflictus〉の解釈については、ドーントが異論をとなえている。J. Dhondt, Das frühe Mittelalter, Frankfurt a. M., 1968, S.315f.
（19）H. Pirenne, Draps de Frise ou draps de Flandre, VSWG., Bd.7（1909）, S.312；E. Carus-Wilson, The Woolen Industry（Camb. Ec. H. of Europe, vol. II, 1952）, p.368.
（20）H. Ammann, Deutschland und Tuchindustrie Nordwesteuropas im Mittelalter, Hans. Gbll., Jg. 72（1954）, S.1–3；Ders., Die Anfänge des Aktivhandels und der Tucheinfuhr aus Nordwesteuropa nach dem Mittelmeergebiet（Studi in onore di A. Sapori, tom 1, 1957）, S.276, 284.
（21）Ammann, Aktivhandel, Beilage I, II u. S.282–286；Ders., Tuchindustrie Norwesteuropa, S.5–8.
（22）カントヴィクについては、J. Dhondt, Les problèmes de Quentovic（Studi in onore di A. Fanfani, tom 1, 1962）, pp.181–248. が詳しい。
（23）F. M. Stenton, Anglo-Saxon England, 2.ed., 1947, pp.218–220；H. R. Loyn, Anglo-Saxon England and Norman Conquest, 1962, p.85. なお、青山吉信「後期サクソン・イングランドにおける商品・貨幣流通」（『史艸』第一三号、一九七二年）を参照せよ。
（24）Ph. Grierson, The relations between England and Flanders before the Norman Conquest, Trans. of the Royal Hist. Soc., 4th ser. Vol.23（1941）, pp.78–81；Dhondt, Quentvic, pp.214–224.

(25) A. Giry, Histoire de la ville Saint-Omer et de ses institutions, Paris, 1877, p.32f.; G.Espinas, Les origines du capitalism, III, Lille, 1946, p.57f.

(26) ニーダーフランケンとスカンディナヴィアの商業関係およびドーレシュタットについては、H. Jankuhn, Der fränkisch-friesische Handel zur Ostsee im frühen Mittelalter, VSWG. Bd. 40 (1953), S.204ff.; Ders., Haithabu, 4. Aufl., Neumünster, 1963, S.33–61; J.Dhondt, L'essor urbain entre Meuse et Mer du nord à l'époque mérovingienne (Studi...A, Sapori, t. I), pp.66–69. 今来陸郎「西洋中世都市起源論—ドレスタトの研究—」(『関西学院史学』第一八号、一九七七年) を参照せよ。

(27) Vercauteren, Belg. sec., p.359f.

(28) 瀬原『起源』二〇四～二二一頁をみよ。とくにトゥールネの聖マリア衆については、水野絅子「西欧中世都市貴族の性格に関する一試論—ツールネイの聖マリア衆—」(『社会経済史学』四四—三、一九七八年) を参照せよ。

(29) Rousseau, La Meuse, pp.42, 66, 70–71: do., Namur. ville mosane, 2$^{e}$ ed., 1978. なお、以下については、瀬原『起源』二二三頁以下を参照せよ。

(30) EFHU., n.9 (pp.295–297)

(31) EFHU., n.11 (pp.299–300) フイ市の解放状に関する文献はきわめて多いが、ここでは次のものだけをあげておく。A. Joris, La ville du Huy au moyen âge des origins à la fin du XIV$^{e}$ siècle, Paris, 1959; do., Les franchises urbaines en pay mosan et la charte de Huy de 1066 (Les libértés nubaines et rurals du XI$^{e}$ au XIV$^{e}$ siécle, Bruxelles, 1966), pp.319–333.

(32) ガンについては、A. Verhulst, Die Frühgeschichte der Stadt Gent (Festschrift E. Ennen, 1972), S.108–137. 森本、前掲書、一九三頁。瀬原『起源』二四〇頁以下を参照。

(33) A. Verhulst, Les origines et l'histoire ancinne de la nille de Bruges (IX$^{e}$– XII$^{e}$ siècle), Le moyen âge 66 (1960), pp.37–63. 瀬原『起源』二四三頁以下。

(34) ベルギー都市建設にさいしてのフランドル伯のイニシアチヴを強調する論文として、J. Dohndt, Dèveloppement urbain et initiative comtal, Revue de Nord, t. 30 (1948), pp.133–156; P. Bonenfant, L'origine des villes brabançonnes et la "route" de Bruges à Cologne, Revue belg. de phil. et d'hist. 31 (1953), pp.399–447. がある。

(35) Giry, Saint-Omer, pp.46–63.『ガルベールの日記』(守山記生訳、渓水社、一九九八年) 一八二頁以下。

(36) ケルン市に関する文献もきわめて多いが、次の文献をあげるにとどめる。O. Doppelfeld, Köln von der Spätantike bis zur Karolingerzeit (Vor-u. Frühformen I, S.110–129); Ders., Kölner Wirtschaft von der Anfängen bis zur Karolingerzeit (Zwei Jahrtausende Kölner Wirtschaft, Bd.1, Köln, 1975), S.20–86. また、瀬原『起源』第八章「ライン都市の発展」(二六〇～三四六頁) をみよ。

（37）H. Jakobs, Verfassungstopographische Studien zur Kölner Stadtgeschichte des 10. bis 12. JH.（Köln, das Reich und Europa. Köln. 1971）. S.76–95.

（38）佐々木克巳「Coniuratio Coloniae pro libertate 研究の新動向」（『ヨーロッパ―経済・社会・文化―』一九六九年）は、この問題をめぐる最近の研究動向を詳細に紹介し、検討をおこなっている。

## 三　都市の建設――ライン河以東のドイツ――

ライン河以東の地には、都市の端緒というべきキヴィタスも初期キリスト教会も存在しない。ここで都市が誕生するとすれば、西方からする都市文化の伝播ということがまず考えられるであろうが、果たしてそれだけであろうか。封建社会形成前の古ゲルマンないしスラヴ人のなかに、都市文化の核ともなりうるような萌芽的集落がなかったであろうか。まずこの問題を考えてみる。

カエサル、タキトゥスの記述によれば、ウビー、バタヴィ、スエビ、マルコマンニ、クアッディ諸部族には〈oppida〉があり、これは防禦の施された住居群で、避難所に使われたという。古ゲルマンの定住地に避難の砦が多数あったことは、考古学の調査によって、ザクセン、ヘッセン地方において確かめられている。たとえば、ハンノーヴァー市がそうであり、同市内の〈Tigislege〉という地名は人民の集会地を意味している。あるいは七四二年ドイツ人の使徒ボニファチュウスが教皇ザカリアスと交わした書簡によると、司教座のおかれるべき場所としてBüraburg, Würzburg, Erfurt の三カ所の〈oppida sive urbes〉をあげ、この最後にあげた土地は「すでに久しく異教の農民たちの城砦であった qui fuit iam olim urbs paganorum rusticorum.」といわれている。また九世紀末の『聖リボニウス奉遷録 Translatio S. Libori』には、ザクセンについて「この地方には、古い慣習に従って司教座のおけるようなキヴィタスはない。しかし、良好な自然と他よりも稠密な人口によって適当とおもわれる集落は存在している」とある。こうした根拠からドープシュはドイツ国内に都市の端緒があったと説くのであるが[1]、近来この問題に精力的に取り組んでいるシュレジンガーもほぼ同じ結論にたっしている[2]。

一例をあげる。ボニファチュウス書簡にあるビューラブルクは、カッチ族の中心であったらしく、近郊にある集落Metzeは、タキトゥスに記されているカッチの首邑Mattiumではないかとおもわれる。やはり近郊の集落Gudenbergは神ヴォータンの名から、集落Fritzlarは「平和」の語から由来し、宗教的祭祀の中心であった。こうした地名の状況からみれば、ビューラブルクに避難城があることは自然の理で、事実、七四四年の史料に現れてくる。八世紀初めボニファチュウスが司教座を建てたのはそこであったとおもわれるが、都市的集落はそれに隣接して生まれず、教会からやや東北に離れたフリッツラールに建てられた修道院（七二三／四年ボニファチュウス建立）の周囲に生まれた。ここには古く貴族の館があったと推測され、のちそれが王宮となり、九一九年国王ハインリヒ一世の選出が行われたのはここであった。そして、その後ビューラブルクの方は消滅し、フリッツラールだけが残ったのである[3]。

もう一例。マイン河中流のヴュルツブルク[4]であるが、ここには八世紀初頭ヘデン公Hedenという豪族の砦があった。砦の位置はマイン西岸のマリーエンベルクである。ヘデンは七〇六年砦のなかにマリア教会を建て、これが司教座設立の基礎となる。七世紀末フランケン布教中の聖キリアンが殺害され殉教したのもこの砦の中であって、七四二年初代司教ブルクハルトは砦の麓に聖者の遺骨を埋め、修道院を建てた。こうしてマイン西岸の砦（のちのsuburbium montis St. Mariae）がヴュルツブルク発祥の地にほかならない。

八世紀中ごろ、ブルクハルトは聖キリアンの遺骨と司教座とを東岸に移した。彼は七五一年ピピンの使節として教皇ザカリアスに使いしている人物であり、おそらく王の要請をうけ、フランケン地方の信仰・行政の中心として建物・集落を拡大しうる余地のある東岸に移ったのだろう。

しかし、その東岸の地にもすでに集落が発生していた。司教座およびその東側の丘陵にKatzenwicker, Hof zur

Katze といった〈Katzen〉を語の一部にする地名が出てくるが、この Katzen の語は他の例をみると、やや小高い、集落を統治しやすい場所、フランク族の古い集落に使われるのが普通であり、castellum→Kassel→Katze と訛《なま》ったものである。

マイン西岸に出てくる地名 Gainheim は Gauwenheim、つまり自由なフランク人のガウ居住区を意味する。このようにみてくると、司教座は、フランク人のフランケン地方への進出が相当進んだ段階で、フランク人集落の群生の中央に移されたと理解されるのである。[5] もちろんヴュルツブルクの発展は、行政・信仰の中心地としての意義だけに負うているのではなく、そこはまた交通の要衝、マイン河の徒渉地としても重要であった。八二三年 comes wicbaldus なる者が商人たちから関税を徴収している。

古ゲルマンのブルクにつながると推定される古くからの自生的集落とならんで、北ドイツの場合には、第二の要因として、同地方を東西に貫く軍道 Hellweg があげられる。この軍道はすでにローマ時代からあった。ケルンを起点として、Dortmund→Soest→Paderborn、ここから二手に分かれ、一つは Hameln→Hildesheim、いま一つは Corvey→Gandersheim→Goslar→Halberstasdt を通って、ともにマクデブルクに達した。もう一つの道は、Dortmund から、Münster→Osnerbrück→Bremen→Stade→Itzehoe→Haithabu へ、あるいは、Lüneburg を経て Bardowiek に達した。これらの地点では、ザクセン族の時代にすでに多くの支配者が砦をつくり、カール大帝の征服とともに、王の砦となり、そこから都市集落が発生することになった。[6]

いまその二、三の例をあげよう。ドルトムントはゲルマン諸部族のうち、ブルクテル族の居住地で、中世の市域の西門外にある alde dorp と称されるところが中心だったようであるが、近来の発掘によると、そこからローマ末期の壷二個が発見されている。その一つからは金の首輪三個、四世紀のローマ金貨四四四枚、もう一つからはフランクの銀貨一六枚が現れた。かなり高貴な支配者が住んでいたことが判る。メロヴィング期に聖マルティン教会が建てられたが、ザクセン族の進出によって、布教は中断した。カール大帝のザクセン討伐行にさいして、王の城砦が建てられ、周辺の王領地二五カ所の総管理所となった。八ないし九世紀に城砦の南に接して聖ライノルト教会が建てられ、二つの軍道の交差点にあるこの教会の周囲に中世の都市集落が形成された。市場が開かれたのもここである。[7]

ゾースト市の場合にも、古ゲルマンの大きな集落が明瞭に認められる。原初集落のあったのは市内北部のSälzerdorf のところであるが、その南にやや離れてメロヴィング期に王の聖ペテロ教会が、さらにその東に接してカロリング期に王の城砦が築かれ、その内部にパトロクロス教会が建てられた。城砦、聖ペテロ、パトロクロス教会（司教座）は相接して一塊りとなっており、広大な王領地の管理所となった。そして、のちにその北側に、東西に走る軍道に沿って市場と商人定住区が発生している。[8]

ミュンスターとオスナーブリュックは、史前からの原初集落の発端をもっていないが、八世紀末建立の修道院、あるいは王の城砦が出発点となり、その城砦内にそれぞれ司教座が置かれたときから急速に勃興してくる点で共通している。しかも、この司教座教会はともに軍道に接して、交通路の交差点、河川の徒渉点に位置しているのが特徴であり、市場もまたそれと密着する形で形成されているのである。[9]

しかし、ブルク、教会、軍道は都市的集落の端緒を形成することができても、それを都市そのものにまで引き上げていくことが可能であろうか。ましていまだ農耕地が少なく、人口の希薄な中部ドイツに、シュレジンガーのように、早くから西ヨーロッパ並みの都市が存在したと主張することには、[10]なお疑問をおぼえざるをえない。したがって、本格的な都市成立期は、国王あるいは領域権力によって市場開設が認可され、そのことを通じて事実上都市が建設される時期であったと考えたい。この時期は同時に内陸開墾が進行しつつあった時期でもある。

中世初期における市場開設、貨幣鋳造所設立は国王の独占する特権であった。中部ドイツに関する国王の市場開設特許状をいくつかあげれば、表1の如くである。[11]

この中で、ナウムブルクの場合、発布者は司教であるが、国王の印許をうけている。しかし、このことは、徐々に聖俗諸侯が国王の認可をえずに、独自の市場開設特許状を出し、あるいはさまざまな市民に関する規制を発布していく、その前触れを意味するものであった。その著名な例としては、南ドイツであるが、一〇七五年ライヘナウ修道院長 Ekkehard の Allensbach に対する市場開設状、一一〇〇年同修道院長 Ulrich の Radolfszell に対する市場開設状がそれであり、一一二〇年にはツェーリンゲン大公コンラートのフライブルク都市建設文書[12]の発行となるのである。もっとも、国王の権限下にある市場は、主として遠距離商業を対象とする「公的市場 mercatus publicus, mercatus legitimus」に限られ、日常的な食料などの売買される小さな市場の開設は、当初から在地領主の裁量にまかされていたことはいうまでもない[13]。

ところで、市場開設特許状とはどのような内容のものであり、またそこからうかがわれる市民生活はいかなるものであったのだろうか。ここでは史料の豊富なハルバーシュタットの例だけをあげる[14]。ここには九世紀初頭、司教座がおかれ、一〇一八年ごろドームの周辺に囲壁がめぐらされ、それとともに一一世紀には多くの教会が建てられている。その背景には、マクデブルクへの商業交通の増大があるが、九八九年オットー三世は司教に対し、市場・造幣所・関税徴収所を開設することを特許した。それにさいしては、マクデブルクを模範とせよ、といわれている。一〇〇二年の公文書では、pricipalis locus と讃えられている。商人居住区はドームの南、聖マルティン教会の周囲にあり、市場もそこで開かれた。司教ブルカルト一世（一〇三六～五九）が商人たちに出した文書によれば、彼らは共同の牧草地をもつことが許され、また市

表１　中世初期中部ドイツの市場開設特許状

| 年代 | 地　名 | 特許状発布者 |
|---|---|---|
| 833 | Corvey | Ludwig d. Deutsch |
| 888 | Bremen | Arnulf |
| 908 | Eichsätt | Ludwig das Kind |
| 918 | Würzburg | Konrad I |
| 937 | Magdeburg | Otto I |
| 952 | Osnabrück | Otto I |
| 981 | Merseburg | Heinrich II |
| 989 | Halberstadt | Otto III |
| 990 | Dortmund | Otto III |
| 990 | Gandersheim | Otto III |
| 994 | Quedlinburg | Otto III |
| 1000 | Helmarshausen | Otto III |
| 1033 | Naumburg | (Bf. Kadaloh) |
| 1062 | Bamberg | Heinrich IV |

場使用税 census pro mercatorio usu を納める、とあり、法的能力をもった団体が形成されつつあったことが判る。次の司教ブルカルト二世が下した文書では、商人たちの権利 iura mercatorum は一層拡大され、獣肉の十分の一税の免除、司教巡回裁判への出席義務の免除、女子による世襲相続の保障が認められている。

一〇六三年皇帝ハインリヒ四世は、ハルバーシュタットに市場・造幣所・関税徴収所を再確認する文書を出しているが、続く一〇六八年の文書は画期的である。それは商人たちに〈jura atque privilegia〉を確認するとともに、帝国内の諸市場への自由往来を認め、しかも関税を免除している。さらにこの文書の特色は、文書の受領者が司教ではなく、いまや商人自身であったことである。この商人（市民）の上昇した地位は、一一〇五年司教フリードリヒ一世が「市場の市民 cives forenses」に発給した文書によって確かめられる。それによると、住民たちは販売される肉、食料品の質と量を監視し、度量衡を厳重に監視し、不正な売買について裁くことができる。その裁判に当たっては、〈burmal〉とよばれる市民の集会を開く、と記されている。この〈burmal〉はマクデブルクでは〈burding〉とよばれ、シュテンダル市 Stendal では〈bursprake〉とよばれている。ハルバーシュタットの場合、一二九〇年になっても都市法は burrecht、市民集会は burding と称しつづけている。ともかく一一世紀末、一二世紀初頭にいたって、市民の団体的組織ははっきりと確立していたということができよう。

ライン以東の都市形成にさいしては、古ゲルマン以来のブルク、カロリング期の軍道などの要因を無視してはならないにせよ、結局、決定的要因は市場開設であった。史家クレットラーの計算によれば、オットー朝時代、国王文書に市場開設が認可され、あるいは文書の中に市場の存在が示唆されているのは、北ドイツだけで二九カ所にのぼるという。[15] そして、一二、一三世紀になると、領域権力は、成功するしないにかかわらず、地方行政の拠点づくり、経済活動の振興、財政収入の増加をめざして、市場開設、つまり都市建設に積極的に従事したのであった。[16]

（1） A. Dopsch, Wirtschaftliche und soziale Grundlagen der eurpäischen Kulturentwickling. 2. Aufl., Bd. 2,（1924）. S.370–379.

（2）W. Schlesinger, Städtischen Früformen zwischen Rhein und Elbe（Studien, S.297–361）, S.298f.; Ders., Burg und Stadt（Ders., Beiträge zur deutschen Verfassungsgeschichte des Mittelalters, Bd. 2, Göttingen, 1963, S.92–147）, S.112f.; Ders., Über mitteleuropäischen Städtelandschaften der Frühzeit（ibid., S.42–67）, S.47–54.

（3）Schlesinger, Städtische Frühformen, S.308–312.

（4）ヴュルツブルクについては、Schlesinger, Städtische Früformen, S.336–347; K. Withold, Die frügeschichtliche Entwicklung des Würzburger Stadtplanes（Studien, S.363–388）. を参照。

（5）Withold, *op. cit.*, S.367–375.

（6）Planitz, Die deutsche Stadt im Mittelalter, S.47.

（7）L. von Winterfeld, Geschichte der freien Reichs-und Hansestadt Dortmund, 5. Aufl., Dortmund, 1968, S.4–11.

（8）H. Rothert, Westfälische Stadtpläne—Soest und Lippstadt—（Städewesen und Bürgertum als geschichteliche Kräfte. Gedächtnisschrift für F. Rörig, Lübeck, 1953）, S.423–432; Kroeschell, Weichbild, Köln-Graz, 1960, S.160ff.

（9）ミュンスターについては、Kroeschell, Weichbild, S.132–136; A. K. Hömberg, Zur Erforschung des westfälischen Städtewesens im Hochmittelalter（Westfälischen Forschungen 14, 1961）, S.8–13. オスナブリュックについては、Kroeschell, *op. cit.*, S.186 ff.; E. Keyser, Städtegründungen und Städtebau in Nordwestdeutschland im Mittelalter, Remagen 1958, S.185–190. による。

（10）シュレジンガーの前掲諸論文によれば、古ゲルマン語の〈burg〉は砦をもった集落の原意をもち、ラテン語の〈burgus〉は砦が原意であった。五世紀に両者の接触・混用のなかで、〈burgus〉は〈burg〉の意味を取り、逆に〈burg〉は砦の意味だけになり、中世中期以降のドイツでは、都市集落自体を表現する用語としては civitas, wik, stat が用いられるようになったという。シュレジンガーはこの〈burg〉の原意から、古ゲルマンおよびスラヴ人に都市集落が多くあったと考え、西ヨーロッパの〈civitas〉都市に対して、〈Burgstadt〉の範疇をたてているが、学界としてはなお全面的に承認するまでにはいたっていない。

（11）EFHU., n.5, 8, 12, 13, 18, 28, 29, 31, 36, 41; Rietschel, Markt und Stadt, S.50–79; Schlesinger, Der Markt als Frühform der deutschen Stadt（Vor- u. Frühformen, S.262–293）, S.272–281.

（12）フライブルク・イム・ブライスガウを典型とした南ドイツの都市建設事情、さらにリューベックを典型とするハンザ都市の建設について、詳しくは、瀬原『起源』第十章（四一五～四六四頁）、第十一章（五三七～五六一頁）を参照。

（13）Schlesinger, Der Markt, S.266ff.

（14）ハルバーシュタットについては、Schlesinger, Vorstufen des Städtewesens in ottonischen Sachsen（Festschrift E. Ennen, S.234–258）, S.234, 244–249; B. Schwineköper, Königtum und Städte bis zum Ende des Invstiturstreits, Sigmaringen, 1977, S.29–43. を参照。特許状のテキストは、EFHU., n.38, 40, 42, 49. による。

(15) P. Kletler, Nordwesteuropas Verkehr, Handel und Gewerbe im frühen Mittelalter, Wien, 1924, S.136f.
(16) M. Schlesinger, Forum, villa fori, ius fori (Aus Geschichte und Landeskunde, Festschrift für F. Steinbach, Bonn, 1960), S.408–449. は、領域権力による小都市・市場建設の政策を明らかにしている。

## 四　ヴィク――バルト海沿岸の都市的集落――

八、九世紀バルト海沿岸に出現する商業都市的集落は、一般にヴィクと呼称されているが、(1)その発掘調査は着実にすすんでいる。その最大のものがハイタブー Haithabu とビルカ Birca である。前者は八世紀半ば、後者は八世紀に発生しており、いずれもヴァイキングの西方襲来以前にあたっていることが注目される。その成立の背景にはスウェーデンにおける政治的社会的変化があった。

六世紀スウェーデンを支配したのは古ウプサラを拠点としたイングリング朝 Ynglinger であるが、古ウプサラ周辺には巨大な王墓が営まれ、その近辺の Vendel, Valsgärde, Tuna, Ultuna などにも貴族の船墓が発見されている。それらの墓から出土する武器の型、貴金属装飾品の動物文様などはゲルマン風なのであるが、特異なのはケルン産をはじめとする西欧のガラス器破片が多数出てくることで、これは略奪品ではなく、おそらくフリジア商人によって運ばれてきたものと考えられる。つまり、六～八世紀バルト海商業はスウェーデン貴族階級の需要をみたすために展開されるにいたったのであり、船墓からも判るように、貴族自身が貿易に従事し、彼らはまた見返り品として送り出す奴隷や毛皮を入手するため、フィンランドに植民活動を行っているのである。

西欧からの輸入港として最初に登場してくるのはヘルゴ Helgö で、(2)六～八世紀に栄え、商人とともに、輸入された材料を使っての青銅鋳物工がいた。(3)九世紀になると、ビルカが主導権をにぎった。ビルカの集落の南端には城砦があり、これらのぐるりを大きな墳墓群が取り巻いている。墳墓の数はおよそ二三〇〇といわれる。ビルカは西方からの海路とロシアを通ってくるアジア・アラビアからの通商路の集中点に位置しており、また購買力豊かなウープランドを控え、さらにビルカ自身の周辺地の市場をも兼ねて、在地に根を下ろした都市的集落の観がある。集落内の問題については、prefectus loci といわれる土豪が住民たちの代表者を集めて裁判集会 placitum を催し、問題を処理した。その prefectus loci はたまたま布教に訪れた聖アンスガルに所有地を提供して教会を建てさせ、彼ら一族自身は〈Ormknös〉の墓と通称されている大きな墓を作っている。住民代表者は裕福な商人で、「数多くの善美なものや多量の貨幣」をもち、彼らのものとおもわれる約九〇の墳墓は、入念に作られた木棺、豊富な副葬品によって群を抜いている。このビルカは一〇世紀末デンマーク・ヴァイキングの襲撃をうけて廃墟と化した。

ビルカの後継者はメーラー湖北岸にあるシグトゥナ Sigtuna である。[4] 湖岸に沿って東西に走る道路を中心に発達した細長い集落であるが、一〇〇〇年ごろ一時、王宮と教会座が置かれた。教会の名称や碑文、墓からみて、アングロ・サクソン、北ドイツ、ロシア人が来住していたようで、ブレーメンのアーダムはここを civitas magna と呼んだ。一二世紀初頭に衰微している。

スウェーデンと西欧の中間点にハイタブー[5]がある。半円形の囲壁は一〇世紀初めのもので、全盛期の集落は海岸線に沿って南北七〇〇メートルに散在していた。それは大体三つのグループをなし、北からD、A、B、C地区と分類されるが、中央のA、B集落がもっとも大きい。もっとも早期に属するのは南のC地区で、琥珀の原材料、金属製装身具のための鋳型、鉄滓などが出てくるので、手工業者の集落と判断される。アイフェル地方原産の玄武岩臼石も多数発見され、それを輸入する商人、運搬人もいたと推測される。C地区は九世紀前半に放棄された。最北端D地区の調査はなおすすんでいない。

中央のA地区の面積は八～一〇ヘクタールで、海岸線に向かって西から東へと延び、海面下の地までひろがっている。中世前期のハイタブーの海岸線は現在の海岸線より最長部分で一五〇メートル前方に延び、突出部分が岬を形成し、その両側に港を抱えていた。A地区の家屋は長方形、木造で、ツマ面を道路に向けて整然と並び、家屋のうしろには家畜小屋、井戸などがあった。道路には、道路幅に切り揃えた板が敷き詰められ、快適な舗装路となっている。A地区の西側に隣接するB地区は手工業者の集住区で、ここで営まれた業種は金銀線細工、青銅器製作、ガラス器具製作、製陶、櫛製作などであるが、この地区の家屋はA地区に比して小型である。

A・B集落の西方には広大な墓地がひろがっており、少なく見積もって二千体、多く見れば五千体が埋葬されていると考えられる。さらにC地区墓地にも一千ないし二千体がある。ハイタブーが存続したのはほぼ三五〇年間であるが、全盛期は九世紀であり、そこから推定すると、人口は四〇〇ないし五〇〇人程度と見積もれよう。墓の一部には、武器、鉄製釣桶、青銅皿、貨幣、青銅製ブローチ、水晶や紅玉の首飾りなど豊富な副葬品を伴ったものがあり、社会的地位の高い階層の存在を示している。

集落から南西へやや離れたところには船墓があり、豊富な副葬品のほかに、三頭の馬が副葬されており、きわめて高貴な身分の者と推定される。集落の囲壁から西四〇〇メートルのところに〈Svenhügel〉があるが、このスヴェンはクヌート大王の父Sven Gabelbartにあたるようである。そのさらに西方に盛り土の墓があり、傍らにルーン文字の石碑が立っている。碑文は「王スヴェンは彼の従士で、西方（イングランド）へ赴き、いまハイタブーで死んだスカルテのため、この碑を立つ」とある。ハイタブーの周辺には、このほかにも三つのルーン文字の碑があり、その一つはスウェーデン・ヴァイキングの首長を葬ったものである。

ハイタブーの文献上の記録は、八〇八年デンマーク王ゲットリークがオボトリート人の港町レーリック Rericを破壊し、そこの商人をスリーストルプ Sliestorpに移住させたというのが最初で、スリーストルプがハイタブーの古名と考えられる。九世紀後半の『聖アンスガル伝』第二四章は、この港町を「全世界から商人がつどいくるSliaswic」と記している。九〇〇年ごろより、この地はスウェーデン、ドイツ王ハインリヒ一世、デンマークの争奪の的となり、そのことから一〇世紀末には凋落の度をふかめ、そして、一〇六六年アダム・フォン・ブレーメンの『ハンブルク教会史』にみえるヴェンド族のハイタブー寇略の記事が最後の史料となるのである。(6)

バルト海沿岸のヴィクについて共通していえることは、主として遠距離商業の物資交換地、それを目的とする商人の滞在・通過地であり、そのため恒常的な都市集落へとすすみえなかった。そうなるためには、強力な権勢による保護、政治的安定性、周辺後背地との経済的交流が必須の条件であったといえよう。

（1）H. Jankuhn, Die frühmittelalterlichen Seehandelsplätze im Nord-und Ostseeraum（Studien, S.451–498）, S.453f. なおバルト海沿岸のヴィクについては、Vot-und Frühformen, Teil II. 所収の関係諸論文および K. Zernack, Der europäischen Norden als Städtelandschaft der Frühzeit（Beiträge ... H. Ludat zum 60. Geburtstag, Wiesbaden, 1971）, S.13–47. 瀬原『中世都市の起源』第一二章（五六四～六〇五頁）をみよ。
（2）H. Jankuhn, Typen und Funktion vor-und frühwikingerzeitlichen Handelsplätze im Ostseegebiet, Wien, 1971, S.18f.; W. Holmqvist, Helgö, eine Vorform der Stadt?（Vor- und Früformen, Teil II, S.21–29）
（3）Jankuhn, Seehandelsplätze, S.481–486.; Ders., Typen u. Funktion, S.10f.
（4）P. Johansen, Die Kaufmannskirche im Ostseegebiet（Studien, S.499–525）, S.512f.
（5）ハイタブーについては、Jankuhn, Haithabu, 4. Aufl., 1963. 今来陸郎「西洋中世都市の原初的形態―都市としてのヴィク―」（『関西学院大学創立八五年文学部記念論文集』一九七五年）を参照。
（6）Jankuhn, Haithabu, S.103–114, 125–128.

## 五　東ヨーロッパの都市――とくにポーランドを中心として――

現在の東欧都市研究のなかで、もっとも知られているのはポーランドのそれであるが、中世初期ポーランドにはバルト海岸沿いに多数のヴィクが形成され、さらに内陸部においても都市生活が発生していた。一般に東欧の歴史家は自国の都市の自生的発展を説くのが普通であるが、これはヤンクーンやシュレジンガーなど西欧の歴史家によっても徐々に認められつつあるようにおもわれる。[1]

ヴィクについてはすでに述べたので、ここではポーランドの内陸都市についてのみふれる。ポーランドの研究者は都市の形成過程を三段階に区分して考えている。第一段階は、広い意味で〈grod〉とよばれる都市的集落の誕生期である。gorod, grad, hrad, gard ともよばれ、castrum に相当する。その位置は、河のなかの小島がよく利用され、ときに湖沼の小島、河川の湾曲部が選ばれた。このグロッドはさらに二、ないし三部分からなり、そのなかでもっとも接近しにくく防衛に適した部分に領主の居館がおかれ、狭い意味でのグロッドはここをさす。他の部分は、従士・兵士の居住区、手工業者の居住区であり、領主層と手工業者とが住民の主要な構成要素をなしているのが東欧都市の特徴である。

第二の段階は、新しい要素として教会地区と商人定住区が付け加わった段階である。商人定住区は、教会地区と接し、地形に応じて卵型、紡錘型、市場を中心とした矩形、正方形とさまざまであり、グロッドが防壁を備えているのに対し、商人定住区は無防備で、教会堂を緊急時の避難所とした。

第三の段階は、都市法の採用によって市制が整備される段階であり、たとえば一一世紀後半、ポーランド王国の首府となったクラクフに典型が示される。(2)

こうした都市の発展段階は、もちろんポーランド全体に一様にすすんだのではなく、地域的差異がある。そのなかでも、本格的な恒常的都市集落がもっとも早く生まれたのは大ポーランド地方で、これはこの地方を基盤とするピアスト朝の統一的国家形成に負うものである。ポズナニ、グニェーズノがその中心であるが、同じ時期にビスクピン Biskupin、レツィカ Leczgca といった大集落が形成されている。

ここではビスクピンの例を紹介する。(3) この地は、一一三六年ある領主がグニェーズノ大司教に寄進し、教皇イノケンティウス二世がそれを承認した文書に出てくる〈Starzy Biskupicy〉(戸数二七)なのであるが、ビスクピン湖に突き出た半島にある集落で、鉄器時代から中世にかけての集落が重層的に発見されている。中世集落の大きさは一五ヘクタールあった。

すでに四世紀ごろ半島中央の丘に豪族の館があったらしく、短刀、ペンダントの鎖、槍の穂先、矢じり、腕輪、銀メッキした鉄製の拍車、色つきガラス玉などが出土する。その上に六～八世紀の集落跡があるが、面積がひろがり、周囲に逆茂木が打ち込まれ、グロッドの様相を呈している。

九世紀になると、半島の付け根に盛り土と木柵で防壁がつくられ、半島全体がグロッドとなる。内部はさらに支配者の居館のぐるりに囲壁がつくられ、館からの出入り口、さらに全体の防壁の出入り口には、いずれも壕を掘り、木橋をかけている。住民の家屋はみな丸太を校倉づくり風に積み重ねたもので、中央に石を円形に敷きつめた炉をもっている。生業は農耕とともに、手工業であった。ここでは大量のピッチが製造されている。数箇所で砂が盛られ、そのぐるりに穴が掘られ、その砂のうえでピッチが製造された。穴の中では、ピッチあるいは樺皮油を搾油するために樺の皮の蒸留が行われた。残り滓のたまった蒸留器が穴の中から発見され、また樺の木の材料置場が発見されている。第二の産業は魚の燻製である。魚を燻す大きな穴が六〇もあり、とくに鯰《なまず》が主たる材料であった。

漁師の集落が湖岸の別の箇所で発見されている。ピッチと燻製魚はあきらかに輸出品であった。この集落は一〇世紀初頭、戦争によって破壊された。なぜなら、倒れたグロッドの防壁の下敷きになって、二つの遺骸が発見されているからである。

その上に再度、集落がつくられた。そこでの手工業の種類は非常に多様になっているが、さらに青銅の秤、分銅が発見されているので、商業が起こっていることがわかる。そして、一一世紀には外敵侵入と火災によってビスクピンは滅び、以後再建されなかったのである。

九～一〇世紀に栄えたビスクピンの遺跡発掘写真にみられる住居趾の膨大さはわれわれを驚嘆させるものがあるが、一〇世紀後半、ミェシコ一世、ボレスワフ一世（勇武公）の拠点となったグニェーズノ、ポズナニの壮大な城壁、数千点にたっする手工業品の考古遺物を出土したレツィカなどは、それにまさるともおとらない。中世前期のポーランド文化はまさに西欧文化と同一の水準にあったといっても過言ではないであろう。もちろん他の東欧諸国、またロシアでも調査がすすめられている訳であるが、そこで明らかにされるであろう中世前期の都市化の現象をいかにヨーロッパ都市成立史の理論に組み込んで行くか、これが今後の大きな課題となるであろう。

（1）東欧の都市研究に関しては、一応次の諸文献をあげておく。A. Giaysztor, Les origines de la ville slave（La Città, pp.279–303）; H. Ludat, Frühformen des Städtewesens in Osteuropa（Studien, S.527–553）; Les origines des villes polonaises, publ. par P. Francastel（Paris, 1960）; W. Hensel, Anfänge der Städte bei den Ost-und Westslaven, Bautzen, 1967; Ders., Untersuchungen über die Anfänge der Städte in Polen（Vor-und Frühformen, Teil II, S.176–189）; J. Brankačk, Einige Betrachtungen über Handwerk, Handel und Stadtentwicklung der Westslaven an der Ostseeküste vom 9. zum 12. Jh.（Hansische Studien, Berlin, 1961, S.7–33）; F. Kavka, Die Städte Böhmens und Mährens zur Zeit des Premysliden-Staates（Diue Städte Mitteleuropas im 12. u.13. Jh., hrsg. vom W. Rausch, Linz, 1963, S.137–153）. 瀬原『起源』第十三章「東ヨーロッパにおける都市の起源」（六〇六～六五三頁）。

（2）K. Dziewónski, L'évolution des plan et de l'ordonance des villes du Haut Moyen Age en Pologne（Les origines des villes pol., pp.27–51）

（3）ビスクピンについては、Z. Rajewski, Le territoire de Biskupin au Haut Moyen Age（ibid., pp.107–120）による。

## むすび

これまで述べてきたことを何点かにまとめる。

第一は、中世都市の概念を拡大するか、改める必要がある。イタリア、ガリア西・南部では古代ローマ都市の多くが連続し、徐々に中世都市へ変容をとげていったし、北ガリア、ライン流域でもローマ都市の連続がかなりな程度みられる。ライン河以東の地では、古ゲルマン、あるいはスラヴ人の砦を核として都市的集落が発生しており、バルト海沿岸では遠距離商業を基礎として大規模な集落が形成されていた。これらの都市的集落をすべて中世都市以前のものとして拒否するわけにはいかないであろう。中世都市概念はこれまで市民宣誓共同体、市民自治を基礎的指標として構成されてきたが、いまや上述の多様な都市的諸形態を包括するものとして広い意味内容に変えられる必要があるようにおもわれる(1)。

第二に、もちろん、ニーダーフランケンで生成した市民共同体都市の先進性、他の諸都市に及ぼした革新的作用を軽視するものではない。ニーダーフランケン都市は中世都市発展のいわば第二段階に位置するものと理解したいのである。

第三に注目したい点は、都市形成の初期にあって国王、領主、領域権力の果たした役割である。彼らは行政拠点、軍事防衛拠点として、また支配領域内の経済開発のため、さらに直接的には関税、商取引税など財政収入の増加を目的として、都市の育成に努めた。それはとくにヨーロッパ全体を通じてみられる市場開設・都市建設政策に看取することができる。また、中世早期からする都市の存在は、国王、諸侯らの政策決定になんらかの影響を与えたはずで、この視点からの政治史の見直しが、場合によっては、必要となるのではなかろうか。

こうした都市を育成し、あるいは都市に対応する政策を推進したのは、統治者側近の官僚群（ミニステリアーレス）であったと考えられるが、この過程で彼らは上層市民と融合し、都市貴族として都市の実質的支配者となり、ついには都市領主支配からの解放運動の指導者となっていった。このミニステリアーレス、都市貴族の問題は最近クローズアップされているが、単に問題提起だけにおわらず、各都市について実態が追究されるべきであろう。

第四の問題は、農村との関係である。中世都市の経済的基本指標は近隣市場 Nahmarkt、つまり近隣農村との経済交流にあったといわれているが、中世初期における都市の発展は内陸開墾など農業生産力の上昇に支えられて初めて可能であり、農村共同体の形成と都市共同体の強化の底には共通の流れがあると考えられる。また、都市の存在が初期の農業経済に影響を与えないはずがなく、両者の相互作用の具体的究明こそが今後の大きな研究課題といわなければならない。

（1）すでにハーゼは、「都市」概念の拡大、すなわち、経済的機能、人口の集住度、都市法といった複合的な「指標の束 Kriterienbündel」――その指標の比重は時代によって異なる――で「都市」を把握することを提唱しており、エンネンもほぼこれを認めている。C. Haase, Stadtbegriff und Stadtentstehungsgeschichte in Westfalen（WdF., CCXLIII, 1969）, S.60-81.；エンネン（魚住昌良訳）「ドイツにおける都市史研究の現状―組織・テーマ・方法―」（『西洋史学』一一〇号、一九七八年）を参照。

（『歴史学研究』第四七一号、一九七九年）

# 第三論文　シュヴァーベン同盟について――ドイツ農民戦争を中心に――

## はしがき

一五二五年勃発のドイツ農民戦争は、一六世紀ドイツにとって最大の政治的・社会的問題であった。それをどのように鎮圧するかが、以後のドイツ史の帰趨を決定する重要要件であったが、そのさい中心的役割を演じたのがシュヴァーベン同盟であった。南ドイツの大農民団を巧みに鎮圧したのは彼らだったのである。以下、同盟の成立事情、組織、その指導者などについて概観しよう。

## 一　シュヴァーベン同盟の成立とその性格

一四八七年六月二六日、皇帝フリードリヒ三世はニュルンベルクの帝国議会からシュヴァーベンの等族 Stänsde に勅令を下し、一四八六年フランクフルト帝国議会で結ばれた一〇年間のラント平和をまもるため、また彼らの権利をまもるため、来る七月二六日、エスリンゲン Esslingen に会合して、同盟 Bund を結成するようにと命じた。勅令は、等族内部の階層制を全く無視して、シュヴァーベンのすべての教会諸侯、世俗諸侯、騎士および都市に宛てられ、彼らの大多数は、その当日、指定された場所に集まったといわれる。そこでは、ヴェールデンベルク伯フーク Hug von Werdenberg が皇帝の代理として提案をおこない、同盟規約の起草のため、若干の委員が選出された。さらに八月二一日、九月八日、再びエスリンゲンにおいて会議が開かれ、その席上、規約の提案に修正が加えられ、同盟が最終的に承認・成立をみたのは一四八八年二月一四日のことであった[1]。

ところで何故にシュヴァーベンだけにこのような同盟が成立しなければならなかったのであろうか。じつはドイツでは、シュヴァーベン地方ほど無数の小領邦国家、帝国都市に分裂した地方はなく、それらは絶えず周辺の強力な領邦国家の侵略の脅威にさらされていた。とくに一五世紀末には、ヴィッテルスバッハ家 Wittelsbacher のバイエルン大公ゲオルク、同大公アルブレヒト兄弟の台頭が著しく、着々版図を拡大し、周辺の帝国都市に支配権を及ぼそうとしていた。また群小のランデスヘルにあってもバイエルンに対する恐怖は同様であって、ここに同盟結成への第一の動機があったのである。

他方において皇帝フリードリヒ三世自身も、バイエルン大公兄弟と激しい対立状態にあった。というのも、同じハプスブルク家の系列に属するティロル伯ジギスムントが、一四八七年初頭、アルブレヒト大公に死後の遺産相続を約束し、しかもすでに前オーストリア Vorderösterreich の管理をゆだねてしまっていて、皇帝としては、とてもこのようなハプスブルクの力を削ぐような行為を許すことはできなかったからである[2]。かくして「シュヴァーベン等族、皇帝、諸侯を結合させたのは、バイエルン公に対する純粋に政治的な対立であり」、そのさい仲介者、調停者としての役割を演じたのは、皇帝の顧問官で、かつシュヴァーベン貴族の頭領でもあったヴェールデンベルク伯フークであった[3]。

以上述べたように、シュヴァーベン同盟は、設立当初においては、バイエルンに対するシュヴァーベンの小領邦国家、帝国都市と皇帝との相互依存的な同盟を意味したのであるが、しかし、時の経過とともに、次第にその性格を変えていくことになった。まず同盟とバイエルン大公との対立は、一四八九年戦争直前にまで切迫したのであるが、国王マクシミリアンの調停によって和平が結ばれ、以後、バイエルンはハプスブルクに協調する政策を取り、同盟にも接近し、果てはマクシミリアンの要請によって、一五〇〇年には同盟に加盟するにいたったのである。

シュヴァーベン同盟とハプスブルクとの結合は強さをましており、一四九九年ハプスブルクとスイス誓約同盟とのあいだに戦争（いわゆる「シュヴァーベン戦争」）が勃発したとき、同盟は先陣を切ったほどであるが、スイス軍の勇敢さに敗北を喫し、一四九九年七月二二日、ドルナッハ（バーゼル近郊）の戦いで同盟軍司令官ヒュルステンベルク伯ハインリヒが戦死をとげる有様であった(4)。

また一五一九年、ヴュルテンベルク伯ウールリヒを国外追放に処した事件(5)についても同じであって、「それは変節者・局外者の諸侯の排撃に奉仕しただけでなく、シュヴァーベンをハプスブルクの国家にしようとする計画を実現する機会をオーストリアに与えたのである」。

## 二　同盟の機構――委員会と軍隊――

シュヴァーベン同盟は、ラント平和の監視人として違反に対し制裁を加えるため、また外部からの脅威に対抗するためにも、実力を備えた存在でなければならず、したがってそれは文字どおり、軍事的組織でなければならなかった。

まず最高の指導機関としては、委員長 Hauptleute 三名、委員二一名からなる同盟委員会 Bundesrat があり、彼らは諸侯、貴族、都市から各七名ずつ毎年選出された。委員選出は同盟委員会の下部組織である各等族の集会において行われるはずであったが、この集会に参加するさいの費用は各個人の負担であったため、多くは出席を断念し、あるいは無関心な態度を示し、したがって下部の意向が正しく代表されるということはなかったようである。

委員会は、事態の勃発とともに、同時に委員長によって招集されたが、一一月中旬に第一回の定例委員会がひらかれ、同盟の全般的問題が討議された。委員の主要な権限は、同盟内部の紛争について採決し、統制するとともに、「同盟者に向けられた敵対的行為・攻撃に対する防衛の仕方を決定することにあった」。「その決議の実行に関する指導権は、無制約的に実行された(6)」のである。

シュヴァーベン同盟軍の招集実情

| 年代 | 1490 | 1492 | 同左実動員数 | 1500 | 1512 | 1522 | 1524／25 |
|---|---|---|---|---|---|---|---|
| 騎兵 | 2,340 | 3,500 | 1,500 | 1,350 | 1,062 | 1,330 | 1,892 |
| 歩兵 | 19,500 | 14,000 | 8,000 | 9,000 | 8,435 | 9,495 | 11,285 |
| 合計 | 21,840 | 17,500 | 9,500 | 10,350 | 9,497 | 10,805 | 13,177 |

このように同盟委員会は、同盟の内部統制を保ち、その対外的行動を決定する中枢機関を意味し、いわば連合政府の観を呈したのである。ところでこの委員会の性格はどうであったか。すでに述べたように、二一名の委員は諸侯、貴族、都市から各七名選出されていたわけであるが、そこでは必然的に、諸侯および強力な帝国都市の勢力が圧倒的とならざるをえなかった。すなわち、一五〇〇年当時、オーストリア、マインツ、アウクスブルク司教、バイエルン公、ブランデンブルク辺境伯、ヴュルテンベルク伯、バーデン辺境伯の諸侯が各一名の委員（一票の決議権）をおくる権利をもち、(7)また都市部会ではウルム、アウクスブルク、メミンゲン、エスリンゲンなど裕福かつ強力な都市によって独占されていた。したがって、群小の貴族、都市にとっては発言の機会はなかったのである。さらに、この委員会のなかに傑出した人物が現れると、その政策によって振り回されることになる。後で見るように、事実、危機が深刻化すると、同盟はバイエルン選出の官房長官レオンハルト・フォン・エック Leonhard von Eck(8) によって独裁的に左右されたのである。

この同盟委員会の政治的指導のもとに、同盟軍が運営される。軍は常備的なものではなく、事態の発生とともに招集された。招集兵数はあらかじめ各諸侯、貴族、都市に割り当てられていたが、実際の動員数は同盟委員会の決定にかかっており、多くの場合、予定数を下回ったものであったようである。招集予定兵数は大体表の如くであった。(9)

ただし農民戦争にさいしては、同盟委員会は、騎兵二〇〇、歩兵二〇〇〇からなる予備軍を別に編成しており、さらに同盟の費用で徴集されながら、諸侯個人の指揮下におかれ、しかも同盟軍に編入されていない軍隊があったことに注意しなければならない。

軍隊の装備・食糧などの費用は各同盟加入者の負担を原則とし、諸侯、大都市によって編成される砲兵隊の費用は同盟全員に配分された。招集兵員の配分は初めは諸侯、等族において半分ずつであったが、のちにこの比率は五対二となり、諸侯の実力がここでも決定的であったことがわかる。同盟軍の編成は、同盟軍総司令のもとに司令、砲兵司令が任命され、総司令は初め同盟会議によって選出されるはずであったが、一五一二年に皇帝に任命権が委ねられた。しかし、これには六名の同盟委員が帯同し、一種の特別監視委員の役割を果たしたのであって、総司令は「この軍事顧問の了解のもとに行動すべし」とされていたのであった。

## 三　農民戦争時における同盟軍の実情

こうしたところへ、一五二五年一月下旬から、シュヴァーベン地方一帯に農民蜂起が勃発し、封建支配体制は深刻な動揺に襲われ、シュヴァーベン同盟の真価が問われることになった。折から同盟の本拠ウルム市に滞在していたのはバイエルンを代表する委員で、同国官房長官であったレオンハルト・フォン・エックであったが、彼は二月一一日、本国のバイエルン公ヴィルヘルムに事態の急迫を伝え、次のように要請している。「畏れながら、たとえ早急に歩兵はおくられなくとも、使い物になりそうな騎兵だけは緊急におくっていただきたい。というのは、このさい一刻も猶予すべきではないからです[10]」。この要請にもとづいて、二月一三日、貴族達に召集令が発せられた。しかし、貴族の大多数は当時貧困をきわめ、この招集に対して様々な苦情があげられた。たとえばヴォルフ・ヴァルヒ Wolf Walch von Pfaffenstatten という貴族は、「わたくしはすでにヴュルテンベルク戦争において財産以上の装備をしなければなりませんでした。このたびは、わたくしに家計を支えるだけの給金、あるいは糧食支給の約束が与えられますならば、それでやっと四頭の馬を支度できましょう[11]」と嘆願しており、また郷士ルードルフ Rudolf von Hasslangk は、「わたくしは三週間も瀕死の床についておりまして、只今も病気で家から一歩も出ることがかないません。そこで息子に馬と甲冑をつけて同盟軍に差し出しましたが、わたくし自身はこのたびは馳せ参ずることができません[12]」と訴えている。あるいは、ファイト・ロールベック Veit Rohrbeckh Rohrbach という下級貴族が、「わたくしはほんの僅かな財産しかもっておりません。貧しい貴族であるという以外に、思案も官職も身分ももたず、ただこの僅かなもので妻子を養わねばならない有様です[13]」と述べているが、おそらくこれが下級貴族一般の姿ではなかったろうか。

二月一八日、ふたたびエックから指令がおくられ、二月二一日バイエルン諸都市にも招集準備の命令が伝達された。それによると、都市は馬と兵車 Reiswagen を用意すべきであり、「市民ならびに都市の住民はただちによき武器と甲冑を完全にととのえ、とくに四隊に分かれ、二隊には長槍を給し、一隊は射手 Büchsenschutze である」ように要求されていた[14]。しかし、危機はますます切迫しつつあったので、市当局は頼りとなる市民を手放そうとはせず、三月三一日、閲兵場に到着した都市の招集兵はわずか八八七人にすぎなかった[15]。しかも無能な者が多く、四月二六日になると、次のような布告があった。すなわち、「困難なる事態はなお終結しそうになく、ながらく妻子から離れることは市民にとって苦しみであろう。それ故、市民を呼び戻して、その後は毎月、月の終わりまでに、金銭をおくるか、あるいは、市民自身の代理となるような傭兵 Kriegsknecht を代わりとしておくるか、いずれかを選ぶように」というお達しであった[16]。この市民の招集に代わる金銭の供出額はかなり高額であったらしい。都市が兵役免除金、あるいは市民に代わる傭兵のいずれを選んだにせよ、ここにシュヴァーベン同盟軍は傭兵化の道を歩むことになるのである。

次に農民兵の招集であるが、バイエルンの場合、シュヴァーベンに割り当てられた兵員の四分の一は、その代りとして金銭で供出されたので[17]、大規模な農民兵の招集はかなり後まで行われなかった。大体、領主側は極度に農民兵を信頼していなかった。事実、多くの場合、農民兵は一揆農民側に逃走するのが常であったから、農民の招集は慎重にならざるをえなかったのである。しかし、隣接したアルゴイ Allgäu 農民団の脅威が増加するにつれ、またヴュルテンベルクで活動するシュヴァーベン同盟軍の本隊からの救援が早急に望めなくなったとき、バイエルン政府としても自衛体制の強化をよぎなくされ、四月一四日、初めて農民に対する徴兵が命令された。地方の世話役 Pfleger、地方判事 Landrichter はこの布告を受理すると、村民を招集し、書記をして命令を朗読させた。

「傲慢なるシュヴァーベン農民はいまやレッヒ河を越えて侵入し、レッヒ河のこなたバイエルンの農民に行《こう》をともにするよう力ずくで強いている。彼らに与《くみ》せぬ者は追われ、すでに多くは妻子、家畜を伴い、侵入者の前に逃げ惑っている。加うるにシュヴァーベンの輩《やから》は、バイエルン公ならびに高官の方々に向けて、不遜きわまりない脅迫状、果たし状を手交し、軍使として派遣された無装備の騎士を捕らえるにいたっては、われら大公は契約に反しても、武器を取らざるをえない。しこうしてレッヒ河を越えてバイエルン大公国に侵略したった者およそ一万四千は、シュタインガーデン Steingaden 修道院を略奪し、破壊し、焼き払った。またライテンブーフ Raitenbuch 修道院も、その所領内に住むすべての村民、農民を含めて、その恐ろしき脅威にさらされつつある。しかしながら、上記修道院の農民たちは屈することを欲せず、シュヴァーベン農民とは何事もともになさざること、彼らが生死をともにする領邦の御領主としての慈悲深きバイエルン公のお側《そば》に最後までふみとどまるむねをシュヴァーベン人に告げた。かくして数百人のバイエルン農民はパイセンベルク Peissenberg その他の山々へ、シュヴァーベン人を防ぐべく、よき武器を携え集まったのである……」[18]。

農民に対する招集令状は大体こういった調子であり、事実、大きな反響を呼んだといわれている。しかし、果して布告の記述は事実を正確に伝えているのであろうか。史家フォークト W. Vogt の研究によれば、事実は全く反対を呈していたといわれる。すなわち、シュタインガーデン、ライテンブーフ両修道院の農民はシュヴァーベン農民を拒絶するどころか、むしろ院側の農民六〇〇人の者がこれに呼応しようとしており[19]、またパイセンベルクに集まった「二五〇人ばかりの農民」にしても、「一種の農民蜂起の端緒であり、彼らは隠密裡に集まり、より大きな農民団の基礎をおこうとするものであった[20]」のである。バイエルン大公国いたるところで農民の不満は鬱勃たるものがあり、例えばアイハッハ Aichach の世話役の報告（五月二一日）によれば、上記の「役人が死罪の脅迫のもとに、農民に装備して検閲におもむくように命令した」とき、「彼らは、命令に従うべきか、それとも農民団を結成すべきか、数時間にわたって協議した」といわれる。[21] ミューニヒ Münich の世話役は、「最近、大公の命令を奉読したさいに、クリスティアン・ライトナー Christian Leitner なる男がこれに悪口雑言を吐きちらした」と報告（六月一〇日）している。こうした農民の不穏な言動に対しては、バイエルン政府は強力な警察力によって弾圧し、他方においては虚偽にみちた布告によって、事情にくらい農民をたぶらかし、軍隊へと駆り立てたのであった。

以上述べたように、下級貴族、市民、農民の徴集には、脅迫、煽動、まやかしがつきものであった。従って、このような強制徴簿兵によって編成されたシュヴァーベン同盟軍がどのような様相を帯びたか容易に想像できよう。例えばバイエルン公ヴィルヘルムから同盟におくられてきた軍隊について、エックは三月一日、次のような厳しい返事を寄せている。「歩兵隊の隊長シュテッケル Stöckel が本日わたくしに通報したところによりますと、一〇〇人の者が脱走し、ミュンヘンへいったということです。しかも彼らの手許には金も無く、書記もだれ一人としておりません。全く聞くに耐えない、汚らわしい話です。畏れながら、この悪人どもについて、いかが思し召されましょうか。シュテッケルは、兵隊の大多数がミュンヘンの者だと申しますが、奴らはしたい放題のことをする破廉恥きわまりない、ならず者ばかりです。奴らに対しては、畏れながら、無慈悲にふるまわねばならず、鞭でうつこともまたやむをえないでしょう。一体、踊りに来たのではなく戦争にきているのです。金をもらうときは一人として欠けることはないのに、検閲となると、逃亡者が出るのをわたし自身よく存じております……」[22]。

当事者側の不満がこれであったから、まして一般民衆は同盟軍に対して憤懣やるかたのないものがあったろう。同盟軍においては軍律などほとんど守られなかった。例えば二月二四日、ヴュルツブルク市参事会はバイエルン政府に訴えている。それによると、バイエルンの兵士がこの町を通過したさい――このような場合、隊長とか憲兵が諸経費を支払い、市の制度を守るように前もって文書で確約したにもかかわらず――「すべての約束は守られなかった。夜となく昼となく、市の門は開け放たれ、市参事会の一員がこれを閉めようとしたところ、なぐり倒された。今日になっても多くの金が支払われておらず、しかも市民は兵隊によって鞭打たれている」という。「要するに、市民だれ一人として日々おのれ自身の家庭において平和をもたない」ような怖ろしい事態がいたるところで現出したのであった。

なお同盟軍の特徴として注意しなければならないもう一つの点は、同盟軍の大多数を占めた農民兵が、自己と同じ階級である蜂起農民に対していささかの敵愾《てきがい》心をももちえなかったということである。彼らの多くはすでに募兵のときにこのことを表明したといわれ、エックの書簡にも、「われわれは、（同階級の）農民に対して使われまいと決心している兵隊四千人も所持している」[23]とか、あるいは、「グレームリヒが同盟軍の歩兵二千をもって……進軍しましたが、しかし（彼らは）農民と対戦することを欲せず、安穏なるままにおかれんことを嘆願する始末。われわれが命令に服するように強要すると、彼らは脱走する」[24]と記されている。オーストリア大公フェルディナントも、「兵士たちには……たえず給金を支払わせている。しかし、奴らはいかなる待遇、いかなる報酬があるにせよ、決して農民に立ち向かうことをせず、これを拒絶し、支払いがあったあと、お互いにこっそり好き勝手に逃亡する」[25]と嘆じている。バイエルン公ルートヴィヒ（ヴィルヘルムの共同統治者）が兄のヴィルヘルムに宛てた信書には、「騎兵は役に立たないし、歩兵には信頼がおけない。奴らはみんな農民だ。あなたも知っているように、奴らは理由もないのに進もうとしない。要するに小童《こわっぱ》どもBubenを信頼してはならない」[26]とある。われわれは同盟軍に加わった農民兵の脱走、寝返り、一揆農民側への加担について、これ以上語る必要はないであろう。同盟軍は分裂の危機を内包していた。

なお注目すべきは、事態の深刻化に応じて外国人傭兵の採用が考えられ、実施されたことである。エックは早くも二月二四日、ヴィルヘルム公に宛てて次のように進言している。「畏れながら、わたくしが憂慮いたしますように、土着の者から有力な武装兵を招集できないとお考えになれば、マントヴァ（イタリア）へ書簡をおくって二〇〇、ないし三〇〇人の軽騎兵をすぐに狩り集め、養っておいては、とお考えになっても、わたくし異存はありません。というのも、ヴェネツィアがそれを多数召し抱えているという話ですし、手をつくせば、精々一カ月足らずで、二〇〇、ないし三〇〇、あるいは四〇〇位は集められるものと思います。農民に対して打ってつけの奴らです。というのは、公国に一揆が起こる場合、この軽騎兵とか、ボヘミア人といった外国兵によって静めるのが、またとない名案にほかならないからです[27]」。事実、多数のボヘミア人歩兵が手段をつくして集められ、四月ごろ、ヴィルヘルム公の手許だけで一千人にのぼったといわれ[28]、また同盟軍のなかにもそれが採用された[29]。外国人傭兵だけでなく、賃金で雇われたいという農民は土着民のなかでも多かったようであり[30]、傭兵隊の編成は容易であったらしい。例えば五月一一日、オーバー・アルゴイの農民がバイエルンに侵入してきたとき、ザルツブルク大司教は、歩兵三五〇人のために一五〇〇フローリン、騎兵五〇人のために六〇〇フローリン、計二〇〇〇フローリンを傭兵賃金としてバイエルン公に送っているのである[31]。

## 四　同盟の指導者――レオンハルト・フォン・エック――

ところで、このような下級貴族、市民、農民の招集兵、さらには傭兵からなる一万三千余のシュヴァーベン軍を指導したのはだれであったのか。同盟の最高指導機関が同盟委員会であったことはすでに述べたが、しかし、委員会は最初から強硬な反農民的態度で統一されていた訳ではなかった。なかでも都市の代表者は平和的交渉を主張し、その中心的人物アウクスブルクの委員アルツト Ulrich Artzt は主戦論に反対して、次のように述べている。「わたしは全く反対だ。たとえなにがしかの富をえようとも、それはわれわれにとって快いものだろうか。われわれが剣でせしめたものは、われわれすべてにとって快いものだろうか……土地と人間の荒廃、おびただしい流血がきっと起こるだろう。それ以外のなにものでもないのだ[32]」。またザクセン選帝侯フリードリヒも「おだやかに協定を結び、全般的な戦争に広げないよう」同盟委員会に勧告しているのである[33]。

これに対し強硬派としてはバイエルンがあり、ヘッセン方伯フィリップなども容赦ない農民弾圧を主張した。これら主戦派を代弁し、その推進者となったのが、バイエルン官房長官レオンハルト・フォン・エックである。彼の行動についてしばらく見てみよう。

エックは早くから詭弁と押しの強さと陰謀の人物として知られていた。同盟委員会に最初に出席したのは一五二三年二月二三日であったが[(34)]、そのときから精力的活動によって同盟を動かしていった。彼なしには、委員会はなんら決議もできず、決議の文案さえもエックの添削をうけたといわれる。また彼はあらゆる作戦に直接関与し、彼自身が自負しているように、「彼がいないかぎり、だれも戦争にいこうとは思わない、と他の委員たちが懇望する」[(35)]有様であった。そして、絶えず都市の融和派の克服につとめ、国外追放に処せられたヴュルテンベルク伯ウールリヒが農民と協同して、シュヴァーベン同盟に迫りつつあるとき、彼は強迫的警告をふりまき、ついに主戦論を一般的世論とすることに成功した。彼は文字通り戦争の準備に没頭し、二月二五日の手紙では、「わたくしがたとえ一時間でも、ありとあらゆる奸計や悪だくみの話をしていることがあったら、一〇フローリンをやってもいい」[(36)]と言明する位で、のちには「おそらく過労のため、神の御意志によって、身体が少なからず弱まったのである」。ただし、彼に奸計がなかった訳ではなく、むしろ逆に農民に対する憎悪と陰謀に満たされていたのであった。

エックの農民一揆に対する態度はどうであったか。彼はその原因をすべてルターになすりつけ、すでに一五二三年五月一五日の書簡で「すべてはルターの教説に少なからざる原因があり、この教説たるや日増しに増大しており、おそらくなによりも憂慮されるべきです。このような不服従からは、キリスト教的信仰の退廃ばかりでなく、臣下たちをしてお上 Obrigkeit の蔑視と根絶（の企て）を引き起こすでありましょう」[(37)]と警告を発している。戦争の勃発とともに語調は激しくなり、「これらの出来事すべては、ルターのために起こったのです」、「ヘーガウ、ブライスガウ、シュヴァルツヴァルトなどの農民蜂起はすべてルター派の坊主どもから起こったことです」といい、また「諸侯や貴族を打ち倒そうとするこれらの振舞いは、結局のところ、その根源をルターの教説に発している」と叫びつづけた。従って農民の行動に対する冷静な判断、農民の掲げる要求を多少とも理解しようという努力などは全然問題にならなかった。「なるほど農民たちの多くは、その貪欲のために神の言葉、福音、兄弟愛を引き合いに出している。しかし、農民の兄弟愛には、わたしは全く反対だ。もしフッガーがわたしと兄弟愛を分かち合おうとしたら、これほど残念なことはない」などと述べている。そして、農民の要求に対しては「どれ一つをとっても驚かされないものはありません。何故なら、奴らは河川をすべて自由にしようというからです」というだけで、有名なシュヴァーベン農民団の「一二カ条」についても、これを黙殺した。最後に「貴族は皇帝にいたるまで、すべてを皆殺しにし、いささかも容赦しない、とハイルブロンの農民が宣言した」と曲解する始末である。要するにエックは、反農民的思想において徹底していたのであり、「農民どもは正真正銘の悪魔です。彼らを信じてはなりません」「農民どもはほんものの悪魔です」「この悪魔どもは絞首刑にしてから破門しなければならない」「もし（農民との）交渉が決裂するような事態になれば、トルコ人が侵入したとおもって振舞う以外にはありません」。このように絶えずバイエルン公に進言してやまなかったのである[38]。

皇帝カール五世はエックの性格を次のように評している。「あいつは裏切りや破廉恥な行いにかけてはユダヤ人を上回り、金のためなら祖国も帝国も、いな全世界をも売りかねない。たんまり金をかき集めたあとで、独りで死んでゆくのだろう[39]」。この評言はあまりにも戯画化されているが、裏切り、陰謀、目的のためには手段を選ばないマキァベリズムがエックの行動を貫いていたことは確かであろう。「援軍がくるまで、われわれは悪漢どもとの交渉を引き伸ばすつもりだ[40]」と密かに書き送っているように、農民の勢力が圧倒的優越を示す場合、協定を結んで一時退避し、しかも交渉の結果などについてははじめから問題にせず、十分兵力を蓄えたころ、農民を挑発し、協定をふみにじって、一挙に逆襲に出、農民軍を徹底的に粉砕するのが彼の常道であった[41]。

さらに農民を処刑するに当たっては非人間的冷酷さ、凄まじいばかりの残忍さをもって押し通した。彼は隠しきれぬ喜びをもって、戦場からバイエルン公に宛てた書簡のほとんどに、打ち首、縛り首の人数を報告している。例えば五月二二日の書簡は次のようにいう。「畏れながら、一九日、わたくしが知りましたところでは、ロートリンゲン公がアルザス・ツァーベルンで農民二万人を斬り殺しました。……第三に、ファルツ伯ルートヴィヒは農民一万二千人ほどを撃ち殺しました。ヴァインスベルクは去る二一日、一物も取らずに焼き払いました(42)……同日、悪漢二人を捕らえました。その一人の首領は木の下でじりじりと焼き殺しました。他の一人は斬首……」。また五月二七日の書簡にいう。「(ロートリンゲン公が) アルザス・ツァーベルンで農民二万を撃ち殺したというのは事実です。農民たちは折り重なったまま放置され……これら死人どもはひどい悪臭を放ち、女どもは逃散して、その子供を捨てて去り、子供たちは餓死して、腐っていく有様です(43)」。しかし、彼にはいささかの憐憫の情もわかなかったのである。

こうしたエックのマキァベリズムが目指すところはなんであったか。いうまでもなく、領邦国家権力の確立・強化以外にはなかった。彼はこのためにのみ全力を傾け、周囲のあらゆる誹謗にもかかわらず、その政策を遂行した。そして、彼を理解し、彼と終生親密でありえたのもバイエルン公ヴィルヘルムだけであって、ヴィルヘルム公の弟ルートヴィヒは、これを次のように語っている。「兄はエック以外はだれも信用しない。『うまのあった者同士』というが、彼らはまさにそれだ(44)」と。

エックの指向したラント支配強化の一端を示す意味で、最後に彼の対教会政策に触れておこう。エックは農民戦争の機会を利用して、教会財産の没収を敢行しようとしたのである。すなわち、シュヴァーベン同盟軍には莫大な給与を支給しなければならなかったが、この負担を農民に賦課すれば一揆が起こるのは必定であったので、政府は教会、とくに修道院に財源を求めたのである。「畏れながら、すべての教会から金を寄せ、とくに修道院には数千グルデンの賦課がなされるべきです(45)」と、エックは書いている。すでに一五二三年、緊急の場合に教会財産を使用する許可を教皇から獲得し、これにもとづいて一五二五年二月一八日、特別委員会が任命され、さしあたって三万フローリンの醵《きょ》金割り当てがあり、反対もなく迅速に実行されたといわれる。次いで四月二日、委員は教会、修道院を巡回して、宝物、金・銀器の供出を命じ、四月二三日には一般の聖職者にまで醵金負担の範囲が広げられることになった。五月七日、第二回目の強制募金が修道院に命じられ、回状には、「農民の真の考えでは、貴族とともに司教、修道院長、司祭をはじめ、あらゆる聖職者を追放しようとしている」などという脅迫的文言が忘れずに掲げられたが、貧困な下級修道院、聖職者には、募金に応ずる者がほとんどなく、割り当て額の半ばも集まらなかったといわれる。それどころか無数の苦情が寄せられ、「当修道院は以前より負債を負い、だれも金を貸そうとしない」（ベネディクトボイエルン修道院長）、「最善を尽くしたが最初の醵金のため、当修道院は破滅の状態にある」（ロール Rohr 修道院長）といい、「真実を申し上げますならば、聖職者たちはひどく貧乏しております。さもなければ、このことを文字通り喜んだでしょうに。司教様に一グルデン差し上げるより、慈悲ふかきわがご主君に四グルデン差し上げる方が嬉しくおもわれます」と訴えている。ここには明らかに世俗権力、上級聖職者の二重の圧迫下にある下級聖職者の苦悩を読み取ることができよう(46)。

しかし、バイエルン政府は容赦なしに、六月一二日、三たび寄付金を強要し、最後にすでに戦火のおさまった九月初旬、五万フローリンの募金を割り当てている。このような教会財産の略奪は常軌を逸した横暴を示し、テーゲルンゼー Tegernsee の被害だけで、四千フローリン、現物一千フローリン、計五千フローリンの多額にのぼったのである。

要するに、「農民戦争の血なまぐさい様相、その悲惨な結末の大半の責任はエックにあった」という史家フォークト W. Vogt の評言はあまりにも誇張されているにせよ、エックが反農民的動きの中核であったことは疑いえない。そして、彼のこのような徹底的農民弾圧の態度が、まさしく群小の封建支配層を乗り越えて、バイエルンをして強固な領邦国家たらしめる原動力となったのである。絶対主義的領邦国家の権力意志はエックにおいてその典型を見出し、従って、このような指導者によって動かされるシュヴァーベン同盟は、形式的には諸侯、下級貴族、都市三者のための共同にして平等な団体であるにせよ、実は諸侯・領邦国家の絶対制的支配のための操り人形にすぎず、「その権力意志のために、農民と戦おうとする機関」にほかならなかったのである。

## 五　農民戦争の軍事的経過(47)

ドイツ農民戦争は、一五世紀後半に頻発した「ブントシュー Bundschuh」と呼ばれる一揆の積み重ねによって次第に醸成されていったが、一五二四年六月二三日、シュヴァルツヴァルト東南隅、シュチューリンゲン伯領において大きな蜂起となって爆発した。その人数は一二〇〇人にたっし、六二カ条の訴状を掲げ、傭兵出身のハンス・ミュラー・フォン・ブルゲンバッハ Hans Müller von Bulgenbach を指導者に選んだ。折から近くの小都市ヴァルズフートで牧師バルタザール・フープマイヤー Balthasar Hubmaier が熱烈な福音の説教をおこない、ハプスブルク家の圧迫を受けつつあった。信仰の自由と封建的支配からの解放を求める市民と農民とはともに手を結ぶのである。

ハプスブルクの軍隊の主力は、当時、イタリア戦争のため北イタリアにあり、一揆の鎮圧に当たることはできなかった。そこで領主側は交渉に応じ、一〇月には農民たちは一応解散したのであるが、ハンス・ミュラーらは一揆拡大の運動を続け、冬は暮れ、一五二五年春となった。シュチューリンゲン農民のまいた種子は各地で芽をひらき、一揆の波はまたたくまに南ドイツ全域をおおうことになる。シュヴァーベン地方では、ケンプテン修道院農民を中心とし、漂泊職人イェルク・シュミット Jörg Schmid を指導者とするアルゴイ農民団、ボーデン湖東岸に形成された湖畔農民団、ウルム市周辺ライプハイム農民団、バルトリンゲン農民団、ウンターアルゴイ農民団などが生まれた。

これら農民団のあいだでは、「古き権利」を回復するという思想に代わって、聖書にもとづき社会を徹底的に変革するという「神の正義」思想がすでに浸透していた。「神の正義」思想は、一六世紀初頭、「ブントシュー」運動の指導者ヨス・フリッツ Jos Fritz にはじまり、直接的には一五二四年末、トマス・ミュンツァーがシュヴァルツヴァルトの村々を訪れたとき明確な姿をとるにいたったとおもわれる。シュヴァーベンの諸農民団はこの「神の正義」を基礎として大同団結をはかり、一五二五年四月初旬、キリスト者兄弟団を結んだ。その共同綱領となったのが「一二カ条」であり、起草者はメミンゲン市の革なめし職人セバスティアン・ロッツァー Sebastian Lotzer であった。彼は卑賤の身でありながら、該博な聖書の知識をもち、牧師専任の自由、農奴制や十分の一税の廃止、賦役、地代の軽減化、共有地の解放など堂々の論を展開した。一揆期間中に二三回も印刷されたことからも判るように、「一二カ条」こそは一揆農民全体の最大公約数的綱領にほかならなかったのである。

シュヴァルツヴァルトでは、ハンス・ミュラーを中心としてシュヴァルツヴァルト・ヘーガウ合同農民団が成立し、そのほかバーデン辺境伯爵領農民団、ブライスガウ農民団、オルテナウ農民団が結成され、彼らは五月一九日から四日間の猛攻によってフライブルク市を攻略するという成功を収めた。アルザスでは、エラスムス・ゲルバー Erasmus Gerber を指導者とするアルトドルフ農民団など五つの農民団が結ばれたが、五月一一日、モールスハイム会議において一一カ条の綱領を採択している。しかし、カトリック信仰の権化ともいうべきロートリンゲン公アントンが時を移さず、鎮圧に着手し、五月一六日、ツァーベルンの戦いで農民軍を粉砕し、二万人を虐殺したことはすでに述べたとおりである。

フランケン地方では、一五二五年三月二二日以降、ローテンブルク・アン・デア・タウバー市周辺の一六三カ村が蜂起し、タウバータール農民団を結成した。その中には、農民に献身的に奉仕した帝国騎士フロリアン・ガイヤー Florian Geyer の姿もみえる。同じころ、ネカータール・オーデンヴァルト合同農民団が成立し、別名ヘルレ・リヒテ農民団と称した。その先頭に立ったのはホーエンローエ伯の官房長を勤めたヴェンデル・ヒプラー Wendel Hipler、旅籠屋ゲオルク・メッツラー Georg Metzler、農奴イェックライン・ロールバッハ Jäcklein Rohrbach である。彼らは四月一六日、ヴァインスベルク Weinsberg 城を囲み、かねて怨嗟《えんさ》の的であったヘルフェンシュタイン伯をはじめ、一二人の貴族をなぶり殺しにした。この処刑をめぐって、ヒプラーなど穏和派とロールバッハら急進派のあいだに激しい対立が起こったが、結局、ロールバッハは離脱し、代わって帝国騎士ゲッツ・フォン・ベルリッヒンゲンが軍事的指揮を引き受けることになる。北フランケンには、ビルトハウゼン農民団が形成され、フランケンの三農民団は、五月九日、封建諸侯の有力な牙城ヴュルツブルクの包囲に向かうのである。

ここで北のテューリンゲンから南のシュヴァーベンにいたる農民団の人数をまとめてみると、表の如くである。

ドイツ農民戦争における各農民団の人数

| 地　方 | 農　民　団　名 | 人　数 |
|---|---|---|
| シュヴァーベン | アルゴイ | 9,000 |
| | 湖畔 | 12,000 |
| | バルトリンゲン | 10,000 |
| | ライプハイム | 5,000 |
| | ウンターアルゴイ | 7,000 |
| フランケン | タウバータール | 4,000 |
| | ネカータール／オーデンヴァルト | 8,000 |
| | ビルトハウゼン | 7,000 |
| ヴュルテンベルク・バーデン・アルザス | シュヴァルツヴァルト | 6,000 |
| | オルテナウ | 12,000 |
| | ヴュルテンベルク | 20,000 |
| | ウンターアルザス | 18,000 |
| テューリンゲン | フルダ | 8,000 |
| | ヘルスフェルト | 4,000 |
| | ヴェルラ | 8,000 |
| | ミュールハウゼン | 10,000 |
| | フランケンハウゼン | 8,000 |
| | ザルツァ・ヴァンゲンハイム | 5,500 |
| | エルフルト | 10,000 |
| | アルンシュタット | 8,000 |
| | ザールフェルト | 4,000 |

このような情勢に対する諸侯、領主側の体制はなお劣悪であった。わずかにシュヴァーベンが頼みの綱であったが、兵力に乏しく、農民と戦うということで兵士内部に動揺をきたしていた。しかし、フッガー家の同盟への資金提供（四〇〇〇フローリン）によって装備も充実し、他地方からの傭兵によって補充されると、立ち直りをみせ、しかも最高指揮官に、のちに「農民殺しのイヨルク」の異名を取るトゥルフゼス・ゲオルク・フォン・ヴァルトブルクが就任し、兵士たちの意気は大いに

あがることになった。彼はまず四月四日、ウルムの東、ドナウ河南岸でライプハイム農民団を襲い、一撃でこれを壊滅させた。

しかし、これによって他の農民団は戦闘決意を固め、トゥルフゼスの相対した第二の敵、湖畔農民団は兵数、装備、とりわけ士気において同盟軍をしのぐものがあった。四月一五日、両軍はヴァインガルテンで砲火を交えたが、形勢互角とみて、トゥルフゼスは突如休戦を提案した。こうして四月一七日ヴァインガルテン協定となったが、その背後には、農民指導者の裏切りがあったといわれる。ヴァインガルテンの戦いは、領主連合軍に致命的打撃を与えうる絶好のチャンスを逸したものであり、これより戦況は農民側の頽勢《たいせい》へと傾いていくのである。危機を脱したシュヴァーベン同盟軍は北へ転じ、五月一二日、ベープリンゲンの戦いでヴュルテンベルク農民団を撃破したのであった。

この間、北のザクセン、テューリンゲンではミュンツァーの活躍によって一揆が広げられ、各地に農民団が出現したことは先の表からも明らかであろう。しかし、農民団相互の連携は十分に取られておらず、農民団はわずかな勝利を収めると、すぐに穏和化し、一揆勢力を集中して諸侯の反撃に備えようというミュンツァーの提言に耳を傾けようとはしなかった。他方、中部ドイツ封建勢力の指導者はヘッセン方伯フィリップであったが、彼は危機の源はミュールハウゼンにありと考え、ザクセン諸公、ブランデンブルク辺境伯に事態の緊急性を訴えて、テューリンゲンへの兵力の集中を図った。かねてからミュンツァーは、マンスフェルト鉱山労働者との同盟樹立のためにマンスフェルト伯領への侵攻を計画しており、そのために中間点にあるフランケンハウゼン市を確保しようと考えた。同市は五月初旬、穏和派が勢力をえ、動揺をきたしていたので、ミュンツァーは救援軍をおくるようにしきりに説いてまわったが、理解はえられず、五月一〇日ごろ、彼はわずかな同志を率いてミュールハウゼンを去った。こうして決戦場はフランケンハウゼンに移ったが、五月一五日、諸侯側は、休戦提案をおこない、農民が合議に入ったすきに、不意打ちに出、農民六千が殺された。ミュンツァーも捕らえられ、五月二七日処刑された。かくしてテューリンゲンの戦いは終わったのである。

テューリンゲン農民の鎮圧によって、フランケン農民団は南北から挟撃されることになった。ヴュルツブルクのフラウエンベルク城を攻めあぐねていた三農民団は、急遽展開して迎撃体制をとったが、六月五日、ビルトハウゼン農民団がマイニンゲン市でザクセン、ヘッセン連合軍に降伏した。ネカータール・オーデンヴァルト農民団は、ヴュルツブルク西南の方向にすすみ、北上してきたシュヴァーベン同盟軍とケーニヒスホーフェンで相対峙した。戦いの直前、ゲッツ・フォン・ベルリッヒンゲンは任期が終わったとして逃亡し、ヴェンデル・ヒプラー、ゲオルク・メッツラーの最高指導者も逃亡をはかり、六月二日、指導者を失った農民団は壊滅するほかはなかった。もっとも勇敢なタウバータール農民団は、六月四日、ヴュルツブルクの南にある小部落インゴルシュタットでシュヴァーベン同盟軍と衝突し、最後の一七人にいたるまで戦ったといわれる。

フランケンを制圧したシュヴァーベン同盟軍は南下し、シュヴァーベンに残存する農民団の掃討にかかったが、残存している農民団はアルゴイのそれで、二万三千というもので、その鎮圧は容易ではなかった。トゥルフゼスは、イタリア戦争から帰国してきた皇帝軍の隊長ゲオルク・フォン・フルンズベルクの救援を受け、六月中旬、ようやく降すことができた。それも軍事的勝利ではなく、二〇〇村を焼き尽くすという搦《から》め手の攻撃で、農民を責めたのである。それでも皇帝カール五世は一五二六年八月一七日、トゥルフゼスに熱烈な感謝状をおくっているのである。

フライブルク市を占拠していたブライスガウの農民団は、僅かな譲歩をえて解散した。なおも強固な団結を保っていたヘーガウ・シュヴァルツヴァルト農民団も、六月中旬解散したが、ながらくそれを指導してきたハンス・ミュラー・フォン・ブルゲンバッハも捕らえられ、処刑された。もっとも長期にわたって抵抗したクレットガウ農民団は、一一月四日、グリーセンの墓地（ヴァルツフート東）で全滅した。その先頭に立っていたのが、グリーセンの説教師ヨハネス・レープマンであった。同じく一一月、ズントガウの農民の一隊がベルフォールで全滅させられ、かくしてドイツ農民戦争は最終的に終わったのである。(48)

# 結び

シュヴァーベン同盟は、一五世紀末、バイエルンの台頭を抑え、南ドイツの政治的安定を期して、ハプスブルクの主導によって設立されたものであるが、バイエルンの台頭が止むと、次はスイスを抑圧する役割が与えられ、残念ながらこれは失敗に終わった。そして、一六世紀に入って与えられた課題は、農民の不穏な動きをおさえ、万一の場合には一揆を武力によってでも弾圧するということであった。同盟は見事にこの課題を果したのであり、その中心的人物はバイエルン官房長官レオンハルト・フォン・エックであった。

その他の比較的重要な課題というのは、一五一九年国外追放に処せられたヴュルテンブルク伯ウールリヒの帰国問題であったが、南ドイツの国家・社会体制をゆるがすほどの問題ではなく、その後ウールリヒが新教に改宗し、彼の帰国問題は新旧信仰の対立問題と絡み合うことになった。このとき乗り出してきたのが、ウールリヒの娘婿に当たるヘッセン方伯フィリップであり、彼はフランス王フランソワ一世にウールリヒ復位の了解を取り付け、シュヴァーベン同盟内部の都市——大部分が新教派——を味方につけ、一五三四年四月、十分に武装した二万一千を率いてヴュルテンベルクに侵入し、五月一三日、少数のハプスブルク軍をやぶり、五月二九日、和議を結んだ。これによってウールリヒの復位が実現した。その前々年一五三二年一一月、フィリップはシュヴァーベン同盟の有力メンバー、トリアー大司教、ファルツ選帝侯と話し合い、同盟の更新も復活もしないことを約束させた。事実、シュヴァーベン同盟は二度と現れることはなく、終わったのである(49)。

シュヴァーベン同盟の歴史的意義は、ただ一事、ドイツ農民戦争の弾圧者であったということに尽きるであろう。

(1) E. BocK, Der schwäwische Bund und seone Verfassungen 1488–1534, Breslau 1927, S.3–7.; K.S. Bader, Der deutsche Süd-

westen in seiner territoridl-staatlichen Entwicklung. Stuttgart 1950. S.186–190.

（2）Bock, S.17f.

（3）Ibid., S.16, 19.

（4）シュヴァーベン戦争については、拙稿「シュヴァーベン戦争について」（拙著『スイス独立史研究』ミネルヴァ書房、二〇〇九年、一六三～一八八頁）を参照せよ。

（5）ヴュルテンベルク伯ウールリヒ（一四九八～一五五〇）は、多年の借金を農民に転嫁しようとして、一五一四年「貧しきコンラート」大農民一揆を惹起し、その後も悪政を重ねて、ついには公妃サビーネの離婚を招き、公妃の実家で、「シュヴァーベン同盟」の実権をにぎっていたバイエルン大公の憎しみを買った。一五一九年領内にあった帝国都市ロイトリンゲンを領邦都市に変えようとして「同盟」の軍事介入を招き、国外追放に処せられた。その後、一五三四年領地を回復するまで、ウールリヒは、農民一揆に同調して、ヴュルテンベルクに軍事介入し、「同盟」と紛糾をきたした。

（6）Bock, S.25, 57. 委員会の開催地は、当初はウルム、エスリンゲン、アウクスブルク、ユーバーリンゲンなど一定しなかったが、一五〇〇年以降ウルムに決定された。Bock, S.57, 96.

（7）都市側の委員長はほとんどアウクスブルク、ウルムで独占された。Bock, S.59, 111.

（8）エックが初めて委員として登場してくるのは、一五一三年一月一三日のアウクスブルク会議からのことである。Bock, S.124, Anm. 71.

（9）Bock, S.71, 102, 131. より作成した。

（10）W. Vogt, Der bayerische Politik im Bauernkrieg und der Kaznler Dr. Leonhard von Eck, 1883, S.368.

（11）Ibid., S.163f.

（12）Ibid., S.162.

（13）Ibid.

（14）Ibid., S.163.

（15）Ibid., S.163 ; J. E. Jörg, Deutschland in der Revolutions-Periode von 1522 bis 1526, 1851, S.352.

（16）Vogt, S.164.

（17）Ibid., S.156.

（18）Ibid., S.141f.

（19）Ibid., S.142f.

（20）Ibid., S.147.

(21) Ibid., S.150.

(22) Ibid., S.401. ......Stöckel ist anheut pej mir gewest, zaygt mir an, das inne Ic knecht abgeen und selen in München beliben, undhat auch khain gelt, keinenschreiber und niemants pej ime, das. nit allain schimpflich zu herren, sondernauch schade ist : wirdet e f g zum pösten ausgelegt, sagt mir gleichwol das der merertayl derselben lnecht münchnersei, nun sy sein wer sy wellen, so sein sy erloss schelmen, dargegen auch e f g nach ungnaden handeln und mit ruten ausstreichen lassen, man zeucht nit in ainen tanz, sonder an die feindt ; ......, ich weiss, das an dem gelt einem niemants mangelt, aber im mustern geetvil ab ...... (拙稿旧稿九五頁)

(23) Ibid., S.160.

(24) Ibid., S.417 ; Jörg, S.241f.

(25) Jörg, S.242.

(26) Ibid., S.243f.

(27) Vogt, S.395 ; Jörg, 350. ......Ob e f g ye vermelte, pei iren landsassen khainen, starckhen reisigen zeug zu bechomen, wie ich auch sorg trag, ob e f g dem vov Mantua geschrieben hete umb II oder III cstradiotten, weren pald herauss zepringen und liederlich zu unterhalten, das gebe ich e f g zu bedencken, den ich her, Venediger haben derselben vil peieinander und gedenke das albegenund aufs lengst in ainem monadt II oder III oder IVe herauss zepringen wären, ist ain gut volck auf die paurn ; dan welte sich ain emperung im furstenthumb erheben, ist mit niemandts pass, den mit frembden leutten als stradfotten und Pehamen zustillen ...... (旧稿九八頁)

(28) Vogt, S.164.

(29) Jörg, S.242.

(30) Vogt, S.164.

(31) Ibid., S.211.

(32) Ibid., S.9.

(33) Ibid., S.94 ; A. Waas, Die grsse Wendung im deutsche Bauernkrieg, H. Z., 158, S.482.

(34) Jörg, S.335f.

(35) Vogt, S.91f.

(36) Ibid., S.384.

(37) Jörg, S.321.

(38) この注釈には、教会に関する言及を集めた。Vogt. S.379f. 383. 408. 83. 84. 445. 397. 405. 383f.
(39) Vogt. S.70 Anm. 7.
(40) Ibid., S.381.
(41) Ibid., S.182f. 190. 197f.
(42) ヴァインスベルクはハイブロン近郊の小城であるが、一五二五年四月一六日、ネカータール・オーデンヴァルト農民団によって占領され、かねて怨嗟《えんさ》の的であったヘルフェン伯ルートヴィヒをはじめ一二人の貴族ともども槍の滅多突きで処刑された。指揮者はイェックライン・ロールバッハであった。シュヴァーベン同盟が回復したとき、悪しき記憶を払いのける意味で、全山を焼き払ったのである。
(43) Ibid., S.457.
(44) Jörg, S.338.
(45) Jörg, S.349 ; Vogt. S.157.
(46) この注記には、以下の注がまとめられている。Jörg, S.320, 354, 355, 356, 359, 361, 363, 367 ; Vogt, S.168f. 169, 172.
(47) ドイツ農民戦争の経過を簡潔にまとめた文献としては、次のものを参照。F・エンゲルス『ドイツ農民戦争』、M・ベンジンク／S・ホイヤー『ドイツ農民戦争』（瀬原義生訳、未来社、一九六九年）、瀬原義生「ドイツ農民戦争」（岩波講座『世界歴史』第一四巻、一九六九年）、瀬原義生『皇帝カール五世とその時代』第九～一二章（文理閣、二〇一三年）。
(48) 拙著、皇帝カール五世、一六六頁以下。
(49) 拙著、皇帝カール五世、二四一頁以下。ウールリヒ侯の国外追放と「同盟」との紛糾については、本論文の注釈（5）を参照せよ。

# 第四論文　フッガー研究序説——学説史展望——

## はしがき

一六世紀ドイツは、宗教改革、農民戦争、それに続く宗教的動乱を経験することによって、すぐれて社会的変革期の様相を呈したのであるが、他方において、経済史、とくに商業史の観点から、この時代が「フッガー家の時代」と呼ばれていることはすでに周知のところであろう。まことに、アウクスブルク市年代記がしるす如く、「ヤコプ・フッガーとその兄弟の息子たちの名前は王国という王国に、また異教徒たちにも知れわたっている。皇帝、国王、諸侯たちは彼のもとに従者を派遣し、教皇は彼に敬愛せる息子として挨拶をおくり、抱擁する。枢機卿たちも彼のまえには起立する(1)」存在にほかならなかったのである。

しかし、だからといって、われわれは、フッガーを代表とする南ドイツ商業資本の興隆をもって、中世末期南ドイツ社会にはらまれた基本的矛盾の一方の極そのものであったと見なすものではない。あくまでも基本的矛盾は、領邦国家権力の確立＝封建的再編成の強行と独立自営農民層の上昇との対抗関係にあるのであって、フッガー家の存在はこの基本的矛盾の副次的要素を構成するものである。しかし、この限定のうえで、再びフッガー家の意義を見直すとき、その存在意義はけっして軽く一瞥してすませるといったものではない。純粋の商業・経済史はもとより、政治・軍事の背後に、宗教政治の展開に、農民・鉱夫の対抗面に、また人文主義者や芸術家の活動のまえに、ほとんどあらゆる分野において、多かれ少なかれ、フッガーが現れない場はないのである。

ところで、こうしたフッガーの多面的な影響にもかかわらず、それに関する学問研究は、奇妙にもおくれてはじまった。もちろん、わが国において本格的にその問題に取り組んだ労作というのはまだ現れていない[2]。そこで「フッガー時代」を究明する予備作業として、まずその研究労作のあらましを、文献解題の形式によって、たどってみようとしたのが本稿である。

## 一　前史

フッガー家の歴史は、まずアントン・フッガーについて、ドイツ帝国議会の運営にたずさわった一族のハンス・ヤコプ・フッガー（一五七九年没）による Geheimen Ehrenbuch des Fuggerischen Geschlechtea aufgerichtet anno 1546. と題する簡単な、やや系譜に類したものの草案が若干作成された[3]。このハンス・ヤコプの草案を基礎とし、これに詳細な年代記が補充されて、現在草稿のままにある膨大な年代記ができあがった。これらを巧妙に取捨選択して出版したのが、マイヤーの『年代記』である[4]。

Christian Meyer, Chronik der Familie Fugger vom Jahre 1599.

しかし、これらの系譜、年代記の作成以後フッガー家は世人からすっかり忘れ去られ、これらの記録そのものが史料と化してしまった。

フッガー家の研究が再び、否、学問的にはじめて開始されたのは、ドイツ資本主義興隆期一八七〇年以降のことである。七〇年代のはじめ、レオポルト・フッガー・バーベンハウゼン公 Leopold Fugger Babenhausen は、フッガー家文書の整理をおもいたち、その任務をフリードリヒ・ドーベル F. Dobel（一八一九〜一八五一）に委託した。ドーベルはその任務を見事に果たしたばかりでなく、さらに史料整理の過程のなかでえられた研究成果を論文の形で公表した。

F. Dobel, Der Fugger Bergbau und Handel in Ungarn（Zeitschr. des Hist. Vereins für Schwaben und Neuburg. IV. 1879）

Ders., Über den Bergbau und Handel des Jakob und Anton Fugger in Kärnten und Tirol (Z. d. Vereins f. Schw. u. Neuburg, IX, 1882)

しかし、彼の論文は先駆的意義はあっても、学問的に十分であったとはいえなかったのである。[5]

## 二　エーレンベルク、シュルテ、ヘブラー

フッガーがドイツ経済史研究に脚光を浴びて登場するようになるのは、一九世紀のまさに終わらんとする時期においてであり、その功績は全くリヒャルト・エーレンベルク（一八五七〜一九二一）に負うものである。[6]

R. Ehrenberg, Das Zeitalter der Fugger. Geldkapital und Creditverkehr im 16. Jahrhundert, 2 Bde., 1896.

エーレンベルクはこの労作によってゲッチンゲン大学員外教授に招かれ、九九年にはロストック大学教授に就任、この地に没したのであるが、それまでは、三年間の勉学の期間をのぞいて商人として働き、また商務局の官吏をながらく勤めていた。したがって彼は商工業界の実情を熟知し、当時のドイツ国民経済学派を特色付けた、いわゆる講壇社会主義に同調するには、あまりにも経営者側、資本家側に親近感を抱いていたわけである。事実、この講壇社会主義的傾向はビスマルクの退場とともに、その歴史的意義を喪失しつつあり、エーレンベルクはこれにはっきりと絶縁状を叩きつけ、傍観者ではなしに、歴史の推進者としての企業家の重要性を公然と主張した。彼の背後には結集政策、いまや軍備拡張、帝国主義政策の強行にむかった独占企業とユンカーが立っており、エーレンベルクは彼の主催する「比較経済研究協会 Vereinigung für Exakt-Vergleichende Wirtschaftsforschung」のための物質的支援を彼らから仰ぎさえしている。

こうして、同じ歴史学派に属するとはいえ、彼の場合には——そして、これがまた一般的傾向であったと考えられるが——、その歴史学派たるや、資本主義の発展にともなって社会主義的扮装の破綻をよぎなくされ、したがっ

て金融独占資本のイデオロギーの担い手と化しつつあったのである。彼の『フッガー時代』はそのような転換をはじめて表示したものであり、またその意味において好評を博したといえよう[7]。

『フッガー時代』二巻は、まず上巻五章において、フッガーをはじめとするドイツの金融業者、フィレンツェ、ジェノヴァ、スペイン、ネーデルラントの金融資本について詳細に考察し、次いで下巻六章においては、アントヴェルペン、リヨンなどの金融市場の推移、および一六世紀末スペイン、フランスを中心とする国家財政危機の経過、影響を取り扱っている。純然たる財政機構の歴史を述べた下巻よりも、金融商業資本の形成をあとづけた上巻がとくにわれわれの関心をひくのはいうまでもないが、ここでも叙述を貫くものは、国家財政と金融業者の結合がいかにあったか、という問題意識である。しかし、エーレンベルクはこの国家財政を戦争遂行のための財政とほとんど等置して考えていた。いいかえれば、中世末期から現代にいたる戦争財政が金融業者個人によって、次いで金融市場からの借款によって、最後に租税制度の整備によって、いかに賄われてきたか、この問題が『フッガー時代』の底を流れている基本テーマをなしたのである。彼みずからこういっている。「われわれの叙述の出発点をなすのは、中世末期において戦争目的のための資本需要が増したということである[8]」。そして、マクシミリアン一世からルイ十四世にいたるまで、「ヨーロッパの戦争はもっぱら〔コンドチエリ＝傭兵隊長のような〕人間と私的企業家の信用とによって遂行された。これこそフッガー時代のもっとも重要なメルクマールである[9]」と。

フッガー家それ自体についてのエーレンベルクの概観は、今日といえどもその価値を失っていない。むしろもっとも要領をえたすぐれたものの一つに数えられるであろう[10]。しかし、この場合にもまた先に述べた観点が優越し、金融業者としてのこわばった姿だけがそこに描かれているようにおもわれる。結局この古典的労作が追求したものは、来るべき帝国主義戦争に備えて、いまや軍備拡充を痛感するにいたった金融独占資本の理想像にほかならなかったのであり、そして、それは彼以後のフッガー研究をつらぬく基調ともなった。

エーレンベルクと並んで、フッガー研究の基礎を築いたひとにアロイス・シュルテ（一八五七〜一九四一）がある。彼の労作としてはここでは次の二著をあげるにとどめよう。

A. Schulte, Geschichte des mittelalterlichen Handels und Verkehrs zuwischen Westdeutschland und Italien mit Ausschulies von Venedig, 2 Bde., 1900.

Ders., Die Fugger im Rom 1495–1523. mit Studien zur Geschichte des kirchlichen Finanzweens jener Zeit, 2 Bde., 1904.

シュルテはカールスルーエ司書官、フライブルク大学教授、ブレスラウ大学教授を経て、一九〇三年以後はボン大学教授に就任、中世史を講じた。ボンに移ってからは、彼は中世法制史にも興味をもち、いくたのすぐれた著作を発表したが、[11] しかし、今日なお彼の名声を不朽たらしめているのは、やはり若い時代の情熱を傾けつくした『中世商業交通史』であったといわなければならない。この書物の古典的価値についてはいまさら贅言するまでもなかろう。まず第一巻は八編六六章にわたって、南ドイツ、イタリアをめぐる自然地理的条件、峠、関税、運輸組織、商業の諸施設、商業政策、商品、商品生産の実態などについて、詳細きわまりなく描き出し、第二巻はこれと関連する史料四五一編を収録する。おどろくべき広範な史料収集をふまえたこの研究は、まさしく一九世紀社会経済史学の最高峰、金字塔を示すものであった。まことにフッガー時代の背景を知ろうとする場合には、まずこの書物につかなければならないであろう。

ところで、エピソードを一つ。この『商業交通史』は、フッガー時代の経済的背景全般を知る基礎的労作であるばかりでなく、[12] さらにフッガーの歴史に直接触れて次のような考証をおこなっている。すなわち、フッガー家の祖先について、エーレンベルクらが「祖先ハンス・フッガーは一三六七年グラーベン村からアウクスブルクに移住した」[13] と説いたのに対し、シュルテはこれまで利用されなかった租税台帳をもとに、「一三六八年[14] グラーベン村からアウクスブルクに移住したバルヘント織布工フッガー」は、ウールリヒと称し、フッガー家の本当の祖先であるハンス・フッガー（ウールリヒの兄弟）がアウクスブルクに現れたのはそれから十一年後のことだと、訂正しているのである。[15]

さて『商業交通史』出版後、シュルテはローマのプロイセン歴史協会の主任（一九〇一～〇三）を兼ね、数度にわたってヴァチカン宮の古文書を検索した結果、『ローマにおけるフッガー』二巻を著した。下巻は例によって史料一四一点を集め、上巻がもっぱら叙述に当てられている。叙述は本文九章、補論十一編にわかれ、フッガー家がローマに根をおろす一四九五年から関係の全く絶える一五二五年までを取扱う。

まず聖職者の教皇庁に対する貢納の種類、教皇庁の財政機構を概観したのち、[16]フッガー家がこの貢納金の支払い（振替による払込み）にさいしてどれだけ関与したか、その金額をじつに煩瑣《はんさ》とおもわれるまでにあげ、[17]次いで贖宥《しょくゆう》状販売の問題に入る。すなわち、第四章において、ブランデンブルクのアルプレヒトが弱冠二三歳の若さでマクデブルク、マインツ両大司教を兼任するにいたった事情、そして、フッガー家がそのための贖宥状販売に関与するにいたった事情が、類書に見られない精細さをもって描出され、[18]おそらくここが本書の山をなしているようにおもわれる。

シュルテは、フッガー家が他を圧して巨富を築きえた原因として、一つにハンガリー鉱山の経営、二つに教皇庁との金融的結合をあげ、[19]後者を解明する意味において、この『ローマにおけるフッガー』を発表したわけであるが、鉱山業の問題はその後の課題に残さざるをえなかった。およそシュルテはその著作を特色付けるような独自の歴史観、あるいは華麗な筆致などをもってはいない。ただ膨大な史料から読み取ったところを丹念に配列し、叙述するだけである。無味乾燥そのものといってしまえばそれまでであるが、ともかくエーレンベルクが一面的に描き出した国家財政家としてのフッガー像が、歴史的存在として定置され、財政だけでなく、多方面から考察される状態におかれたことは、ひとえにシュルテの業績といわなければならないであろう。

なおフッガー研究の初期のひととして逸することのできないのが、スペイン史家として著名なコンラート・ヘブラーである。フッガーに関する彼の若干の論稿のうち、ここでは次のものを紹介しておくことにする。

K. Häbler, Die Geschichte der Fuggerschen Handlung in Spanien, 1897 (Zeitschrift für Sozial u. Wirtschaftsgeschicgte. I. Ergb.)

本書は十章にわかれ、最初にまずフッガーのポルトガル進出、香料貿易関与の失敗を略述し、次いでスペインにおける活動の分析にうつる。ポルトガルから締め出されたドイツ商人はここスペインでみずから香料船団を派遣する計画をたて、事実、悲惨な結末を遂げはしたが、一五二三年七月、船団をおくりだした。もちろんフッガーもこれに積極的に参加し、果ては新大陸への植民を試みさえしたが、結局は惨めな失敗におわってしまった[20]。

しかし、フッガーはこれでもってただちにイベリア半島から退いたわけではなく、むしろ逆に他の事情によって、スペインと運命をともにすべく固く結び付けられた。この事情とは、カール五世の皇帝選挙にからむ債務の返済手段として、フッガーがカールの領有するスペインの三大騎士団領の管理経営、およびアルマデン水銀鉱山の経営を請け負ったことである。これらの請け負いを総称して〈マエストラスゴ Maestrazgos〉と呼ぶが、そして、フッガーがこの「マエストラスゴ」から抜け出そうとすれば、それはスペイン国王に対する巨額の債権を放棄するにひとしかったから、フッガーは名目的には利益があったにせよ、実質的にはなんらの利益もない「マエストラスゴ」にみずからを鎖でしばりつけ、やがてスペイン王室財政の破産とともに、没落をよぎなくされたのであった。ヘブラーはこの騎士団領管理請負、アルマデン水銀鉱山請負、その桎梏《しっこく》化について、実に興味深い分析をおこなっている。フッガー家の勃興期を扱った研究が多いなかで、ひとりその衰退期を究明したヘブラーの業績は、その意味において、高く評価しなければならないであろう[21]。

ドーベル、エーレンベルク、シュルテによってひらかれたフッガー研究は、次にヤコプ・シュトリーダーに受け継がれ、ゆたかな実を結ぶことになる。その中継者としてミュンヘン大学教授マックス・ヤンセンの存在を記しておかねばならない。ヤンセンは一九一一年若くして逝き、そのフッガー研究を集大成するわけにはいかなかった。したがって、彼の残したすぐれた二著については、次節「フッガー研究双書」で紹介したい。

## 三　シュトリーダー

さて、ヤコプ・シュトリーダー（一八七七～一九三六）は、シュルテ、シュモラー、ゾンバルト、ゼーリガー、ランプレヒト諸教授の薫陶をうけ、ライプツィヒ大学講師、同助教授を経て、一九二〇年ミュンヘン大学教授に招聘され、新設の経済史講座を担当したひとであるが、ミュンヘンに着任すると同時にフッガー史料編纂局の主任をも兼ね、終生この職にあった。彼が南ドイツ経済史、とくにフッガー研究において名声をはせたのも、決して故なしとしない[22]。しかし、社会的にみて、シュトリーダーの活躍した時期は、ドイツ現代史のなかでも、とりわけ激動的な時代であった。第一次世界大戦前夜の緊迫した空気、敗戦後の失意と思想的混乱、一時的であったにせよ社会民主主義の流行、そして最後に「力の正義」を喧伝するナチズムの台頭、およそシュトリーダーの研究生活を取り巻いたのは、こうした思潮の目まぐるしい交替と闘いであった。このような客観的情勢はどのように彼の学問を規定したのであろうか。逆に彼がこの社会的激動に対してどのように対処しようとしたのか。われわれはこうした視角を基本的に堅持しつつ、次にシュトリーダーの業績を検討してみることにする。

南ドイツ経済史、とくにフッガー家に関する彼の著作、論文はかなり多数にのぼるが、主なるものとして以下の三著をあげておく。

J. Strieder, Zur Genesis des modernen Kapitalismus, Forschungen zur Entstehung der grossen bürgerlichen

Kapitalvermögen am Augsburgs des Mittelalters und zu Beginn der Neuzeit, 1904.
Ders., Studien zur Geschichte kapitalistischer Organisationsformen. Monopole, Kartell und Aktiengesellschaften im Mittelalter und zu Beginn der Neuzeit, 1914.
Ders., Jakob Fugger der Reuch, 1926.

シュトリーダーをして一躍学界の寵児たらしめたのは、いうまでもなく、処女作『近世資本主義起原論』であった。それより二年前の一九〇二年、ゾンバルトは大著『近世資本主義』を公刊し、そこで、あの有名な資本の起原としての「地代蓄積論」を展開したわけであるが、それに向けられたいくたの批判のなかで、シュトリーダーの論駁はもっとも実証的、体系的、かつ問題と真正面から取り組んで好評を博した。(23) 彼はまず中世末期アウクスブルクの租税台帳を全面的に検討して、一四世紀末から一六世紀中葉にかけて巨額の資産をもつ市民が数において、また規模において急速に勃興したという事実に気付き、次いでこの巨額の資産がどのようにして得られたかを追求した。すなわち、アウクスブルクに移住した農村貴族（五家族）、同市の旧都市貴族（七家族）、織布業者・小商人出身の富豪二八家族（このなかにフッガーもふくまれる）の資産増殖過程を考察した結果、「地代蓄積論」の支持しがたいこと、「これらの資産の源泉としては、ただ商業だけが——それも手工業的なそれでなく、織布業のような繁栄しつつある手工業と結び付いた商業が——のこされている」という結論に到達したのである。

このような商業起源論は当時のヨーロッパ経済史家によって一般的に承認され、通説となったのであるが、とくにシュトリーダーはその後の作品のなかでも繰り返しこのことを強調し、「始めに商業ありき」という有名な命題さえつくりだした。(24) もちろん、そこではこうした中世末期の遠隔地商業のもつ前期性などは問題にならなかったし、そして、遠隔地商業の一前提である織布業——シュトリーダーの場合には、バルヘント、麻織物——の小商品生産に内在する萌芽的ながら深刻な資本制の矛盾を法則的に見極めようとする意識などはみられなかった。かくして、彼は商業の繁栄、即、資本主義の繁栄と考え、そして、商業の重要性を謳歌することによって、あたかも現前の資本主義がこのまま安定して永続すると考えたようである。この楽天的ともいえる商業に対する信頼感は、二〇世紀初頭から一九一四年までドイツをおとずれた経済的安定に負うものであり、それはやがて崩壊する運命にあった。

先にシュトリーダーの資本主義観が表面的にすぎなかったと述べたが、このことは彼の主著『資本制企業形態の歴史的研究』においてより明瞭にみてとることができる。本書は「鉱山業と初期資本主義」「教会、国家と初期資本主義」「中世および近世初期の独占、カルテル、株式会社」の三部にわかれ、まず第一部では近世初期ドイツ鉱山業の繁栄を概観して、すでに前貸制度 Verlagssystem が普及し、近代的生産機構が形成されつつあることを指摘した[25]。次いで第二部では、中世的な教会法的経済観、なかんずく徴利禁止の原則がいかにして崩壊していくかという問題を取扱い、ほかならぬ国家および教会組織それ自体が財政困難の故に金融商人を不可欠としたこと、その矛盾の間をぬって資本主義的精神＝個人主義および資本主義的企業形態が発展したことなどを強調している。第三部はこの書物の中心部をなすのであるが、六章にわたって、一六世紀における株式会社の萌芽的存在、一四〜一八世紀における企業連合、独占の実態を、実に豊富な例証と克明な分析とによって明らかにしようとし、さらにこれを裏付けるため巻末に関係史料三四通を集録したのであった。

ところで、さしあたって学界からこの書に向けられた批判は、株式会社に関する部分に対してであったが、シュトリーダーのあげた諸例には、「資本金の株式（配当證券）への分割」という特徴もなければ、「社員の有限責任制」という標識も欠けているから、本来の株式会社とはいえないのだ、と反論された[26]。この論争の当否は別として、しかし、シュトリーダーの根底にあったのは、「株式会社における基本的な新しさというのは、資本結合の新しい様式」、すなわち、民主化にあった、と述べているように、貴族、聖職者、学者、そのほかだれからであれ、ともかくも貨幣を一般からかき集めて、大資本を形成するという問題ではなかったろうか[27]。この貪欲ともいうべき大資本創出へのはげしい共鳴、ひいては大企業に対する手放しの礼賛、これこそ彼の「史的研究」をつらぬく基本であった。そして、それはまた独占大企業がもろ手をあげて歓迎するところであったにちがいない。カルテル、モノポールに関する詳細な研究も、結局はこの意味において理解されるべきであろう。彼がなお社会政策学者の面目にとらわれて、鉱山業における労働者の問題を取り上げる場合にも、その労働問題が企業に対して本質的になにを意味したかはほとんど理解されず、ただ独占大企業の生成にともなう単なる随伴現象として、失業、児童・女性労働、住宅難、サボタージュといった諸問題が、あまりにも近代的観点から触れられているにすぎない。[28]かくしてシュトリーダーは、彼のいわゆる前期資本主義 Frühkapitalismus の小宇宙 Mikrokosmos のなかに、「高度資本主義的大宇宙 Makrokosmos」そのままを投影しようとし、[29]伝統浅いドイツ資本主義に深い満足感を与えたのである。

もちろんシュトリーダーの研究がフッガー時代の生産組織について実に豊かな知識をもたらしたことはいうまでもない。しかし、これまで述べた彼の強烈な現代的感覚からすれば、フッガー家そのものもまた現代的な独占企業家として写し出されることになろう。たしかに『富豪ヤコプ・フッガー伝記』十二章にわたって説かれているのは、「いかにしてフッガーが商人、企業家としてだけでなく、また鉱山企業家として、一九、二〇世紀の大産業主の先駆者になったか」[30]に尽きている。この伝記は、研究書というよりは、むしろポピュラーな読物として書かれたものであるが、その明快な筆致は、ヤコプの「近代的、合理主義的実業家」としての性格を見事に浮彫りにし、その後の『ヤコプ伝』の模範をなしたものといえよう。

ところで注意しなければならないのは、その公刊された時期である。すなわち、その前年、一九二五年に『企業形態の史的研究』増訂版をだすまで、シュトリーダーは戦時および戦後を通じてほとんど研究らしい研究を発表していない。それが、二五年を境として、『ヤコプ伝』(一九二六年)、「一六世紀におけるドイツ金融商の西アフリカ輸出」と題する論文(一九二七年)の執筆、『アントヴェルペン公正証書集成』の出版(一九三〇年)と、にわかに学問が活発となり、三〇年代に入るや、「貨幣経済と初期資本主義」(『プロピレーン世界史』所収、一九三二年)において、自己の体系を簡潔に展開するとともに、他方においては、論文「一八五七年の世界恐慌」(一九三二年)、「アルフレート・クルップ伝」(一九三三年)などを発表して、現代的関心がいちじるしく高まったことを示した。

これをみると、シュトリーダーの研究の後半期は一九二五〜二六年頃にはじまり、あたかもそれはワイマール体制と同様、独占資本再建と符号をあわせており、しかもナチズムの台頭とともに次第に傾向を変えていったことがわかる。いいかえれば、彼のフッガー研究はつねに第一次世界大戦前後のドイツにおけるブルジョワ的イデオロギーとしての性格を堅持し、ドイツ資本主義と盛衰をともにしていた。この意味において、彼はエーレンベルクの問題意識を基本的に継承し、それを豊かに肉付けし、現実に対しより適合的な形において展開したものといわなければならないであろう。

## 四　「フッガー研究双書」――マックス・ヤンセン――

シュトリーダーは、その独自の歴史観によってフッガー時代を豊かに肉付けしたが、さらに指導者としての彼の大きな業績として、「フッガー研究双書 Schriften zur Fugger-Geschichte」の刊行があげられねばならない。現在まで〔筆者執筆一九五六年〕一〇巻が発刊されているが、ここでは四巻を紹介するにとどめる。[31]

Bd.1. M. Jansen, Die Anfänge der Fugger, 1917.
Bd.3. M. Jansen, Jakob Fugger der Reich, Schriften u. Quellen, 1910.
Bd.5. H. J. Kirch, Die Fugger und der Schmalkaldisches Krieg, 1915.
Bd.8. L. Scheuermann, Die Fugger als Montanindustrielle in Tirol und Kärnten, 1929.

すでに述べたように、この「双書」は若くして身まかったミュンヘン大学教授マックス・ヤンセンによって企画・着手されたもので、フッガー家の歴史をさまざまな角度から、出来るかぎり詳細にあとづけ、そして、最後にフッガー家を総合的に記述することを目的としたものであった。したがってその多くは、極端にいえば、砂をかむような個別研究たらざるをえなかったのである。

ヤンセンの二著はこうした「双書」のなかでも、とくに貴重な光った存在といえよう。『フッガー家の発端』は五章にわたって、フッガー初期の模様を緻密きわまりなく考察し、補論十一編、関係抜粋史料四八通を巻末に附載する。とりわけ興味深いのは、フッガー家の先祖ハンス・フッガーがいつアウクスブルクに移住したか、という問題に対するヤンセンの解釈であるが、シュルテ、シュトリーダーによって一三六七年租税台帳の傍注にみえるフッガーがウールリヒであるといわれるのに対し、ヤンセンは当時の織布工組合年代記、あるいは市の徴税規定などを援用しながら、やはりその男がハンスであったと推定する。つまりハンスはこの年に市民権をえたのではなく、彼の父の命令で、当時アウクスブルクをゆさぶっていたツンフト闘争の成り行きを偵察におとずれ、三年間ここに同郷人 Gast として滞在しなから麻織物の販売に従事していた。そして、ツンフトの圧力に抗しきれないとみるや、あるツンフト・マイスターの娘と結婚し、市民権をえた（一三七一年）[32]。もちろん、兄弟のウールリヒもこれと併行して一三七八年に移住したものと解される。こうして、ヤンセンの周到な考察は、シュルテ、シュトリーダー説を見事にくつがえしたのであった。

本書はさらに、ハンス・フッガーの息子アンドレアス、ヤコプ（初代）の世代になって、鹿紋のフッガー、百合紋のフッガーに分かれる事情を述べ、後者が富豪ヤコプの活躍によって急速に繁栄し、一四九四年「ウールリヒその兄弟たちの商事会社」を設立するにいたる。そこで本書は筆をとめている。

一四九四年以降、フッガー家はヤコプの独裁の時期に入るが、この時期の経済的分析はヤンセンの主著『富豪ヤコプ』にゆだねられた。序文に「読者はこの書において大商業主の伝記といったものを期待すべきではない、まだそれを書く時期ではないから」といわれているように、文字通りこの書物は冷徹きわまりない経済的叙述に終始するものであった。ヤコプの商業に従事するにいたった事情から始め、次いで九四年設立の商会の組織・活動に関する考察に入り、商会の定款、業務内容、本店・支店・代理人の組織、決算の仕方などを順次検討する。第三章、四章では、ティロル、ハンガリーにおけるフッガーの活躍を取り扱うが、とくにティロル鉱山業の中心をなすシュヴァーツSchwaz銀山の銀を担保とした、皇帝マクシミリアン一世に対してなされた金融の実態は、ほとんど年を追って詳細きわまりなく列挙され、文字通り驚嘆のほかはない。

ティロルでは、しかし、フッガーは鉱山経営を全面的に把握するまでにはいたらなかった。これに反しハンガリーでは、彼らはクラクフ市民ヨハン・トゥルツォJ. Thurzoと結んで鉱山経営に直接関与することになった。なかでもノイゾールNeusohl銅山はその中核であって、フッガーの全業務、全政策がこのハンガリー銅を基礎とする全ヨーロッパ銅取引の独占を目的として展開されたといっても決して過言ではないであろう。

ヤンセンは、そのハンガリー鉱山業を販売・輸送組織、採掘量、精錬、利益などにわたって分析し、最後にフッガーに対するハンガリー人の民族的反感の高まり、ハンガリー王による鉱山の差し押さえ、経営停止の経過をあとづけて、そこで叙述を止めている。

ハンガリー王によるこの鉱山差し押さえの問題は、ヤコプ・フッガーの生存中には解決せず、したがってヤンセンはその後の進展を述べなかったわけであるが、本書の冒頭に純粋の伝記ではなく、経済的基礎の考察に重点をおくとしているからには、ハンガリー鉱山の分析をヤコプの死去をもって打ち切るのはややうなずけない。やはり次の指導者アントン・フッガーの経営、その業務停止（一五四六年）まで概観しておくべきではなかったか。ヤンセンの死後、この問題を引き継ぐ研究者が現れなかっただけに惜しまれてならない。

最後に第五章は「ヤコプ・フッガーと政治」の問題にふれるが、いかにフッガーの資金が大量にハプスブルクの政治に注がれたか、年代順に列挙するにとどまっている[33]。要するにヤンセンの労作は、フッガー家の核心をなす鉱山業経営を克明に描出していったところに測り知れない価値があり、その業績のうえにシュトリーダー、あるいは後述するペールニッツのきらびやかな『ヤコプ伝』が樹立されたわけであるが、しかし、ヤンセンみずからは血の通った『ヤコプ伝』を刻みえなかった。いわば考証の段階をついに出なかったのである。

「双書」第五巻にあたるキルヒ『フッガーとシュマルカルデン戦争』については、筆者はその一部分しか参照しえなかったが、そこではいわばフッガーが皇帝側に忠実であり、皇帝軍の装備を一手に引き受けていたことが強調される。そのためにはフッガーは皇帝に表面立って融資しただけでなく、さらに匿名で募金に応じ、融資額は三万フローリンにのぼり、皇帝はこれによってかろうじて初期の勝利をあげることができたと指摘されている。おそらくキルヒの著書全体をつらぬくものは、こうしたフッガーの貨幣力に対する手放しの礼賛であったろう。そして、そこではシュマルカルデン戦争をあやつるフッガーの役割に対する客観的・歴史的評価などは全く問題にならない。フッガー家に関するかぎり、すべてを美化するという無批判的態度はフッガー史研究者すべてに共通していることであるが、とくにキルヒにおいてははなはだしく感じられる。

第八巻『ティロル、ケルンテンにおける銀山企業家フッガー』に関するショイヤーマンの研究は八〇〇頁になんなんとする大部のものである。フッガーは、一五四六年、中心となった「ハンガリー共同商事」の解散をよぎなくされ、同時にシュマルカルデン戦争によって商業組織の麻痺化を経験しなければならなかった。そこで彼らは維持策として業務縮小を断行するとともに、戦禍のおよびにくいティロル地方に鉱山業を主とする独立の商社をつくって「ハンガリー商事」に代わる幹企業たらしめようと図った。こうして一五四八年に設立されたのが「ティロル・ケルンテン商事」である。(34) ショイヤーマンは九章にわたって、この商会の経営、その変遷について一七世紀中葉解散するまで詳細に追求しているが、ここでは細かく紹介する必要もないであろう。

## 五　ペールニッツ

先に述べたように、「フッガー研究双書」はきわめて微細な点にいたるまで研究を進めたが、しかし、その総合的成果をえることなく、ついに第二次世界大戦に突入することになった。もっとも一九二六年には、シュトリーダーの『ヤコプ伝』が発刊され、それはそれなりに、理想的企業家としてのフッガー像を提示したのであるが、いく分通俗的に流れ、さらに資本主義謳歌の面があまりにも強すぎ、客観的な冷静な評伝は望むべくもなかった。そして、そのような過去の客観的評価はナチ時代には到底不可能であったから、それは必然的に戦後まで待たねばならず、また戦後、その期待にこたえる歴史家が出現した。フライヘル・フォン・ペールニッツである。

ペールニッツは一九三六年以降、シュトリーダーのあとを襲って「フッガー史料編纂所長」となり、『フッガー史研究双書』の監修者を兼ねて現在にいたっている。苛烈な空襲下で貴重な史料をまもりとおしたが、一〇年間かかって収集された彼自身の史料抜粋は多く焼失したといわれる。戦後の混乱期においてはとても史料の再収集は不可能なことであり、彼もついに断念して、執筆に着手し、一九四九年その画期的労作を公刊する運びとなった。

G. Freiherr v. Pölnitz, Jakob Fugger. ――Kaiser, Kirch und Kapital in der oberdeutschen Renaissance, 2 Bde., 1949–51.

Ders., Fugger und Hanse――Ein hundertjährige Ringen um Ostsee und Nordsee, 1953.

『ヤコプ・フッガー伝』上巻（叙述、二部三五章）六六二頁、下巻（史料、注釈）六六九頁という膨大な作品であり、とてもここで詳しく紹介することはできない。ただ特質とおもわれる点を、戦前の研究と比較しつつ考察してみることにしよう。

ペールニッツは序文でこういっている。「いわゆる初期資本主義という学説の方向は、ヤコプという個性の類型化をもたらした。この非凡なる人格の生きいきとした描出の代わりに現れたのは、ドイツ・ルネサンス大資本家、大産業主という、ほとんど硬化した姿であった(35)」。「個性をよく観察すれば、極端なくらい天才的な一面に偏ったような人間像、そのなかにも、時代の大きな要素がすべて働きかけていることが認識される(36)」ものであり、著者の意図はそのような個性を彷彿たらしめようとするところにある、と。ここにシュトリーダーとの相違がはっきりと表現されている。なるほどシュトリーダーもまたヤコプを天才的企業家という意味でルネサンス人と規定したが、しかし、それはいわば外から型を押し当てたのにすぎなかった。それに対しペールニッツは、ヤコプの精神にいま少し深く立ち入り、政治、経済、宗教の絡み合いのなかで、ヤコプの根本にどのような人間性が横たわっていたかを見詰めようとするのであった。

たとえばこれまでの研究で全く問題にならなかった、ヤコプの心にときおりきざした死の恐怖、倦怠、人間的弱さをペールニッツは決して見逃していない。一五一一年、甥のマルクスがローマで夭折《ようせつ》したとき、ヤコプは死の運命が突然に彼のうえにもおとずれるかもしれないという不安に襲われ、安息の場所としてアウクスブルクの聖アンナ教会にフッガー礼拝堂を特別につくり、それが完成するまでは、応急措置として手当たり次第に教会の飾り付けを寄付して、わずかに心を静める有様であった[37]。また一五一五年まさに事業繁栄の頂点の時期に、彼は再び死の恐怖におそわれ、事業からの引退を考慮している[38]。あるいは、一五二一年もう一度、死の恐怖が一瞬この商人の心をとらえ、彼はカトリックの信仰を確認し、彼の死後おこなわるべき勤行をいいわたすとともに、事業からの引退を思いめぐらしている。この場合、その背景にはヴォルムス国会の開催があり、ヤコプは皇帝カールと債務返済をめぐって困難な折衝を行わねばならず、またルターの教義とも対決しなければならなかった。

さらにハンガリーでは鉱山業は深刻な政治的危機に直面しており、ヤコプは死の恐怖を一瞬後には払いのけて、これら世俗的闘争の真っ只中に飛び込んでいったのである[39]。かつてシュトリーダーはフッガーの信条を、「儲けられるかぎり儲けよう」というヤコプ自身の言葉で誇張的に表現したが、そうではなくて、ヤコプにはときに事業意欲をしぼませるような死に対する不安が根底にあったのだ、とペールニッツはいうのである。

さらに、人間的悩みとならんで、フッガーの企業そのものも絶えず危機に直面し、それを克服しつづけていったことをペールニッツは強調する。たとえば、ブリクセン司教にして枢機卿であったメルヒオール・フォン・メカウ Melchior von Mechau は、ひそかにフッガーに莫大な投資をおこない、また教皇庁における便宜をはかって、フッガーの躍進を大きく援《たす》けたのであるが、その彼が一五〇九年没したとき、委託資産の返還が問題となった。このときフッガー側には度重なる皇帝マクシミリアンへの融資のために一文の金もなく、教皇庁の追求は熾烈をきわめ、一般人の取り付け騒ぎもおきかねなかった。このように破産の瀬戸際においつめられたヤコプは、そのさい、わざと新たに土地を購入して腹の大きいところをみせ、表面を糊塗しながら、他方では皇帝を利用して教皇庁を抑え、間一髪危機を乗り切ったのである(40)。

あるいはまた、一五二五年ハンガリー鉱山差し押さえ問題にさいして、ヤコプは瀕死の床にあって力をふりしぼって闘ったが、ついに勝利を手にしえなかった。こうした危機が、多かれ少なかれ、つねにフッガーを見舞ったのであって、ペールニッツはじつに克明にそれらの事情を伝えている。類書にこうした叙述がほとんど見当たらないのは、それらがフッガーを初期資本主義という経済観念の典型としてだけとらえ、フッガー家の興隆をヤコプという人間の闘いの歴史として切実に感じ取ろうとしなかったからであろう。

ところで人間的苦悩、企業の絶えざる危機の問題を暴露することによって、ペールニッツはヤコプの偉大さを傷付けようとするものではない。否、逆にペールニッツはこういう人間的弱さを肯定しつつ、反面、それを克服し、制御し、現実の政治と経済のたたかいにみずからを投げ込み、絶えず勝利をあげたといったヤコプの強靭な精神を、それだけにより大きく実感をこめて称賛してやまないのである。比類なき政治的外交的手腕、独裁的ともいうべき統率力、透徹した合理的思考、バランスのとれた慎重さと決断力、視野の広さ、確かな予想と判断力、人間性に対するすぐれた洞察力、敬虔さなど、およそこのようなすぐれた資質をすべてヤコプのものとして無数の箇所で論証しようとしている。しかし、このように見てくるとき、ペールニッツはあまりにもヤコプの性格を美化し、そのなかに現代的な理想的人間像を求めすぎているのではないかという感じがしないでもない。たとえば、一五一七年ヤコプはアウクスブルクの聖モーリッツ教会の牧師たちの排撃運動をおこなっており、ペールニッツはあたかもそれが宗教改革の精神の一つの流れから生まれたものであるかのように論じているが、その場合、注意すべきことに、ヤコプが次のような詞《ことば》を口にしていることである。すなわち、この教会のぐるりには「富豪の大多数が住んでおり、彼らは田舎牧師 Dorfpfaffen に我慢がならない」[41]と。そこには敬虔な宗教改革の精神よりは、むしろ一種の浅ましい表面を飾りたがる成金趣味を多く感じとるべきではなかろうか。

とにかく、シュトリーダーが企業の天才という意味で、ルネサンス人の枠をヤコプに無理矢理かぶせたのに対し、ペールニッツは短所長所どちらかといえば、長所のまさった、いわばルネサンス教養人風な完成された人格をヤコプにみようとした。そして、このルネサンス的教養人こそおそらく敗戦直後のドイツ人が求めた理想的人間ではなかったろうか。とすれば、ペールニッツもまた現実の問題意識から出発して、その理想を自己の作品中に知らずしらず反映していったのである。

われわれはこれまで、ペールニッツ『ヤコプ伝』が個性追求を基本的視点として構成されていることを見てきた。それは戦前の単純な経済史観、類型化から見れば、大きな変化であり、飛躍であり、また進歩であるといわなければならない。それればかりでなく、またペールニッツは従来その比を見ないほどの厖大な史料を縦横に駆使し、フッガー家を中心とする一六世紀初頭のヨーロッパ史を、緻密きわまりなく浮彫りすることに成功した。その点だけでも彼の研究は、文字通りフッガー研究の決定版といっても過言ではないであろう。

しかし、こうしたすぐれた労作にもかかわらず、われわれはなお一点において強い不満をもたざるをえない。最後にこの点を付け加えておこう。端的にいうならば、ペールニッツには、歴史の法則的発展という観念がなく、したがってフッガーを客観的に歴史的に批判する立場が欠けているということである。『ヤコプ伝』の姉妹編『フッガーとハンザ』の叙述を、「陽のもと永続するものなし Nihil sub sole perpetuum」の句で結んでいるところ[42]からも推測されるように、ペールニッツの未来はつねに薄明であり、漠然としており、それ故に彼は「歴史」ではなく、「伝記」に没頭したと考えられる。そして、「伝記」に没入する彼にとっては、人間の世代と世代のあいだに起きる「断絶」がもっとも深刻な問題として浮かびあがってくるのである。たとえば、皇帝マクシミリアンとヤコプの人間的つながりをしばしば述べたのち、皇帝死去の場面でこういっている。「ヤコプは身分とか性格上のあらゆる対立を越えて、皇帝と結ばれていたと感じていた……彼の皇帝は没し、古い時は過ぎていく……新しい世代が精神的態度の深い断絶から起こってくるのだ[43]」。そして、ペールニッツはそのあとで皇帝カールとヤコプの世代のちがいをしばしば説くわけであるが、こうした世代論はどうかすると、歴史における古いものと新しいものとの本質的なたたかいを見失う危険性をはらむものでもある。ペールニッツは、ルターおよびフッテンを中心とする人文主義者がフッガーをはげしく非難攻撃するにいたった原因として、フッガーの彼らに対する物質的冷遇をあげながら次のように述べている。

「ヤコプと宗教改革者との内面的外面的邂逅《かいこう》を許さなかった本当の原因は、もっと深いところにあるのだ。ルターに対する商人の嫌悪など問題なのではない。若い世代とともに、むしろ全くちがった世界が現れたのである[44]」。あるいは、このような見方は筆者の誤解で、ペールニッツは世代の交替ということに中世から近世への転換を象徴させているのかもしれない。しかし、その転換がどのような方向を指向していたかは述べられていない。またそれならば、その発展の立場にたって、もっと冷たくフッガーを断罪すべきではなかったかと考えるのである。

## 結　び

これまで、われわれは過去七〇年にわたるフッガー家に関する研究史を、ごく大雑把にたどったのであるが、その特質ともいうべきものがあるとすれば、次のようにいえよう。すなわち、フッガー研究はドイツ資本主義の興隆、とくに独占金融資本主義段階突入とともに開始され、たえず資本家に理想像を提供し、つねに資本家的イデオロギーの一環につらなっていた、と。その代表者がエーレンベルク、シュトリーダーである。やがて個別研究も深まっていったが、第二次世界大戦までこの基調は変わらなかった。戦後ようやく単純な経済的類型主義は克服され、ペールニッツが人間性追求の立場からユニークなフッガー像を描出することに成功した。

それはともかく、現在までのフッガー研究についていえることは、多くはフッガー擁護論であったということである。ことフッガーに関するかぎり、すべてを賛美し、さらに宗教改革の発端となった贖宥状販売請負いについて筆をそろえてフッガー擁護の論陣を張るのである。このような無批判的な態度で果たして真実に迫りうるであろうか。われわれはこの点を反省しつつ、今後、新たなフッガー史を刻んでいかなければならないであろう。

(1) Clemens Sender, Chronik der Stadt Augsburg, Ⅳ, S.165f.

(2) わが国におけるフッガーに関する研究としては、大塚久雄氏、松田智雄氏の諸著作のほか、最近では諸田實「ヤコブ・フッガー」(『巨富への道』所収、中央公論社)がある。

(3) M. Jansen, Die Anfänge der Fugger, 1907, S.3, 3f.

(4) Ibid., S.76f.

(5) Ibid., S.4f., 78–89.

(6) エーレンベルクについては、さしあたって、Encyclop. of the Social Science, Vol.5, p.444.

(7) Ehrenberg, Zeitalter der Fugger, Bd.1, Einführung (3–63); Bd.2, S.318–324. このような見解は、彼の Grosse Vermögen, Ihre Entstehung und ihre Bedeutung, 2 Bde., Jena 1902. (Bd.1; Fugger – Rotschild – Krupp) により明確に表明されている。

(8) Ibid., Bd.2, S.318.

(9) Ibid., Bd.2, S.319.

(10) フッガー家に直接関係した部分は、上巻八五～一八六頁のわずか一〇〇頁にすぎないが、その勃興期から没落期までを満遍なく概観したものとしては、これ以外には今日まで一つもない。

(11) たとえば次のような著述がある。Der Adel und die deutsche Kirch im Mittelalter, 1910; Frankreich und das linke Rheinufer, 1918; Fürstentum und Einheitsstaat in der deutschen Geschichte, 1921. シュルテはカトリックを信奉する保守的な国民主義的歴史家であったらしい。HZ.165 (1942), S.447f. の追悼文を参照。

(12) フッガー時代の経済的背景に関する基本的研究としては次のものを付け加えねばならない。A. Schulte, Geschichte der grossen Ravensburger Handelsgesellschaft 1380–1530, 3 Bde., 1923. H. Simonsfeld, Der Fondaco die Tedeschi Venedig, 2 Bde., 1887.

(13) Ehrenberg, op. cit., S.86.

（14）一三六八年は、のちの研究で六七年と訂正され、さらにまた訂正を受けている。詳しくは、J. Strieder, Zur Genesis des modernen Kapitalismus, 1903, S.163 ; M. Jansen, Anfänge der Fugger, S.8.
（15）Schulte, op. cit., S.649. なおシュルテはこの問題について、Neues über die Anfänge der Fugger（in Refl. z. Allgem. Zeitung, 1900, Nr.118）と題する小論のなかで、より詳しく説明している。
（16）Schulte, Fugger in Ron, Bd.1, S.13–16.
（17）Ibid., S.17–50. なお補論によれば、一四九五～一五二〇年にドイツ、ポーランド、ハンガリー、北欧で就任した一四六人の司教のうち、実に八八人がフッガーの振替組織を通じて教皇庁に初収入税を払い込んでいる（Ibid., S.225–275）。これをもってしても、フッガーが各地の司教と結んで、中・北欧全域にいかに巨大な政治勢力を保持していたか推測されよう。
（18）Ibid., S.141.
（19）Ibid., S.5.
（20）J. Häbler, op. cit., S.21–41. なお、南ドイツ資本の新大陸植民活動に関するヘブラーの研究として次のものがある。Die Fugger und der spanisches Gewürzhandel, Zeitschruft des Hist. Vereins für Schwaben u. Neuburg, XIX（1892）; Kolonial-Unternehmungen der Fugger, Ehinger und Welser im 16. Jahrhundert, Zeitachr. der Gesellschaft für Erdkunde zu Berlin, Bd. XXVI（1892）; Die überseeischen Unternehmungen der Welser, Leipzig 1903.
（21）なお、この時期に発刊されたものとして、A. Geiger, Jakob Fugger 1895 ; A. Schuber, Das Haus Fugger von seinen Anfängen bis zur Gegenwart, 1900. の二著を付記しておこう。後者はカール・フッガー・バーベンハウゼン公生誕七〇周年記念に書かれたものであるが、ごく粗悪な表面末な叙述であったらしい。
（22）高村象平「ヤコプ・シュトリーダー」（『社会経済史学』第一七巻、一九五一年）。
（23）ゾンバルトみずから『資本主義起原論』を高く評価して、次のように述べている。「これは、わたしの『近世資本主義』にその成立を負うている著作のなかで、もっともすぐれたものの一つである」（D.M.K., 2. Aufl., S.638, Anm.1）。
（24）Strieder, Zur Genesis, 2. Aufl., S.215.
（25）Strieder, Studien, S.38.
（26）Ibid., S.3–52.
（27）Ibid., S.93–363.
（28）Ibid., S.365–476.
（29）高村、前掲論文、七九頁。
（30）Strieder, Fugger d. Reich, S.118.

（31）本文で紹介した四巻のほかに、「双書」には次の六巻がふくまれている。
Bd.2. G. Lill, Hans Fugger（1531–1598）und die Kunst. Ein Beitrag zur Geschichte der Spätrenaissance in Süddeutschland 1908.
Bd.4. Th. Düvel, Die Gütererwerbungen Jakob Fuggers des Reichen（1491–1525）und seine Standeserhöhung, 1913.
Bd.6. Ph. M. Halm, Adolf Daucher und die Fuggerkapelle bis St. Anna in Augsburg, 1921.
Bd.7. Hans Dernschwams, Tagebuch einer Reise nach Konstantinopel und Kleinasien（1553–1555）1923. Nach der Urschriftim Fugger Archiv, herausausgegeben und erlätert von F. Babinger, 1923.
Bd.9. A. Weitnauer, Venwzianischer Handel der Fugger. Nach der Musterbuchhaltung des Mathäus Schwarz, 1930.
Bd.10. R. Lieb, Die Fugger und die Kunst im Zeitalter der Spätgothik und frühen Renaissance, 1952.
（32）Jansen, Anfänge, S.8–14.
（33）なお巻末には、貴重な関係史料一一九通を附載する。
（34）Scheuermann, Montanindustrielle, S.5–17.
（35）Pölnitz, Jakob Fugger, Bd.1, Vorwort.
（36）Ibid., Vorwort, X.
（37）Ibid., S.274–281.
（38）Ibid., S.466f.
（39）Ibid., S.217–244.
（40）Ibid., S.369–375.
（41）Pölnitz, Fugger und Hanse, S.132.
（42）Pölnitz, Jakob Fugger, S.410f.
（43）Ibid., S.408, S.483–493.
（44）Ibid., S.409f.

（『西洋史学』第三〇号、一九六七年）

# 小　論

## 一　ハンブルクとアルスター湖

北ドイツ、ハンブルク市の中央には、アルスター湖という美しい大きな湖があり、ヨットや散策など市民の憩いの場となっている。この湖が人造湖であることは知ってはいたが、いつごろ、なんのために造られたかは知らなかった。最近、ハンブルク市の成立史を研究するうちに、ようやくその謎が解けてきた。

ハンブルク市の起源は、八一〇年、カール大帝がデンマーク人の来襲に備えて築いた砦、ハマブルクに溯る。その位置は、現在の聖ピーター教会の南で、一辺一三〇メートルの、丸みを帯びた正方形の形をしていた。この砦を拠点として、八三〇年頃、コルファイ修道院出身の修道士アンスガルが、デンマーク、スウェーデンの布教に派遣され、成功を収めたので、八三一年、ハンブルクに大司教座の設置が決定され、その管轄教区はユトラント半島およびスカンディナヴィアとされた。大司教に叙任されたのはアンスガルである。

ところが八四五年、ハンブルクはノルマン人の激しい襲撃をうけ、アンスガルは西方のブレーメンに難を逃れた。折からブレーメンの司教は空席であり、アンスガルがそれを引き受けることになるが、困ったことにブレーメン司教はケルン大司教管区に属し、かといってハンブルク大司教であるアンスガルをケルン大司教に下属させる訳にはいかない。ブレーメン側はこれを機会に独立をはかり、猛烈に反対するケルン側とのあいだに論争が起こったが、八四七年ルートヴィヒ敬虔帝の決断によって、ブレーメンの独立が認められ、ブレーメン大司教がハンブルク大司教を兼ねることになった。以後、大司教座聖堂はブレーメンに置かれ、同じ大司教座を名乗りながら、ハンブルクには今にいたるまで司教座聖堂はない。

教会の中心は去ったが、ハンブルクの集落自体は、八四五年の破壊後、徐々に回復し、その後の数次の襲撃にも耐えて、しだいに拡張していった。旧ブルク（砦）の南側に東西に流れる水路があり、絶好の船着場をなしたが、一一世紀までに護岸と地上げ工事がなされ、安定化した土地に富裕な商人が住み着いたようである。これが今日「長者通り Reichenstrasse」という街路名で残っている。

一一世紀初頭、ハンブルクの支配者となったのは、辺境伯のビッルング家――リューネブルク大公とも称された――であったが、一〇三五／四三年頃、スラヴ系のオボトリートの来襲に備えて、現在の市庁舎の東と現ニコライ教会のところに、ふたつの高塔を建て、後者をノイエブルクと称した。やがてホルシュタイン伯となったのは、アードルフ・フォン・シャウエンブルクであったが、彼の息子アードルフ二世は、リューベック市の最初の建設者として知られている。しかし、アードルフ二世は、一一五八／九年、ザクセン大公ハインリヒ獅子公によってリューベック市の譲渡を強いられ、その代償としてハンブルク市を与えられた。そして、その息子アードルフ三世は、ハンブルクをリューベックに匹敵する港湾都市に仕立て上げようと考えたのである。

そこでアードルフ三世は、一一八八年、ハインリヒ獅子公の臣下であるヴィーラント・フォン・ボイツェンブルクと都市建設契約を結んだ。それによってヴィーラントおよび彼に率いられた都市建設請負業者たちは、ノイブルク地区の開発を請け負い、土地の三分の二を五〇口の短冊状の地片に分け、西方から商人を招いて、彼らに永代保有の条件で貸し付けた。一一九五年頃、そこに聖ニコライ教会が建てられ、教会の西に接して新市場が生まれているので、開発は成功したのである。この新市区の住民は一一九五年、新市区の北のところでハンブルクを南北に流れていたアルスター川をせき止め、水車を設置した。

ノイエブルクの居住空間はさらに南西へ伸び、今日レディングスマルクトと称される地区が造成され、八〇口の地片に分けられ、船乗り、商人たちの住居とされている。一二世紀末には、現カタリーナ教会があるクレーナ、グリム地区が干拓された。そして、注目すべきことに、一二三五年、現在のユングフェルンスティーク（アルスター遊覧船発着場）のところで、アルスター川が完全にせき止められ、強力な水車が設けられた。これら新旧二つの水車は、このころからエルベ河を大量に下り始めた輸出用穀物の製粉需要に対応したものであり、これこそハンブルク繁栄の基礎の一つとなったのである。

このダム建設にともなって、上流は滞水し、アルスター湖の出現となるが、それ以前に、そこからは大量の土が新開地の地上げ、干拓のために掘り取られていたとおもわれる。同様の例が、リューベック市東側のヴァーケニッツ湖に見られる。

こうしてハンブルク、アルスター湖の謎は解けたが、このようなトポグラーフィッシュな、土木建築史的な知識が不可欠だな、と最近とくに痛感している。

（『歴史と地理』四五九号、山川出版社、一九九三年）

## 二　ハインリヒ獅子公のエルサレム巡礼

ザクセン大公ハインリヒ獅子公は、一二世紀後半、ドイツ皇帝フリードリヒ一世に拮抗《きっこう》して、北ドイツに勢力をふるった豪族である。彼が属した家門ヴェルフェン家は、中世イタリアの有名な党争ゲルフ対ギベリンの、そのゲルフの名称の由来する家柄であるが、彼は家門の全盛期を現出した人物であり、またリューベックなどハンザ都市の建設者としても知られている。その彼に、エルサレム巡礼という行動がある。これはあまり知られていないことなので、以下紹介してみたい。

彼が旅立ったのは一一七二年一月のことであるが、これは、第二回と第三回十字軍の中間にあたっている。実は第二回十字軍にさいして、彼は北方ヴェンド族のキリスト教化に従事するとして、ヴェンド十字軍を起こし、ヴァグリア、オボトリートの土地を征服した。しかし、聖地へ赴かなかったのは、彼にとって負い目になっていたようで、一段落つくと、聖地巡礼を思い立ったのである。

彼の同行者は、ブレーメン大司教バルデヴィン、リューベック司教コンラート、オボトリート族長プリビスラフら、五〇〇人にたっし、レーゲンスブルクから船でドナウ河を下っていった。ウィーンで、ビザンツ皇帝マヌエルへの使節の任務を帯びたヴォルムス司教コンラートと合流することになるが、ハンガリーを通過中、大公の乗船が河中の岩に激突し、危うく遭難するところであったという。ベルグラードで船を捨て、陸路コンスタンティノープルを目指すことになるが、ブルガリアの道のない森林、あるいは湿地帯を通過するさいには、多くの食糧を捨てねばならなかった。セルビア人の襲撃にもあっている。復活祭前の金曜日（四月一四日）、ついに帝都に到着した。皇帝は、国王待遇並の歓迎式典をもって出迎え、皇帝妃は非常に多くの織物、毛皮を贈り物として一行に与えた。

ここでハインリヒは、従者の大部分と輜重《しちょう》物資の全部を残し、皇帝が仕立ててくれた船で聖地へ向かった。彼はアッコンで上陸し、エルサレムへと歩をすすめたが、テンプル、ヨハネ両騎士団員によって迎えられ、エルサレム王アモーリー一世によって歓待された。それに対して、ハインリヒは、聖墓教会に多額の金子、永代用ランプ、その灯明代を贈り、騎士団に対しても、高価な贈物、武器、銀一〇〇〇マルクなどの贈り物をした。それから彼はオリーヴ山、ベツレヘム、ナザレといったところを訪問したが、それ以上の計画は反対され、六月初旬、帰途についた。ハインリヒは陸路アンティオキアに向かったが、海路をとったリューベック司教コンラートは病気が重くなり、ティルスで死去した。

アンティオキアでは、大公は同地の支配者ボエモン二世の厚遇をうけたが、そこからタルススへと路をとり、そこでサルタンであるイコニウムのキリージ・アルスランと出会うことになった。サルタンはドイツ人女性を母としていたので、彼を血縁者のように迎え、絹の衣装、豪華な鞍をおいた馬、フェルト製の天幕、贈り物を運ぶラクダを贈った。サルタンはまた、馬のうえに座るように調教された二頭の豹、その世話をする奴隷を贈り、これがのちに、大公が聖地から獅子を持ち帰ったという逸話の源となるのである。

さらに旅程は、ビティニア、ニカエアを経て、コンスタンティノープルに達するが、そこでハインリヒは、夏の離宮に滞在中の皇帝を訪問し、要望していた多数の聖遺物を入手した。そして、往路と同じ道をたどり、ドイツへ帰ったのは一二月、クリスマスにアウクスブルクに皇帝を訪ねている。さらにザクセンに入り、ブラウンシュヴァイクに帰着したとき、娘リケンツィアが生まれている。

獅子公の巡礼行は、概略以上の通りであるが、一体、巡礼の目的はなんであったのだろうか。第一には、もちろん、宗教的動機があげられるであろうし、権力誇示の動機もうなずける。しかし、それに加えて主張されている政治的動機という説には、やや疑問がある。

当時、フリードリヒ一世はローマ教皇と対立し、教会分裂の状態を作り出していたが、教皇を支援する有力勢力としてはビザンツ皇帝がおり、獅子公はフリードリヒの依頼を受けて、ビザンツ切り離し工作のために派遣されたという説である。しかし、あまり効果の期待できない企てに、これほどの難行をするであろうか。あるいは逆に、ハインリヒがフリードリヒ包囲網の一端に加わり、ビザンツとの連携強化のため、大公が出向いたという説もある。しかし、七〇年代初期には、大公とフリードリヒの関係は友好的な状態にあり、説得的ではない。ハインリヒが皇帝にイタリア遠征への援助派遣を断り、ついに帝国追放の憂き目に遭うのは、一一七六年以降のことである。

わたしはいま一つの動機として、大公の異国文化にたいする旺盛な好奇心があったのではないか、と推測するのであるが、いずれにせよ、アーノルト・フォン・リューベックの『スラヴ年代記』第一書、第一～一二節に記されているこの巡礼行には、もっとつっこんで研究してみる価値があると考えている。


（『歴史と地理』五三九号、山川出版社、二〇〇〇年）

## 三　研究室から――ドイツ中世の村落形態――

ドイツ中世の農民闘争史を研究しようとする場合、まず農民の生活の場が正確に理解されていなければならない。すなわち、農民集落の大きさ、構造、耕地の形態、作物の種類、耕作の仕方、労働の在り方などについて具体的イメージがなければ、それぞれの時点における農民の対領主闘争、農民の特徴、そして、その発展段階を把握することはできない。ところが、これらの諸点において学界ではさまざまな意見の対立がみられるのである。

たとえば、ドイツで集村がいつ成立するのか、という問題について、増田四郎氏（元一橋大学長）は七～八世紀説をとなえ、これに対して鯖田豊之氏（京都医科大学教授）は一一世紀説をとっており、これに対応して、それぞれの耕地形態、権力構造が説かれている。しかし、増田氏はヘルマン・シュトル氏の考古学的研究成果に主として依拠しており、鯖田氏は中部フランス、マコネ地方の研究をドイツへ押し及ぼそうとしている、という欠陥をもち、ともに最重要史料である中世前期ドイツの修道院文書が利用されていないという弱点をもっている。

そこで筆者は、最近、ヴァイセンブルク、フルダ、ロルシュ、ザンクト・ガレン各修道院の土地寄進帳類を素材としながら、これらの問題に接近しようとしている。いまその中間的な見通しを述べるならば、次のようになる。

まず耕地形態であるが、ドイツ特有の長地条耕地はじつはローマ起源のものであり、フランク族によってドイツに移植された公算が大きい。また九世紀の土地寄進帳の記事からは、かなりの数の集村が検出されるが、多くの集落は五、六戸程度の小村である。一一、一二世紀の内陸開墾も大多数がこの小村形態でおこなわれたが、一四世紀の大耕地荒廃によって、耕地の縮小、耕作の集約化、つまり、三圃制農法の一般化がすすみ、この時点でようやく集村の普及がみられた。

このようにみると、一四世紀のドイツ村法普及も総合的に捉えられるのである。

（『赤旗』一九八三年九月三日、掲載）
〔詳細は拙著『ドイツ中世農民史の研究』未来社、前半部を参照〕

## 四　フス戦争——宗教戦争とチェコ民族主義の高揚——

### チェコ民族の不満

ドイツの横っ腹につきだしすぎた国、そこにチェコスロヴァキアの悲劇がある。

一三四六年、ドイツ皇帝であるルクセンブルク家のオカール四世はボヘミア王となった。彼は、首都プラハをこよなく愛し、いまになおその面影をのこす幾多の優美な建築によってこの都市を飾ったが、一三四八年にはプラハ大学を設立した。この大学は、中部ヨーロッパでは最初のものであり、いまやプラハは、ボヘミアだけでなく、ヨーロッパの重要な文化的・精神的中心となったのである。

しかし、そのころチェコの封建支配体制は深刻な危機状態にあった。諸侯、大領主らは中小領主を犠牲にして領地拡大に狂奔し、また領主階級全体が一致して反動政策をとり、それまでかなり独立的地位を獲得していた農民を再び抑圧し、苛酷に搾取しはじめていた。都市でも、市参事会員など裕福な上層市民と、手工業をいとなむ親方、職人など下層市民との差は実にはっきりとしており、こうした貧困の市民と農民とが、のちにフス運動の強力な担い手となっていく。教会や大学では、指導的地位はドイツ人によって占められ、チェコ人の下級聖職者はただ屈従を強いられた。

一四世紀末ごろ、しきりと異端者的説教師が出現して、教会の腐敗を攻撃し、人々の共感をよんだのも、チェコ民族の不満が鬱積していたからにほかならない。そうしたところに、ウィクリフの教えが伝えられてきた。

ジョン・ウィクリフは、イギリス、オックスフォード大学の神学教授、教会の財産所有を非難し、信仰の拠りどころとして聖書を重視した人であるが、当時若い留学生たちはしきりとオックスフォードをおとずれ、ウィクリフの教えをプラハに持ち帰り、伝統的スコラ学を説くドイツ人教授と対立した。そして、チェコ人の要望をになって現れたのがヤン・フスその人であった。

## フスの登場

フス（一三六九ごろ～一四一五）は、チェコ南部のフシネッツ付近の貧農に生まれ、プラハ大学に学び、一三九六年修士の称号をえた。彼の学才かならずしも卓越したものではなかったが、人格は真摯、勤勉で、道徳正しく、ときに激情的であったといわれる。母校の教授となり、一四〇二～三年、一四〇九年と二度も学長に選ばれているのも、彼の誠実な人柄が敬慕されたからであろう。カールの後を継いで一三七八年ボヘミア王となったウェンツェルもフスを信頼すること厚かった。

悲劇のきっかけは外からやってきた。一三七八年以来カトリック教会は、ローマ、アヴィニョンに二人の教皇が立って、分裂をつづけていたが、一四〇九年ピサに招集された教会会議は、統一のための討議のあいだ、ローマ、アヴィニョンに対して中立を守るように各国の君侯によびかけた。プラハでは、ウェンツェル王はこれに同意し、フスをはじめとする改革派に賛同したが、プラハ大司教を中心とする反改革派は、これまでどおりローマ教皇に対する忠誠を固持するといい、ドイツ人大学教授らがこれを支持した。

大司教は中立を宣した人々を破門し、ドイツ人教授の総引き揚げを強行するまでにいたったので、ウェンツェルは破門令の破棄を命じ、大司教は憤然としてプラハを立ち退いた。

一四一一年、ピサ公会議で選ばれた教皇ヨハネス二十三世が、政敵ナポリ公に対して十字軍をおこすため、大袈裟にも贖宥状を発売するにいたって、チェコ人の怒りはついに爆発した。激昂した民衆は、改革派の象徴ともいうべきフスとその親友ヒエロニムスとを擁して、プラハ市内を示威行進し、ドイツ人の教会や修道院の破壊をはじめた。この騒ぎはボヘミアだけにとどまらず、ヨーロッパ各地に波及するおそれが十分にあった。一四一四年、皇帝ジギスムント——彼はウェンツェル王の弟である——の斡旋《あっせん》によって開催されたコンスタンツ公会議が異端撲滅の方針を掲げて、まっさきにフスを召喚したのは当然の成り行きであった。

プラハでは二つに意見が対立した。このさいカトリック教会から絶縁して、国民的教会を立てるべし、というのと、あくまでもチェコ人の改革の趣旨を教会会議のまえで堂々と弁明して、これを認めさせるべきである、という意見である。フスは後者の立場を選び、一四一四年一〇月、プラハをたち、コンスタンツにおもむいた。果たしてフスに説得の自信があったのであろうか。おそらくなかったであろう。しかし、主張すべきことは主張しなければならない。そして、彼自身は犠牲となることによって、チェコ人の立場が理解され、承認されることになれば、それでいいのだ。彼はプラハ出発に先立って、愛弟子に遺書を残し、死の報を聞いたなら開くようにいい残したといわれる。

## フスの焚刑とその波紋

秋の末、ボーデン湖を吹きわたってくる風は冷たかった。コンスタンツ到着後まもなく、フスは逮捕され、監禁のまま審問され、長年にわたりウィクリフの異端邪説をひろめ、彼自身も異端を説いたというかどにより、聖職を剥奪された。一四一五年七月六日、彼は火刑台に立たされた。衣類をぬがされ、首を鎖で柱につながれ、ぐるりには藁と薪が山とつまれた。「余は余が書き、教え、説いた福音の真理のうちにいまよろこんで死ぬ」という言葉もいい終えぬまに、炎が身体を包み込んだ。フス釈放に奔走していたヒエロニムスも、翌一四一六年五月、同じ場所で処刑されたのである。

教会会議は、一四一六年一一月一一日、新教皇にマルティヌス五世を選出して、教会の統一を回復し、またフスの処刑によって異端撲滅に成功したかのように考え、一四一七年一〇月九日解散した。しかし、事態は逆であった。プラハでは、フス出立ののち、ヤコベールス・デ・ミースという神学者がウトラキズムを唱えはじめていた。すなわち、カトリックの聖餐《ばんさん》では俗人はパンだけにあずかり、パンとぶどう酒の両種にあずかるのは聖職者だけであるが、ヤコベールスによれば、俗人もまた二つの形において（スープ・ウトラッケ）聖餐をうけるべきだ、というのである。この俗人聖杯の説はたちまち普及し、それが実行されていくうちに、信者たちはローマ教会をはなれて、別個の教会をつくろうとしはじめた。

彼らはフス派とよばれ、またとくにウトラキストとよばれ、俗人聖杯のほかに、福音説教の自由、教会の無所有、聖職者の使徒的清貧、聖職売買の厳禁を信仰箇条とした。この派はチェコ人の封建小領主、上層市民など比較的上層階級に強固な支持者をもっており、改革派内部でも穏和派に属したといえよう。

これに対し、他方では、急進派が形成されてくる。プラハをのぞく地方では、カトリックにあきたらぬ者が、教会をさけて、山上に集まって礼拝するという運動がおこっていたが、教会を追われた急進派の聖職者がこれを指導するうちに、しだいに、過激化していった。一四一九年七月、フシネックのニコラウスという説教師はプラハのはるか南のターボル山に集まった多数の民衆にむかって、聖杯の真理を守るためには武力をもってしても目的を達成しよう、とさえ呼びかけている。この派は、貧農はもとより、都市の職人層といった貧困市民をまきこんでおり、強硬な対決の姿勢とともに、原始教会、つまり平等な、私有財産などのない共産社会を実現するという理想を掲げていた。これをターボル派というが、その指導者にはニコラウスのほかに、下級貴族の出身で軍事的天才をうたわれたヤン・ジシュカも加わっていた。

### フス戦争の勃発

このようなボヘミアの動きに業《ごう》をにやしたカトリック教会側は、特使を派遣したり、プラハに破門を宣したりしたが、ついにはプラハ大学にも異端思想があるとして特権停止と学問的活動の禁止を命じた。

激怒した市民たちは、一四一九年七月、市内を示威行進し、市庁舎内に乱入して、監禁されていた仲間の釈放を要求し、要求が容《い》れられないとみるや、市長ら一三人を窓から投げおとし、惨死せしめた。同年八月には、チェコ人に好意的であったウェンツェル王がなくなった。王位は強硬派の皇帝ジギスムントの継ぐところとなる。こうなると、武力衝突は時間の問題であった。事実、ジシュカに率いられた民衆は、同年一一月、プラハではじめて王軍と衝突し、これがフス戦争の直接的発端をなすのである。その後、ジシュカはターボル山に堅固な城砦をかまえ、各地から急進的貴族、市民、農民を集めて、ここに立て籠もった。

こうして死闘がはじまる。ローマ教皇マルティヌスは、十字軍をよびかけ、これに応えたドイツ諸侯は、一四二〇年四月、北方からボヘミアに侵入し、プラハへ迫った。しかし、チェコ人の頑強な抵抗にあい、脆《もろ》くも敗走を余儀なくされる。翌二一年八月にも、次いで、二二年一〇月、二七年七月にも十字軍の攻撃はくりかえされたが、大胆な用兵のまえに敗走するほかはなかった。

一四二六年になると、フス派は、討伐されるよりは、積極的に国外に撃ってでようとした。一四二九年、三〇年とフス派は国境をこえて、ブランデンブルク、ザクセン、テューリンゲンを襲い、ハンガリーにも進撃した。一四三二年には、大挙してシュレージエン、ハンガリーを犯し、ターボル派の一隊はポーランドを劫略して、プロイセンにすすみ、ドイツ騎士団と戦って、ダンツィヒにまで達したといわれる。

たび重なる十字軍の失敗は、ローマ教会の支配を根底から動揺させ、いまは交渉と妥協によって解決するほかない。こうして一四三一年、今度はバーゼルに教会会議が招集された。会議の主催者である教皇エウゲニウス五世は、いち早くフス派にも招請状をおくり、様子をうかがったのである。

ウトラキスト、ターボル派を抑える

チェコの方でも、すでに長い戦いに疲れ、分裂のきざしがみえはじめていた。ことにターボル派の強大化を怖れたウトラキストは、一日もはやく平和を、そして、自分たちの支配権の回復を願っていた。そういう訳で、ウトラキストはすかさずこの機会をつかまえたのである。彼らは交渉の席につき、紆余曲折の討議のすえ、俗人聖杯を認めるという条件で一四三三年一一月、ついに正式の和約を結ぶまでにこぎつけた。彼らは国内では平和同盟を結成し、仮政府を組織して、国王ジギスムントの迎え入れを急いだ。最後に、かつての同盟者ターボル派とのあいだに痛ましい内戦が開始される。一四三四年五月、リパンの戦いで平和同盟側の勝利が確立した。こうしてフス戦争は、事実上、終わりを告げたのである。

チェコ抵抗史の頂点

フス戦争は、チェコ人がかつておこなった最大の民族的抵抗運動である。それはドイツ人とローマ教会の支配を危機におとしいれ、全ヨーロッパの封建的支配秩序をゆるがすものであった。運動がこれほど激烈となり、高揚したのには、ヤン・フスという犠牲的精神をもった国民的指導者の存在もさることながら、なによりも、福音信仰の真理と平等社会実現の理想に燃えて、身を挺してたたかったチェコ民衆のあったことを見逃してはならないであろう。

そして、フスの教えを受け継ぎ、その挫折をのりこえてすすむのが、ドイツの宗教改革者マルティン・ルターである。フス戦争はまさに、近代世界の黎明になりひびく警鐘であったのである。

（『十五世紀』日本と世界の歴史、第一二巻、学習研究社、一九六九年、所収。より詳しくは、拙著『ドイツ中世後期の歴史像』文理閣、二〇一一年、二五五〜三〇二頁を参照せよ）

## 五　ドイツ宗教改革と都市の民衆

ある社会集団が、集団としてのまとまりを維持していくうえでのもっとも重要な事柄は、人間意識の底流に流れる集団への帰属意識であろう。この帰属意識を育成し、醸成する分野でもっともプリミティブでかつ底深いものが宗教の分野である。同じ神、同じ教義を信じ、同じ宗教儀礼に参加して、それぞれの役割を演ずる。これこそ、もっとも人間相互を無意識のうちに固く結び付けるものであろう。こうした信仰生活が外部から攻撃、あるいは侵害を受けた場合、集団は猛然と反抗に立ち上がるであろうし、また集団内部に、この価値体系を揺るがす動き、あるいはそれを腐敗させる動きが起きた場合には、自然発生的にこれを矯正しようとする民衆の集団的運動が生起するであろう。事実、世界史において、こうした事例は数限りなく現れるのである。ここではドイツ宗教改革を例にとって、都市民衆の反抗の動きを追ってみたい。

一

宗教改革前夜にあたる一五世紀ドイツは、一般的に信仰心が薄れ、教会の腐敗はその極にたっしたとみられがちである。しかし、事態を子細にみると、そうではない。むしろ、キリスト教信仰は社会各層全般に十分浸透した時代であったようにおもわれる。

すなわち、異端裁判は、ドイツでは一四七〇年代を最後として、すっかり姿を消した。それは、力によって圧迫されたためではなく、ワルド派などの異端がもはや人々の心を引き付けなくなったからである。他方、教会への寄進、とくにミサ寄進は、一四五〇～一四八〇年間に爆発的に増加し、一五一七年にはその頂点にたっし、この年を境にして、急に姿を潜めている。あるいは、一六世紀初頭ハンブルク市では、九九の信仰団体がみられる。その大半は、一五世紀後半に設立されたものであることが注目される。華やかな後期ゴシックの教会建築が、中欧全体に多数完成をみるのもこの時期であった。

しかし、注意すべきことに、これらの信仰形態には教会宗教からの離反という傾向が濃厚にみてとれることである。その現象形態は、一つはマス・ヒステリア的現象であり、いま一つは、静かな個人の内面的信仰に閉じこもる傾向である。たとえば、一四五七年突如、南ドイツの子供たちが多数、ノルマンディのモン・サン・ミッシェルに巡礼行をするとか、一四七六年ヴュルツブルク南のニクラスハウゼンで、村の音楽師ハンス・ベーハイムが霊感を受けて説教を始めるや、数万の農民が巡礼となって参集した事件など、その顕著な例といえよう。奇跡の土地というのも、数多く出現したが、一五〇九年ベルンでは悪名高き見習修道士イェッツァーの事件というものさえ起こっている。すなわち、同地の四人のドミニコ会士が、同志を使って、聖母マリアにあやかる処女懐胎をでっちあげ、露見のあげく、焚刑に処せられたという事件である。一四八〇年代から高まる魔女迫害もマス・ヒステリアの一例であろう。聖遺物収集熱もこれに加えられる。

他方では、信仰の内面化が始まる。神秘主義的思考がドミニコ会あるいはベネディクト会で勢いを得るが、それは修道院の壁を乗り越えて、一般市民のあいだにも流行するようになる。聖書のドイツ語部分訳——現在、二二通りが発見されている——、あるいは聖歌集のドイツ語部分訳が六二通りも現れているところをみると、聖書はじつによく読まれていたと判断される。ミスティシズム文学、あるいは画像が流行しているのも、信仰の内面化への傾向を物語るものであろう。

このような救済に対する一般民衆の切実な要求に対して教会はほとんど答えることをしなかった。南ドイツの聖職者の二分の一、あるいは三分の一は大学で学んだことがあり、知的水準は高かったが、神学を学ぶよりは法学を学んだ者が大多数を占めた。つまり、彼らの説教は内面からのほとばしりに欠け、聴衆を失望させた。聖職者の不道徳ぶりはさほどに顕著ではないが、妻帯している者は非常に多かった。寄附によって聖職者のポストが急速に増大したが、聖職者の質は向上しなかった。つまり、聖職者は時代の要求をとらえることができず、宗教改革が起こるや、一般民衆、とくに都市の民衆は、真の救済の声を求めて、その方向に走ったのである。

## 二

都市における宗教改革が、市参事会の主導においておこなわれたか、民衆の主導のもとにおこなわれたかどうかについては、論争のあるところであるが、後者の説をとる学者が多い。また市民の要求が、福音の純粋な説教、教区牧師の教区民自身による選任の要求から、しだいにエスカレートし、ついに市参事会にミサの廃止を要求するにいたり、これを貫徹する過程はすでにいくつかの都市について実証されているので、ここではこれ以上立ち入らない。

ただ、ここで指摘しておきたい興味深い点は、市民の運動が従来の教会の祭礼行事の機会に爆発し、運動を進めていることである。たとえば、一五二〇〜一五四三年の間に、カーニバル（謝肉祭）のときに、市民の運動が生起している例が二二例報告されている。

まず最初の例は、一五二〇年一二月一〇日、ヴィッテンベルク市において、教皇のルター破門状が焼かれた有名な事件である。同日午後、学生たちは山車《だし》をつくり、帆柱を立てて、教皇の教書をしばりつけ、自分たちは騎士、トランペット奏者、学者あるいは教皇などに仮装して車に乗り込み、ラッパを吹き鳴らしながら街路を練り歩き、野外に出て、教皇の教書をはじめ、カトリック学者の著書などを火の中に投げ込んだのであった。

翌一五二一年二月一二日にも、ヴィッテンベルクで騒ぎが起こっている。教皇、枢機卿、司教たちに仮装した者たちが、街中を追っかけまわされ、悪口を浴びせられる、という出来事であった。

一五二二年には、北ドイツで反ローマ的カーニバル騒ぎが起こった。三月四日、シュトラールズントで、四人の修道士に仮装した者が街中を犂《すき》を引きずって歩き、同日ダンツィヒでは、ルターが教皇と対決する仮装劇が上演され、エルビンク市でも同様の野外劇がおこなわれたという。同じとき、プロイセンのある都市では、五人の修道士が犂を引っぱって街を歩き、その後から仮装した修道女が子供の手を引いて歩いていたといわれる。同じころ、シュトラスブルクでは、カトリックの論争家として知られるトーマス・ムルナーを標的として、その家の窓の下で、カーニバル諷刺劇が上演された。ニュルンベルク市参事会は、カーニバルの行列に教皇の仮装をした者が現れたので、中止を命令した。こうした事例は、一五二二年にドイツ諸都市の民衆のあいだに宗教改革がようやく深く浸透するにいたったことを示しているといえよう。

一五二三年、ニュルンベルクの有名なシェーンバルト祭では、参加者の一人が教皇の贖宥状教書からつくった衣装を身につけていたという。同年二月一八日（灰の水曜日）ベルン市では、贖宥状をあざける行列と劇が催された。市参事会はこの劇上演に賛成したが、劇の第一幕は「死者をむさぼり食う者」と題されて、ローマ教会の貪欲ぶりが諷刺され、第二幕はキリストと教皇の比較がなされ、後者の悪者ぶりが暴露される仕組みとなっている。

一五二四年六月末、エルネスティン家ザクセン領の小都市ブーフホルツで、カーニバル風の諷刺劇が上演されている。すなわち、ザクセン大公ゲオルクは一一世紀マイセンの司教ベンノーを、新しいザクセン聖人にすることをローマから許可をえ、彼の骨を発掘したのであるが、ブーフホルツの劇はこれを諷刺したものである。当時の見聞によると、偽りの聖堂参事会員の行列が仕立てられたが、一同は参事会員のベレー帽の代わりにざるを頭にかぶり、司教は麦藁の外套を、司教冠の代わりに魚を入れるかごをかぶっていた。先頭には、ぼろきれからつくられた旗が立てられ、バイオリン弾きに先導されて、行列は街を練り歩いた。聖遺骨は馬の頭蓋骨、牛のすね骨からなり、肥え桶に入れられていた。行列が市場にくると、件《くだん》の司教が説教をした。「親愛なる崇敬者諸君、見よ、これがベンノーの聖なる尻の骨だ」。そして、骨を取り上げて、清めと称して、水を注ぐのであるが、骨に塗りたくられた糞は落ちるはずがなかった。司教は贖宥を宣言し、信心深い者たちに寄附をするように説教した。それから教皇の人形が、同じ肥え桶におかれ、さらに泉水のなかに投げ込まれた。見物人たちはあまりにも笑いすぎて、立っておられなかったという。

一五二五年にいくつかの都市で、教会を諷刺するカーニバル行列がみられたが、とくに注目すべきは、ニダー・アルザスのボェルシュ Boersch で起こった出来事である。ここでは毎年一月六日マギの祭りにさいして、町の一二人の少年が、笛吹きと太鼓叩きを先頭に立てて、聖レオナルド聖堂を訪れる習慣になっていた。いわゆる〈Pfaffenknaben〉と称する者である。彼らは仲間の一人を王に立て、家々をたずねて、「王のためのご喜捨」を乞うて歩いた。この年、聖レオナルドの参事会は不愛想で、この者たちがたずねてきたとき、なにもやらないと断った。子供たちは怒りだし、もし金か食物がもらえないならば、自分たちでそれを取ろうと脅かしはじめた。ようやく執事が出てきて、飲み物を出して退散させたが、少年たちは納得せず、きっと引き返してきて、この教会を略奪し、滅ぼしてやるぞ、と叫びながら帰っていった。

この出来事の続きともいうべきものが、復活祭後の日曜日、四月二一日に勃発する。この日、市民たちは聖レオナルドに殺到し、備蓄されていた食料をむさぼり食い、聖像や祭壇を破壊した。すべての価値あるものが奪いさられ、最後に教会堂が取り壊されているのである。

一五二九年バーゼル市でも、カーニバル祭りの最中に、聖像破壊運動が起こっている。

以上の事例から、なにがいえるであろうか。まず第一に、これらが一般民衆のカトリック教会に対する批判の現れであることはいうまでもないが、しかし、何故カーニバルに集中したのであろうか。民衆はその思想を表現するのに、文字、言語だけでなく、とくに視覚に訴える手段を用いることを好んだ。詳細な説明、複雑な論理よりは、直観的な判断でもって、事態を理解することを好むのである。それに加えて、カーニバルは民衆自身が主役である祭りである。そこにおいては、誰はばかることなく、民衆は自己の意識を具体的形態に託して表現することができた。そうすることによって、民衆は自己の宗教意識に起きた変化を自己自身に納得させ、確信を深めるのである。

そしてまた、こうした仮装行列や諷刺劇が一般民衆の喝采のうちに迎えられるや、市民相互のあいだに深い共感が流れ、強い連帯感と新しい信仰に対する共通の確信が育成されることになる。

第二に指摘しなければならないのは、この反教会的カーニバル、仮装行列に反感を示した者に対しては、市民大衆によるマス・ヒステリック的な示威運動が展開され、ついには大規模な破壊活動にまで発展する、その芽が内包されているということである。一五二五年一月のボェルシュの出来事がその典型を示しているが、当時、農村においても同様な運動がいたるところに起こっており、相呼応した動きであった。そして、それらが同じ三月、四月には大農民戦争となって爆発していったのである。

参考文献

Stätische Gesellschaft und Reformation, hrsg. von I. Batori, Stuttgart 1980.
W. Wetlges, Reformation und Propaganda, Stuttgart 1978.
The Social History of the Reformation, ed. by L. Buck & J. Zophy, Ohio 1972.
P. Blickle, Gemeinde Reformation, München 1985.
Religion and rural revolyt, ed. by J. Bak & G. Benecke, Manchester 1984.
F. Conrad, Reformation in der bäuerlichen Gesellschaft, Stuttgart 1984.
B. Moeller, Reichsstadt und Reformation, Berlin 1962. メラー『帝国都市と宗教改革』(森田・棟末・石引訳、教文館、一九九〇年)
Ders., Deutschland im Zeitalter der Reformation, 1977.
瀬原義生「ドイツ農民戦争における〈神の正義〉思想の歴史的系譜」(同『ドイツ中世農民史の研究』未来社、一九八八年、所収)

〔昭和六二年度科研費、総合研究(A)課題番号 六〇三〇一〇五三 研究成果報告書〕

# 第二部　翻訳

# 一五三〇年のアウクスブルク帝国議会——ドイツ宗教改革の決定的転機——

レオポルト・フォン・ランケ

カール五世は、スペイン王国を服属させ、イタリアを従属下にもたらした。その権力の充実のなかにあって、根底から波立ち、沸き返っているドイツへ帰って来たとき、彼はいかなる構想を抱いていたのであろうか——もちろん、次のことは明白であった。

彼の弟（フェルディナント）、イタリアにおけるさまざまな紛糾にもかかわらず、彼にゆるぎなく忠実であり、弱い国力にもかかわらず、つねに援助の姿勢を示し、いたるところで有能であることを示した弟に対して、カールは、その報酬として、弟をローマ王にあげると約束してきた。この地位を他家に移そうとする企て、繰り返し試みられる危険性のある企てに終止符を打たねばならない。そのための時期は、権力と勝利に満ちた今をおいて、ほかにはない。

さらに、トルコに対する十分な対処の発動、いよいよそれに取り掛からねばならない。最近の出来事は、危険がハンガリーに限られただけでなく、ドイツ人の祖国にも関わることだ、ということを示していた。目前にしている困難を、ドイツ人は自分の意のままになるものにしなければならない。それは、オーストリア家の存立にとって欠くことのできない条件であった。

実際彼は、いつまでも無為のままではいられないと感じていた。

イタリアでの滞在中、彼は穏やかな態度を余儀なくされた。もちろん、それは彼の気質に反するものではなかった——実際、彼にはそうした傾向があった——が、しかし、本来の意図に反して、周囲の事情からそうなったのである。しかし、彼の若いときからの好戦的な意図は、それによって根絶されたわけではなかった。

とかくする間、彼の視線はドイツへ向けられ、彼は王弟に手紙を書いた。自分は、自分たちの将来の在り方、その他多くの事柄についてお前と話し合いたい。われわれは平和に暮らせるだろうか、あるいは、自分自身でなにかを企てなければならないのだろうか、共同の努力によってトルコに対してなにかを起こさねばならないのだろうか、それとも、正当な企てへと歩み出すためには、他の大きな機会を待った方がいいのだろうか、などなどについて話し合いたい、と。

ドイツ問題は、最近の平和締結にさいして、すでに視野に入っていた。

カンブレの平和*を結ぶ動機の一つについて、ネーデルラントの顧問官は、皇帝をこう説得していた。すなわち、平和を結ぶことによって、異端を掃滅し、帝国と同様、教会をそのあるべき状態に回復する立場に立つことになるのだ、と。(1)

＊　カンブレの平和……一五二八年八月五日、ドイツ皇帝カール五世とフランス王フランソア一世のあいだに結ばれた平和条約。同年八月のナポリ攻囲にフランス軍が失敗したのを承けて、カールの叔母でネーデルラント総督マルガレーテとフランス王母ルイーズが発起して結ばれたもので、「淑女の平和 Damenfried」ともいう。これによりフランス王はイタリアへの野心を断念することを宣言した。

教皇とは、宗教問題の取り扱いについて、すでに話し合いはついていた。バルセローナの平和では、皇帝はさし当たってもう一度、違った道を取ろうとしたが、うまくいかず、結局、「キリストに対してなされた誹謗に復讐するために」全権力を用いることを義務付けられたのであった。(2)

彼に同伴した教皇特使カムペッジオが手交した意見書が、いかに不快、かつ強引な内容のものであったにしても、まさに基本的考え方が記されてあった。その中で、まずカムペッジオは、プロテスタントを再び取り戻す手段として、確約、威嚇、カトリックに止まっている等族身分との結合〔回復〕を約束すること、をあげている。これでもなんの効果もない場合には、最後の手段として、暴力、彼の表現によれば、火と剣によって懲戒することも必要であると述べている。(3) 財産を没収し、スペインと同様、ドイツにも異端審問の警戒網を敷くべきである、とも。ただ勇敢な戦争だけが、皇帝に対する服従をもたらすであろう。かつてファルツに対する戦争が、* 皇帝マクシミリアンへの服従をもたらしたように。皇帝と王弟の往復書簡のなかからも、懲罰と暴力の考えが彼らのあいだでも、もちろん、交わされていたことがうかがわれる。

＊　一五〇四年、バイエルン相続問題をめぐって起こった戦争で、マクシミリアンが相続権を詐称するループレヒト・フォン・デア・ファルツを破った戦い。

フェルディナントは、すでに知っているように、* ザクセン選帝侯ヨハンと交渉することに応じていた。しかし、それはただ事態を引き延ばすためにするものだ、と彼は皇帝に保証していた。「陛下におかれましては」と、彼は付け加えている。「わたしがあまりにも多くの譲歩をしすぎていて、それによって陛下が処罰に踏み出すのを妨げられている、とお考えになるかもしれません。陛下、わたしはできるだけ長く交渉しますが、決着をつけるつもりはありません。たとえ決着をつけていたとしても、陛下がその気になれば、宗教については考慮することなしに、法的根拠から彼らを懲罰する機会はいくらでもあるはずです。彼らは宗教のほかに、じつに多くの悪しき行動に出ており、陛下は、この点で陛下をよろこんでお助けしたいという人々を見出されるでありましょう」(4)。

＊　一五二九年一〇月のマールブルク会談で、ルター派とツヴィングリ派との統一は成らなかったが、ルターはなお皇帝側との妥協が可能ではないかと考え、選帝侯ヨハンをしてフェルディナント大公と交渉させている。そのことを指す。Ranke, III, S.141f.

つまり、その意図するところは、さし当たって、プロテスタントを、いまや再び内的平和を回復し、大きな体系となって現れるにいたったラテン的キリスト教統一体へ復帰させる試みを、できるだけ穏便に行おうとするものであった。それがうまくいかなかった場合には、暴力の行使も敢えて辞さない、そのための権利を周到に留保しておこうというのである。

侮辱されたとおもっている自尊心の反感を威嚇によって掻き立てることは、たしかに勧められることではない。将来の厳しさを背後に見たくないなら、穏やかなうえにも穏やかにゆくのが良策である。さし当たっては、この面を際立たせることが決定された。

帝国議会にあてた皇帝の書面以上に平和の息遣いを感じさせるものはないであろう。そのなかで彼は、自分の願いを次のように書いている。「不和を静め、過去の過ちをキリストの前に明らかにし、さらに愛をこめて述べられた各人の意見、見解、思慮を聞き、双方が正しいと解せられないことをすべて取り除いて、一つのキリスト教的真実に到達する〔のがわたしの願いです〕」。皇帝が教皇とともに滞在していた宮殿で、この告示は署名された。教皇は皇帝のなすままにさせた。教皇もまた、この穏やかな措置が成功を収めたとしたら、大いに喜ぶべきことであったのである。

しかし、皇帝がいかに表現したにせよ、旧教派の諸侯たちは、皇帝の宮廷の意向、彼と教皇の結び付きを十分に認識しており、彼の到着にわくわくするような期待を抱いていた。彼らは、自分たちの苦情をまとめ、ルター派の動きを止めさせるための古くからの意見、助言を再検討するのに忙しかった。レーゲンスブルクの都市当局がその帝国議会出席者に与えた訓令はこういっている。「長らく、うまく行われてきた教会の儀式に反する新規なことを一掃し、最良のものに転ずるのは、われわれにとっていいことだ[5]」と。さし当たって皇帝はインスブルックの宮廷に滞在していたが、王弟の助言にしたがって、事前折衝によって議会の議事がうまくまとまりそうになるのを待った。その事前折衝というのが、少なくともその一部が、いかなる種類のものか、というと、それは、とりわけヴェネツィアの使者が計算したところから推定される。その計算によれば、皇帝の宮廷は、ボローニャの出発から一五三〇年七月一二日までに、二七万シルトターラーを贈り物にばらまいているのである。自然の力によって引き寄せられた幸運と力の出現に、数世紀来ドイツで用いられたように、いまや恩恵と贈与とが付け加わった。宮廷からの愛顧を期待していた事柄がすべて、宮廷に向かって殺到し、帝国議会がすでにずっと以前から始められていたことなど、ほとんど忘れられていた。各人はここで、あまり時間を掛けないで、自分の事柄を片づけようとしたのであった。(6)

まもなく、皇帝の出現が宗教問題にいかなる影響を及ぼすか、を推測させる一つの例が起こった。皇帝の義父で、追放されているデンマーク王クリスティアン*――これまでルターを支持してきた――は、皇帝と文通し、そのなかでルターの教えを遠慮なく承認していたが、インスブルックによって動かされ、古い信仰へと復帰したのである。それを聞いたとき、教皇は狂喜した。「わたしは、この知らせによって、いかほどの感動によって満たされたか、表現できないくらいです」と、彼は皇帝に書いている。「陛下の美徳の輝きが夜を追い払いはじめています。この例は数え切れないほどの効果を発揮するでしょう(7)」。教皇はクリスティアンの免罪を認め、同人が王位を回復したのち、王国において実行すべき贖罪を課した。皇帝自身は、期待しなかったのにイタリアを安定させることができたように、ドイツでも失敗しないことを望んでいた。ローマでは、幸運のすべての星の下に、皇帝が立つことが期待されていた。

＊　クリスティアン二世（デンマーク王、在位一五〇三～二三）……カール五世の妹と結婚し、ルターの教えを受け入れていたが、他方では、スウェーデンを支配下におき、ハンザの盟主リューベックと対立した。一五二二年、スウェーデンの豪族グスターフ・ヴァーサの反乱を招き、クリスティアンはオランダに亡命を余儀なくされ、デンマークの王位に就いたのはホルシュタイン公フリードリヒであった。

そして、事柄は実際上そういう具合に有利にすすむ見込みにあったのではなかろうか。プロテスタント側でも、皇帝の書簡は最上の好意をもって受け入れられた。すべての諸侯のなかで、アウクスブルクに最初に入ったのは、最上位のザクセン選帝侯ヨハンであった。彼は、同日アルプスを越えた皇帝に対し、ドイツ帝国への到着に祝意を表するのをためらわなかった。彼は「臣下としての喜びをもって、自分の上司であり、主上である陛下をアウクスブルクで心からお待ち申し上げる」と挨拶をおくった(8)。彼はまた、同盟の諸侯たちに自分にならうように求めた。なぜなら、アウクスブルク帝国議会は、長い間待ち望まれながら、しばしば失望におわった国民的公会議の様相を呈しており、いまこそそこで、宗教的分裂が解決されることが期待されたからである(9)。

選帝侯とフェルディナント王との交渉は、すでに上述のところから推察されるように、なんら終結をみなかった。だが、決裂にいたったわけではない。選帝侯ヨハンもまた、皇帝の宮廷で片付けねばならない多くの他の問題を抱えていた。彼から派遣された一人の使者がインスブルックに現れた。選帝侯を獲得する可能性はないものだろうか。選帝侯自身をインスブルックへ引っ張り出そうという試みがなされた。皇帝は使者を通じて次のように言わしめた。自分は君からあらゆる友情を期待しており、他の多くの人と同様、宮廷の自分のところに来ることを求める、と。「自分たち二人によって調整されうるような問題では、君に同調したいと自分は考えている」。

しかし、まさにここで、皇帝がドイツでいかなる種類の抵抗に突き当たるかが示されることになる。皇帝が他の使者を派遣して、選帝侯が連れて来る説教師に沈黙を守らせるように彼に迫ったとき、そのことが選帝侯をひどく不愉快にさせた。侯はこの要求のなかに、あるゆる審理の前に自分たちの権限を一段越えた決定を置く試みを見、彼がインスブルックに現れた場合には、そこで強要され、アウクスブルクへ持ち帰ることになる一種の譲歩の状態以外には予想できなかった。さらに彼は、宮廷が彼の個人的な敵で充満していると考えた。また、定められている場所以外の土地で帝国議会の議事を取り扱うのは、彼にはいいこととはおもえなかった。彼がアウクスブルクで皇帝を待つことにしたのは、もっともなことであった。

一般に、アウクスブルクにやって来たプロテスタントが取った態度、プロテスタントの説教師が都市で見出した拍手、彼らがドイツで受けた全般的な好意、それらは皇帝の宮廷にとっては意外なことであった。イタリアでは、プロテスタントたちは、禿鷹の最初の襲撃で鳩のように四散するであろうと信じられていた。[10] 官房長官ガッティナーラ*は、自分自身、信じていたよりは、はるかに多くの困難があるかもしれないとはじめて認めた。[11] 教皇の政策の古くからの反対者として、また疑いなく、皇帝に属するもっとも機敏な政治家として、彼は、おそらく宮廷の見解を、それが到達できるぎりぎりまで修正した男であったとおもわれる。プロテスタントさえも、彼に期待をかけていた。しかし、まさにこの時点で、ここインスブルックで彼は死んだ。他の人々にとっては、事態はさほどの憂慮を生まなかった。インスブルックで達成できなかったことを、アウクスブルクで、あれこれの仕方で、実現しようと望んだのである。

＊　ガッティナーラ Mercurino de Gattinara（一四六五～一五三〇）……イタリアの政治家。はじめサヴォワ公に仕え、その妃マルガレーテ――のちのネーデルラント総督――に信任され、皇帝マクシミリアン一世の知遇をえ、一五一八年皇帝カール五世の宰相となり、その政策立案にあたった。

六月六日、皇帝はそこへ向かって出発した。彼はミュンヘン経由の道を取ったが、ミュンヘンでは華々しい歓迎を受けた。オーストリア、バイエルンの俗界、聖界諸侯、かつてレーゲンスブルク同盟*に加わっていた人々とともに、一五日夕刻、彼はアウクスブルク前のレッヒ河の橋に到着した。

＊　レーゲンスブルク同盟……一五二四年六月、レーゲンスブルクで結成されたカトリックの同盟。ランケ『宗教改革時代のドイツ史』（渡辺茂訳『世界の名著』続11、中央公論社、一九七四年）四四二頁参照。

すでに数時間前から、帝国諸侯たちのきらびやかな集団が彼を待ち受けていた。ずっと以前から見てきた聖界、俗界、南北ドイツの諸侯であり、とくに多かったのがまだ統治の地位についていない若い侯たちであった。皇帝が近付くと、みな馬から下り、彼を迎えた。皇帝も馬を下り、各人に親しく手をさしのべた。マインツ選帝侯は、「ここに集まった神聖ローマ帝国の構成員」すべての名において、彼に挨拶した。そのうえで、帝国都市への華々しい入場へと、すべての人々が動き出した。われわれは、ドイツ人にとってすでにほとんど無縁の存在となってしまった皇帝戴冠に注意を払ってきたが、そこで、この本質的にはなおわれらの祖国固有の入場の儀式にも、しばらく目を止めてみよう(12)。

先頭には、歩兵の二大隊が進んだが、皇帝は彼らを、帝国都市の主人として、この都市の守衛に任じようとおもっていた。彼らはいまはじめて徴募された者たちで、そのすべてが、ドイツで要求されるような軍装をしていたわけではなかった。しかし、そのなかには、イタリア戦争に従事した者が多数おり、二、三の者はそこで裕福になっていた。彼らのなかで目を引いたのはアウクスブルク市民で、皇帝の軍事秘書を務めたシモン・ザイツであった。彼は派手な金色の服を着、褐色のスペイン産子馬にまたがり、高価な刺繍をした日除けをさしかける、これも磨き上げられたお付きを連れて、いま帰ってきたのである。

それに、六人の選帝侯の武装した兵士が続いた。慣例にしたがって、およそ一六〇騎の騎馬兵から成るザクセン選帝侯の部隊が、選帝侯行列の先頭を切っていた。騎馬兵はみな鉄砲をもち、染められた革の上着を着ていた。それは、一部は選帝侯の館で仕える下級諸侯、伯、馬四頭出仕者、馬二頭出仕者、馬一頭出仕者、さらに一部は地方から招集されてきた伯、顧問、貴族たちから成っていた。すでに述べたヘッセンとの最初の同盟を仲介した選帝侯嗣子もそのなかに認められた。ザクセンに次いで、ファルツ、ブランデンブルク、ケルン、マインツ、トリアー各選帝侯の集団が続いたが、それらはすべて独特な色彩の制服を着、武器を携えていた。帝国の階層秩序に従えば、バイエルンはこれに属していなかった。しかし、彼らが独自の位置を占めることを妨げることはできなかった。少なくとも、彼らの出で立ちは見事であった。彼らはみな明るい色の兜をかぶり、赤い胴着を着、五騎一組となって進み、大きな羽飾りが遠くからも一目で彼らと判らせた。およそ四五〇騎であった。

こうした完全な戦士的華麗さの後に、がらっと様変わりして、皇帝とローマ王の宮廷がやってくる。まず黄色、赤色のビロードの服を着た少年たちが進み、それにスペイン、ボヘミア、ドイツの君侯が続くが、ビロード、絹の服を着用し、大きな金の鎖のブローチを掛けているが、ほとんど兜はかぶってはいない。だが、彼らはトルコ、スペイン、ポーランドの選りすぐりの馬に乗って、騎行した。ボヘミア人たちは、その雄馬を力強くあちこち操るのをおこたらなかった。

これら随行者に続いて、諸侯たちが登場する。

半分は王の、半分は皇帝の色を染めぬいた服を着た数人のトランペット奏者、軍隊用ティンパニー奏者、ドラム奏者、伝令官補佐、伝令官〔先触れ〕が君侯たちの到着を告げた。

彼らはすべて、なんの抵抗も受けずに広域を支配する強力な領主であったが、その近隣の分家とは対立し、騒動と戦争でもってドイツを満たすのが常であった。たとえば、エルンスト・フォン・リューネブルクとハインリヒ・フォン・ブランデンブルクがそうであって、彼らは、ヒルデスハイム領をめぐるフェーデでなお解決できない不和にあった。ゲオルク・フォン・ザクセンとその義理の息子フィリップ・フォン・ヘッセン、彼らはつい最近のパック事件*によって厳しい対立に陥った。バイエルンの諸大公とその甥に当たるファルツ伯たちとは、一時的接近ののち再び離反しはじめていた。ブランデンブルク辺境伯と並んでポンメルン大公たちがいたが、大公たちは、〔封主である〕前者に逆らって、この帝国議会にさいして、〔皇帝の〕直接授封下に入りたいと目論んでいた。いまや彼らは、自分たちの上に、全体を一まとめにして君臨するより高位の存在を認め、共通した栄誉を彼に示したのであった。君侯のあとに、聖俗の選帝侯が続いた。ヨハン・フォン・ザクセンとヨアヒム・フォン・ブランデンブルクが並んで騎行したが、お互いに少なからず恨みをいだいており、その仲たがいから、辺境伯の妃が逃亡する事件が起きていた――この問題はすでに皇帝の前に出され、調停を待っていた――。もう一度、選帝侯ヨハンは、皇帝のまえで〔守護の意味で〕抜き身の剣を捧持していた。実際、選帝侯のあとには、選ばれ、かつ戴冠した皇帝が続いていたのである。彼はポーランドの白い雄馬にまたがっていたが、その上には、きらびやかな三色の天蓋が、六人のアウクスブルク市参事会員によって捧持されていた。彼はひとりだけ、ぐるりから掛け離れた姿をしていた。頭から足のつま先にいたるまで、スペイン風の衣装を身につけていた。彼は、一方の側に王弟、他方の側に教皇特使を配置させた。なぜなら、皇帝はこれらに最高の栄誉を与え、それを周囲に示そうとおもったからである。聖界選帝侯たちも、特使に優位を譲らざるをえないように、と。しかし、彼らはそうはさせなかった(13)。彼らからすれば、特使が現れたとき、選帝侯グループのなかでもっとも学問のある選帝侯ヨアヒム――彼はじつに流暢にラテン語を書き、その点では、少なくとも、聖界選帝侯よりもはるかに優れていた――が彼に挨拶をおくったというだけで、十分栄誉をつくしたとおもわれた。天蓋の外側で、フェルディナント王と特使は並んで進んだ。彼らのあとに、ドイツの大司教たち、司教たち、外国の使臣たち、高位聖職者たちが続いた。

＊　パック事件 Packsche Handel……一五二八年初頭、ザクセン大公ゲオルクの秘書官オットー・フォン・パックが、フェルディナント大公、ゲオルク大公らの、福音派一掃を目的とした同盟結成の企てをしるした文書――じつは偽文書であった――をひそかにヘッセン方伯にもらし、両派が緊張した事件。

諸侯や君侯の行列に、新たに騎馬部隊が付加されたが、皇帝所属の騎兵は黄色の、王所属のそれは赤色の衣装をまとっていた。聖俗諸侯の騎兵たちは、各部隊とも特別な色彩を競い、すべてが兜と槍、あるいは小銃で武装していた。

皇帝を迎えようと早朝から引き出されたアウクスブルク市民たちも、騎馬か徒歩で、行列に加わった。

実際、この儀式そのものが意味するところは、帝国が皇帝を出迎えるところにあった。聖レオンハルト教会で、聖職者たちが歌う賛美歌『待ち望まれたる到来』のうちに、皇帝は迎え入れられた。諸侯たちはドームまで彼に付いてきたが、そこでは『テ・デウム』が歌われ、彼に祝福が述べられた。そして、住まいに当てられた館に到着して、やっと彼は放免された。

しかし、この館でも、もちろん、教会においてもそうであったが、人々が一度集まると、集まった人々に関わりのある、大きな、ありとあらゆる問題が、鋭く立ち現れてきた。

プロテスタントは、教会の、あるいは世俗の儀式に参列したが、皇帝にとっては、その到着の最初の瞬間、その到着の印象を利用して、彼らを本質的な譲歩へ導くのが得策のようにおもえた。他の諸侯たちが離れたとき、皇帝はザクセン選帝侯、ブランデンブルク辺境伯ゲオルク、リューネブルク大公フランツ、ヘッセン方伯フィリップを別室に呼んで、王弟を通じて、今後〔新教の〕説教をやめるように要求した。年配の侯は驚き、黙したままであった。方伯がようやく口を開き、説教のなかには、聖アウグスティヌスの場合そうであったように、純粋な神の言葉以外にはなにものも出て来ないという理由をあげて、それを拒否した。それこそ、皇帝にとってもっとも癇《かん》にさわる議論であった。血が顔にのぼり、彼は要求をより強く繰り返した。しかし、彼はここで、すでに言及したように、疑わしい領地のためにイタリアの権力者たちが彼に対して挑んできたのとは全く違った種類の抵抗に逢着したのである。「陛下」と、今度は年配の辺境伯ゲオルクが言った。「神の言葉を諦めさせられる前に、わたしは、膝を屈し、首を刎《は》ねられとうございます」。生来やさしい皇帝は、穏やかな言葉以外に発する言葉を知らなかったが、内心では、他人の口から出るような言葉が自分の口から出るのにおどろいていた。「愛する侯よ」と、彼は方伯にとぎれとぎれの低ドイツ語で答えた。「首を刎ねはしないさ nicht Köpfe ab」(14)。

また他日催された聖体節行列にさいしても、プロテスタントは参加を拒否した。もし皇帝が廷臣として彼らに随伴を要求したのであれば、彼らはそうしたであろう。彼ら自身こういっている。「文書に記されている名前の人々は国王に〔随行すべし〕」の代わりに、自分たちは「全能の神の栄誉のために〔随行せよ〕」と要求されただけである。このような根拠に応ずるのは、彼らにとっては良心の毀損以外のなにものでもない。彼らは反論した。崇拝するために、神はサクラメントを制定されたわけではない、と。昔の華麗さを失った行列が、彼らなしに、挙行された。

説教に関しては、彼らは結局は折れたが、それも、皇帝が反対派に沈黙を命ずることを約束したのちのことであった。皇帝は、みずから二、三の説教師を指名したが、説教師たちは聖書の語句をなんの解釈も付けず読むこととされた。そして、プロテスタントたちがいつも引用し、撤回させようとしなかった一五二六年の帝国決議*がこのことを正当化していると説教師たちに気付かせられなかったら、彼らもそこまで指示を守ろうとはしなかったであろう。皇帝は、少なくとも都市に居るかぎりは、帝国都市の正規の首長とみなされたのである(15)。

＊　一五二六年第一次（シュパイヤー）帝国議会の決議。信仰問題に関し、公会議が開かれるまでは、各自が自己の責任において信じ、行動することを容認し、ヴォルムス勅令違反に問わない、というもので、新教派にとって有利な決議であった。

事態がどんどん進行しているのは、皇帝には、カトリック教会にとって利益になることと考えられた。彼は、始まりは好調であると帝妃に自慢している。しかし、彼はそのなかに一種の譲歩があったことを見逃していた(16)。ついに六月二〇日、審理が開始された。この日に読まれた提案において、皇帝は、正当にも、参会者すべての前に、対トルコ防衛という目的に応じた武備を要求した。同時に、彼は、宗教の混乱を温和さと善意において解決する意図であると表明した(17)。そして、この目的のため、各人が「自分の考え、考慮、意見」を文書にして彼のもとに提出してほしい、という布告文の要求を繰り返した。

宗教問題を最優先して取り上げる、と帝国顧問団が決議したので、大闘争がすぐさま開始されることになった。

## アウクスブルク信仰告白

プロテスタントは、さし当たって文書を完全なものに仕上げることを急いだが、その文書のなかに、自分たちの宗教的信条をまとめて、全帝国諸身分の前に提示しようとおもった。

これがアウクスブルク信仰告白であるが、その成立経過は次のようなものであった。〔帝国議会開催の〕皇帝の布告を受領すると、直ちに、ザクセンでは、「自分たちがこれまで立ってきた、そして、変えずに保持してきた考えを、文書という正規の形態にまとめること」が良策ではないかと考えられた。[18] かつて一五二四年に、国民的集会のためにあらゆる面で準備されたことがあった。同じようなことが、この瞬間、反対側、たとえばインゴルシュタットでも起こっていた。[19]

ヴィッテンベルクでは、教理の点では、南ドイツの神学者によってルター派からの分離を叫ばせたかのシュヴァーバッハ条項*が根底に置かれた。きわめて注目すべきは、告白をまとめるに当たって、近隣者〔ツヴィングリ〕からの分離の感情が、少なくとも、大騒動を引き起こした最初の対立の意識ほどには、強くなかったということである。ツヴィングリとその一派が、マールブルク会談**でおこなった二、三の譲歩――それらは、マールブルクの一致からシュヴァーバッハ条項のなかに採用された――を撤回しただけに、分裂はますます強烈なものになっていたのだが。

＊ シュヴァーバッハ条項 Schwabacher Artikel……マールブルク宗教討論に備えて、一七カ条にまとめられたルター派の信仰告白で、一五二九年一〇月一六～一九日に正式にまとめ上げられた。

＊＊ マールブルク会談……ヘッセン方伯フィリップの主宰で、一五二九年一〇月一～三日にわたって行われた宗教討論会。聖餐のパンとブドウ酒にキリストの肉と血が実在するというルター説と聖餐をキリストの死の犠牲を記念する食事とするツヴィングリの象徴説を統一しようとしたが、統一は成らず、南北プロテスタントの分離が決定的となった。

このシュヴァーバッハ条項に手を加えたのがメランヒトンであったが、[20] そのさい彼は、自分自身やルター、ヨーナス、*ブーゲンハーゲン**がトールガウで選帝侯に手渡した注釈を利用した。さらに彼独特の徹底性と秩序の精神をもって、そして、カトリックの教理概念にできるだけ近付けるという、否定できない意図をもって、告白の作成に従事した。彼が新たに付け加えた自由意志と信仰の教理に関する説明は、きわめて穏和なものであった。彼は、ずっとローマ教会によって非難されてきて、さまざまな条項にわたって呪われてきた異端者の誤りを詳しく述べている。彼はこれらの条項を、聖書だけでなく、教父たち、とくにアウグスティヌスの教えでもって、確認しようとしている。彼は聖者の思い出を完全に否認するのではなく、ただそれをより近寄って規定しようとした。世俗君主の地位は、きわめて強い調子で持ちあげられた。最後に、この教理は、聖書に明確に根拠を置くだけでなく、ひろく教父からの教えが採り入れられているので、ローマ教会の教理にも反するものではないという主張で、結びとされている。これらの点からみて、ローマ教会と一致しないということはありえないし、まして、自分たちを異端者と呼ぶことはできないであろう。

＊　ヨーナス Justus Jonas（一四九三〜一五五五）……ヴィッテンベルク大学神学教授、ルターの友人、協力者。
＊＊　ブーゲンハーゲン Johannes Bugenhagen（一四八五〜一五五八）……ポンメルン生まれ。一五二三年以来、ヴィッテンベルク市教会の説教師。一五三五年、ヴィッテンベルク大学教授。低ドイツ、ブラウンシュヴァイク、ハンブルク、リューベック、ポンメルン、デンマーク、ホルシュタインの教会、学校の改組をおこなった。

わたしの考えでは、ここに示されている教理が、なおラテン教会の生き生きとした精神の産物であることは、文字通り否定できない。それはなお、カトリックの限界内にあり、そのあらゆる産物のなかで、多分もっとも注目すべき、内面的にも、もっともすぐれたものであろう。告白がその成立の起源の色彩を帯びたこと、とくに義認という条項におけるルターから発する基本概念が告白に独自性を与えたことは、事柄の性質上、そうならざるをえなかった。しかし、この条項なしには、人間的問題は成立しない。この基本概念は、ラテン教会では、一度ならず、きわめて効果的に用いられている。ルターはそれを、ただ宗教的必要の全力をあげて把握し、対立する見解との闘争において、そして、人々への伝達の過程において、普遍妥当的原理へと作り上げたのである。ルターに、いまその様相を呈しているといわれているような、分派化への傾きがあったとはいえないであろう。そのようなときには、これまでの諸世紀に起こったように、〔異端であるという〕思いがけない権威主義的決めつけに対する反抗が起こっただけであろう。〔メランヒトンの場合〕規定的な教父の発言だけに、立証的権威付けを帰することは考えられていない。しかし、彼ら教父たちの考え方から本質的に遠ざかろうという意識はなかった。そこには隠れた伝統というものがあり、それは〔告白の〕定式だけでなく、概念のもともとの形成にあたって、現れてくるものであり、その伝統は、彼の内面を完全な必然性において支配したわけではないが、実際に創造的に思考する精神の活動を支配したのである。メランヒトンがアウグスティヌスによって〔その理論の〕防備を固めたように、人々はなお古き地盤のうえに立っていることを、はっきりと感じていた。その彼らが、いま、過去の諸世紀においてラテン教会が投げかけてきた鎖、軛《くびき》、すなわち、地方割拠主義を打破しようと企てたのである。人々は文字通り聖書にだけ拠り所を求め、その一言一句を守った。しかし、聖書は、信仰の基準とみなされて、長期間にわたって、ラテン教会においても熱心に研究されたのではなかったか。この教会が承認した多くは、実際に聖書に根拠をおくものではなかったか。聖書に根拠をおくものは保守され、そうでないものは捨てられたのである。

わたしは、「アウクスブルク信仰告白」が聖書の純粋の内容を権威主義的に確認したものであるとは、あえていいたくない。それらは、ただラテン教会のなかで発展した体系を聖書と一致するところ、あるいはラテン教会の本源的精神における聖書の理解にまで、引き戻すことであったが、そのラテン教会の精神たるや、すでに実在するその表明になんらか固執する以上に、はるかに無意識的に作用し続けたのであった。われらの「信仰告白」は、もっとも純粋な、根源にもっとも近い、もっとも尊重すべきキリスト教的表明にほかならない。

この「告白」に、永続的な基準を与えようとしたものでないことは、付け足していうまでもないであろう。それは、ただ事実を確かめたものにすぎない。「われらの諸教会は教えるが、また教えられる。いま、ひとしく教えられている。われらは誤っている、と非難されているのである」。これは、メランヒトンが自分自身に対して発した発言であり、彼はすでに発展しつつある信念を表明したにすぎなかったのである。

そして、同じ意味で、彼は「告白」第二節で、廃止さるべき悪しき慣習について論議する。

ここでは、いかに広い分野が憎むべき論議の対象に提供されていることであろう。教皇権力の介入、とくに帝国議会に対する介入――それは、おそらく、ただ反感だけを目覚めさせただけであった――や、誤れる礼拝儀式の堕落に関するすべてが、そうであった。――実際、聖書という原型に照らして、堕落の長いリストを作成することができるであろう――それらを避けるのがよろしいと考えられていた。メランヒトンは、そのさい、現世において漸次生じてきたものとして、教会の状態を弁護する立場を取っている。彼は、なぜ両種の聖餐や聖職者の結婚が許されるか、誓約や私的ミサが非難されるのか、断食や秘密の懺悔が要求されないのか、を説明する。彼はいたるところで、古くからの教会法上の法文と矛盾をきたすような、そういう対立する制度がいかに新しいもので、危険なものであるかを示そうとしている。善良な意図から、彼は、教皇の神的権利、あるいは、その言葉の取り消し難い性格、秘蹟の数についてさえも、沈黙を守っている。彼は〔ローマ教会を〕改宗させようとしているのではなく、ただ〔自分たちを〕守ろうとしているのである。彼が、司教の聖職者としての職務を世俗権力者としての職務から区別しているところからも、それは十分うかがわれる。彼は、前者を福音書の内容によって規定しているのに対し、後者については触れることを避けている。彼は、福音派の教会も、この点においては、カトリック教会の排斥さるべき原則と異なるところはなく、皇帝は教会の新しい制度に十分耐え忍ぶことができるはずだ、と主張した[21]。

プロテスタントが、断固として自己弁護する代わりに、いまや勇敢に攻撃に転じ、強力な宗教改革共感者すべてを糾合した場合、彼らがより良い結果をえられたかどうかは問題である。

しかし、われわれは告白する――彼ら〔ルター派〕が、ツヴィングリの信奉者たちに、兄弟であることを拒絶しようと決心したとき以来、上述の同盟は不可能となっていたことを。彼らは、ツヴィングリの教えが見出した好意によって、自分たちが追い抜かれ、陰に追いやられつつあることを知った。アウクスブルクでは、ツヴィングリの教えは住民の大多数の好意をえていた。帝国の封建的秩序をひっくり返すために、南ドイツとスイス人の同盟がささやかれていた。彼らのもっとも高貴な指導者の一人、ヘッセン方伯フィリップ自身が、話を聞いてみると、ツヴィングリの側にあるというではないか。[22] アウクスブルク信仰告白に署名するようにフィリップを動かすためには、ルターの特別の勧誘を必要としたのであった。

また、彼らは、はっきりとした党派をなしていた帝国諸身分の多数派を、あまりにもはっきりとした党派を形成していたが故に、自分たちの側に引き付け、獲得することを考えることができなかった。

彼ら〔ルター派〕は、平和と寛容以外のなにものも欲していなかった。彼らは、自分たちの教えが不当に呪われ、異端として罵《ののし》られている現状を示そうとおもった。ルターは、かつての旧敵で、いまや優しい心根に変わったとおもわれるマインツ大司教に、思い切って自分たちの教えを勧めた。〔後援者である〕諸侯の名において、メランヒトンは、特使カムペッジオに向かい、カムペッジオがこの教えに対してなお抱いていると思われる隠忍自重を持ち続けるように切願している。なんらか新しい動きをすれば、教会に測り知れない混乱をもたらすであろうから、と。

接近したいという感覚、なお完全には分裂していないという感情、事柄の深い根底を支配している、そして、告白の個々の箇条にうかがわれる、親近性を保持したいという欲求、それらにおいて告白は考えられ、作成されたのである。

一五三〇年六月二五日午後、告白は、帝国諸身分の集会において読まれた。諸侯たちは、これがより大きな場所、いわば公開の場所にも置かれ、これまで無関係であった者にも見られるようにしてほしいと、皇帝に嘆願した。じつは皇帝は小さい部屋、たとえば司教館の客間を好み、そこに居住したが、そこは帝国集会の構成員がかろうじて入ることのできる大きさであった。[23] 似たような理由で、彼は、ラテン語の文書が読み違えられるのではないか、と嬉しそうにいった。しかし、諸侯たちは、陛下はドイツではドイツ語で文書を起草することを許されています、と思い出させた。そのうえで、若いザクセンの官房長のクリスティアン・バイエルが、ドイツ語の告白を、そこに表現されている確信の明解さと確固さにふさわしい朗々とした声で読み上げた(24)。聖界諸侯の出席者は数多くなかったが、彼らは、多くの厄介な非難を聞くことになるのではないかを怖れていた。賛成者は、ここまで進んできたことを幸せと感じ、告白の内容、その朗読に喜びを味わった。他の者はこの機会を利用して、主要点を書き留めた。朗読が終わると、両方の元本が皇帝に渡された。皇帝は、ドイツ語の方を帝国官房長官に渡し、ラテン語の方をみずからの手元においた。両者には、ザクセン選帝侯、同嗣子、ブランデンブルク辺境伯ゲオルク、リューネブルク大公フランツ、同エルンスト、方伯フィリップ、アンハルト侯ヴォルフガンク、ニュルンベルク、ロイトリンゲン両市の代表者による署名がなされていた。

## 論駁・威嚇

福音派の諸侯たちは、反対者の党派が同様の声明を掲げ、皇帝が、両派のあいだの不和を調停するのに努力するであろう、と期待していた。そのように〔皇帝の〕提議は大きく謳っており、これよりもさらに明確に、それに続く通達がそのことを語っている。

皇帝は、カトリックの側が福音派に対する告発をもって立ちあがり、自分としては、両者のあいだの仲裁裁判官の役割を引き受けることを欲したのではなかろうか。諸身分の集会において、フェルディナントは、一度そうした提案をしている。

このようにほぼ完全に、二人の兄弟とも、自分たちの意向を貫く力をもった集会の主人公ではなかったのである。シュパイヤーで形成され、ここでもなお密接に結集した諸身分多数派は、自分たちを帝国権力の正当な保持者であると感じていた。オーストリアの兄弟――そのカトリック的熱意は彼らにとって願わしいことであったが――に対して、彼らは、そうでなくても、多くのことを思い出していた。とくにフェルディナントは、スペインでは実現していたが、ドイツでは聞いたこともない聖職者の収入に関する教皇の承認を得てきており、これがいまや、聖職者全体のあいだに不満と反抗を引き起こしていたのである。多数派は、党派を形成することを拒否し、皇帝に自分たちとプロテスタントのあいだの調停者になることを拒否した。彼らは新たに提案するものはなにもないと考えた。彼らはただ、皇帝の勅令をしっかりとにぎっていた。もし皇帝が告発を必要としているならば、勅令に対する違反からそれを引き出せばよろしい。むしろ、皇帝が帝国集会の見解に参加するのが、これまでの慣習であったから、皇帝はいまや集会の直面する問題を自分の問題とすべきだ、というのが彼らの見解であった。彼らが、皇帝がその権力を十分に発揮して、選帝侯、諸侯、諸身分代表らと問題をめぐって協議を継続するように求めている場合、それは、このことをいわんとしたものである。このことが会議招集布告の文言と矛盾したものであったとしても、彼らは悲しむことは一つもなかった。布告は彼らから出たものではなかったからである。

帝国議会においては、皇帝とプロテスタントたちとの別個の交渉が図られた、と一般的には信じられている。しかし、事実上は、この瞬間から、諸身分多数派が行動し、皇帝はただその意向にしたがったにすぎなかった。些細な事柄、たとえば書類による通知についてさえも、皇帝は諸身分と相談しなければならず、結局は、彼らがよしと考えたところに従うほかはなかった。

残念ながら、われわれは、カトリック多数派の会合の議事録をもっていない。議事録が取られたかどうかさえ、明らかでない。また詳細な報告も見当たらないし、それを期待しても無駄であろう。というのも、諸侯たちは、重要な都市の代表者を会議に参加させないことに、性格的に賛成であったからである。

ただわれわれの知っている限りでは、多数派の内部には、二つの違った見解が対立していた。一つの見解によれば、皇帝はただちに武力に訴えるべきであり、武力という方法によって古き勅令の実施をはかるべきである、というのである。ザルツブルク大司教はいっている。「われらがあいつらを消し去るか、あいつらがわれらを消すか。両者のうち、どちらがわれらにふさわしいか」。集会の少なからず激しいメンバーは、黒インクで書かれたこの

〔ルター派の〕告白を、あざ笑ってこういったといわれる。「われわれが皇帝なら、それに赤い付箋を付けるだろうよ」。「陛下」と、もう一人が話の腰を折っていう。「赤インクが目の前でほとばしるのは、陛下だけではありませんよ」。実際は、みんながそのように決定的な敵意をもっていたわけではなかった。とくにマインツ大司教には、公然たる仲違いが起こったその同じ時期に、トルコの襲撃が襲いかかってくるかもしれない、という危険な思いがちらついていた。結局、なによりもまず、告白の過ちを指摘するようにしたらどうか、と皇帝に助言する決心をした。その間に、聖職者と俗人の身分のあいだの考えのずれを調整しよう、というわけである。皇帝はこの助言を受け入れた。彼は、両者――考えのずれの調整と告白の過ちの指摘――を統合する希望に身を託し、プロテスタントには、自分たちが屈服する運命にあるという印象を与えようとしたのであった。[25]

皇帝がそう決心したからといって、どうしてプロテスタントの陣営が、突然そのような不利な状況に変えられるであろうか！

これまで彼らは、皇帝という高い地位に照らして、自分たちの承認と仲介を期待していた。しかし、まもなく彼らは、彼が駆り立てるのではなく、駆り立てられていることを知った。彼らがこれまでずっと闘ってきた古くからの敵意にみちた反対者たちが、いまや多数派を形成し、皇帝の権威の足取りをすべて指導するにいたっていた、と。そして、その多数派が、いまや熱中して反論に取り掛かろうとしていた。手足となって働く者には事欠かなかった。あらゆる方面から、改革に反対する神学者が、それを召し抱えた諸侯と一緒に集まってきていた。ウィーンのファーバー――彼はいまではオーフェン〔ブダペスト〕の司教座聖堂参事会長になっていた――、インゴルシュタットのエック、ドレスデンのコッホレウス、フランクフルト・アン・デア・オーデルのヴィンピーナなど。また司教たちとともに、その代行、学識ある司教補佐もきていた。二、三の著名な修道士たち、裸足修道会士、カルメル会士、とくにドミニコ会士もみられ、ドミニコ会管区長パウル・ハウク、司教代行ヨハン・ブルクハルト、かつてルターの結婚に反対する文書を書いた副修道院長コンラート・コリがそれらであった。[26] エラスムス――彼も招か

なくなり、帝国の名において、発言し、書くことになった。彼らの強さは権力との結び付きにあった。いまや彼らは、もはや本来の私的個人ではなくなり、帝国の名において、発言し、書くことになった。

もちろん、彼らとて完全に自由であったわけではない。彼らはあまりにも激しく、あまりにも回りくどすぎた。各人が古い敵意、ルターの考え――ここでは語るつもりはない――に対する反論を引きずっていた[27]。帝国集会は彼らにまさに反論の原型を与え、ただ告白の諸条項にのみかかわるようにと指示した。その後に出した第二の短い指示で、帝国集会は、箇条一つ一つについて詳細な審議をせよ、と命じた。教皇の特使もこの仕事に関与した。仕事は続けられ、八月三日「駁論」は成立した。彼らはそれを皇帝の居住する司教館の広間で読み上げたのである。

それは、「告白」と同様、二部からなり、そのうち第一部は信仰を、第二部は教会の慣習を取り扱っている。

第一部の論争点では、今後彼らが固守することになる立場へとより接近した。彼らはもはや、秘蹟、すなわち、行為の単なる実現、なされたる行為 opus operatus が恩寵をえる、とは主張していない。彼らはもはや、恩寵を受けずになされた善行と恩寵を受けてなされた善行とは同一種類のものである、この両者のあいだには段階的な違いがあるにすぎない、とは教えてはいない。それこそは、ルターが反対して立ち上がった教えであった。彼らはむしろ、キリストによる義認のより深い概念により近く到達することになり、それが以後、世界全体において行われることになった。同時に、善行の必要性を規定しようとしている場合、それは、以前とは違った意味においてなされている[28]。

しかし、これが、修正しなければならないとされた唯一の点であった。

実際、そのほかの点では、かつて定められた体系に忠実にとどまった。全変化、七つの秘蹟、聖者への嘆願の承認が要求されている。聖餐杯〔への信者の直接関与〕の拒絶、聖職者の独身制はそのままとし、聖書の言葉や最古の諸世紀の慣習から、それらの由来を求めている――そのさい、またもや誤った教皇教令が引き合いに出されている――が、もちろん失敗以外のなにものでもなかった。ミサ供犠については、論争から救い出すことはできなかった。とりわけ、普遍教会としてのラテン教会という概念は固守された。ラテン的ミサ儀式については、それを勤める司祭が、彼を取り巻く村共同体ではなくて、広い教会全体に属するものである、という理由で、擁護されている。

プロテスタントの側においては、教理の誤解とそのひどい誤用が契機となって、直接、聖書の源泉に立ち戻ることになったわけであるが、その聖書は、もちろん古きラテン教会の基本的考え方によって編纂されたものであった。しかし、最近の諸世紀の階層制的教会の理念と学識は、そのような聖書でしのいでいくことができず、また、そういう聖書を使うことに反対する者たちも、二、三の教理の著しい弊害を正し、悪弊の廃止を考えることを面倒くさがったので、それによって聖界諸侯と俗人諸侯の紛争へと導いていったのである。しかし、そのさい、階層システム全体は直接、神的起源をもつとして残されたのであった。彼らは、自分たちの体系と聖書との一致点を論証する方法を求めたが、実際には、そのようなものを発見することはできなかった。

それが単にシステム擁護を目的としたものであったならば、とやかくいう必要はないであろう。しかし、そうではなかったのである。多数派は、自分たちの考え方が福音と一致して、正しく、カトリック的であると言明しただけでなく、プロテスタント的少数派も、反論されている自分たちの告白を放棄して、普遍的に正しい信仰の教会と一体となるべきだ、と要求したのである。本質的なこと、古さ、起源性における一致を論証することは、ほとんど考慮されていない。その一方で、非本質的な、僅かな差異が認められているにせよ、である。時の経過のなかで、つまり事態の否応のない圧力のなかで、あるいは、他の帝国集会の正式決定を根拠にして変えられてきたことすべてが、再び復活すべきであるとされた。皇帝は、文字通りこの考えであると表明したが、〔皇帝の意見表明の根拠となった〕説教師アロンソ・ヴィルヴェ・デ・ブルゴスは、聖書の研究にたずさわっていた男であった。皇帝の名前で公布された「論駁」の末尾で、カールは福音派に対して、いまや普遍的ローマ教会に再び服するように勧告している。そうしなければ、ローマ皇帝、教会の保護者、守護として、自分は対処しなければならないであろう、とも。

帝国集会も彼に対して、教会の守護として立ち上がるように要求し、すでにローマの教皇庁もそのように発言していた。

集会が始まるや否や、皇帝は、メランヒトンの手によって、プロテスタントの最重要な要求書の摘要をつくらせ、これを特使に委ね、ローマへ送らせた。われわれが知る限りでは、そのなかには次の諸項目を入れるように要請されている。すなわち、両種の聖餐、聖職者の結婚、ミサにさいしての祈祷の除去、没収された聖職者の財産の引き渡し、公会議におけるその他の論争点の論議などである。ローマでは、七月六日、事柄は枢機卿会議に上程された。彼らがこの問題に徐々に入っていったのは、まさにこの瞬間からであった。教皇特使は弱腰の態度で、第一部について発言しているが、善良な教会法学者のように、次のように述べている。教会がかつて深刻な理由から聖職者独身制を定めたのであるから、それを廃止するというのであれば、もっと深刻な理由がなくてはならない、と。しかし、枢機卿会議[29]では、独身制廃止の条項は、信仰と聖職者の規律、そして、教会の利益に反すると考え、単にそれを突き返そうと決議し、それを論証しようとしている熱意に関し、皇帝に感謝している。実際、ローマでは、カトリック信仰、皇帝の権威と幸運の完全な復活が期待されていた。彼はキリスト教世界の救済のために天から派遣された天使であり、茨《いばら》のなかのばらの花、野獣のなかの獅子である。彼は、愛想を使って、あるいは脅迫によって、また善意と権力を使って、すべてを良き結末へ導くであろう。神がこの問題におけるあなたの忠実さをお感じになれば、と懺悔聴聞師は彼に書いている。神は世界中の被造物すべてをあなたの支配下に置くでしょう。

このように活発に、否応もなく迫られて、しかし、自分のした約束に縛られて、さらにプロテスタントの行動についての知識をもたず、ずっと以前からプロテスタントの敵であった人々に囲まれて、皇帝は真面目そのものの態度を取らざるをえなかった。彼は、全般的意見表明のなかに、個々人に対する不興の気持ちを添えた。とくに選帝侯ヨハンに対して、彼は特別の代理人をつかわして、不興を伝えた。すなわち、貴君は信仰の守護者である皇帝から離れ、新規な信仰にはしり、同盟さえ結ぶにいたっている、と。「わたしもまた一つの魂、一つの良心をもっており、神の言葉に反するようなことは、なに一つ行うつもりはない(30)」。それゆえ、選帝侯が、ここ二、三世紀来保持してきた信仰に帰らないというのであれば、陛下は、彼に〔選帝侯位を〕授封しないし、侯が欲しているその他の恩顧の一つでも与えるつもりはないであろう、とも付け加えた。平穏の時はすぎ、厳しい時が現れることになった。

## 抵　抗

いま一度、皇帝には、そういっていいとすれば、ラテン・キリスト教世界の活気あふれる権力が立ち現れてきた。輝かしき勝利によって、彼は、全般的平和に漕ぎ着けていた。オスマンに対しても、彼は、この年、そして、おそらくこれからの数年間、怖れるべきことはなにもなかった。教皇、そして、諸身分の権威が彼のためにあった。それに対して、プロテスタントはどちらの面にも宗教的、政治的支援をもってはいなかった。彼らはしっかりした同盟によって相互に結び合うことすら許されなかったのである。

宮廷での騎士的生活で成長し、あとになって他人の示唆によって新しい教えにたっしたドイツの諸侯、君侯たち。隣人との協調や、最重要な問題において皇帝の恩顧を必要とした彼らが、皇帝が憤懣《ふんまん》の発言をし、しかも彼に権力が集中している現状で、自分たちの信念をぐらつくことなく主張できるほど十分確固としていたかどうか、は疑わしいようにおもわれた。

さし当たって、問題となるのは彼らのなかの最高位者の態度であったが、他の人々はこれに注目し、皇帝も彼、ザクセン選帝侯にもっとも強硬に迫ったのであった。

ザクセン選帝侯ヨハンは、選帝侯エルンストのすぐれた四人の息子――彼らはかつてグリンマで、聖界や俗界の帝国身分保持者にふさわしい入念な教育を受けた――のうちの末子で、今日なおさまざまに枝分かれして、栄えているエルネスト系統の祖になるひとであるが、立派な、なにごとにも徹底する精神の持ち主である兄のフリードリヒ〔賢公〕ほどの政治的天分をもってはいなかった。兄とは対照的に、彼は、若いときから、思いやりのある、人を信じやすい、偽りのない、ルターにいわせれば「胆汁〔癇癪〕をもたない」ひとであった。しかし、道徳的真面目さには満ちており、それこそがこの単純な魂の持ち主にかけ替えのない価値を付与するものであった。彼は、三二歳で結婚するまで完全に童貞であったということ以外はなにも知られていない。[31] 彼が時折皇帝マクシミリアンの宮廷で関わりをもった騎士競技――そこで彼は傑出していた――の、どよめきをともなった華やぎも、彼を満足させなかった。彼はのちに考えている。これらの日々、心の悩みなく過ぎた日は一日としてなかった、と。[32] 彼は気晴らしや現世の楽しみで満足するひとではなかった。そのさい避けることのできない不愉快さが、軽い楽しみ以上に、深く彼を苦しめた。彼は、兄の共同統治者となったが、仲違いすることはなかった。つまり、一方は、他方が同意しない限り、彼を召使いとするわけにはいかなかったのである。ルターが登場するや否や、彼はその教えに喜んでくみした。生来真面目で、深い宗教的心情は、しだいにその教えによって文字通り貫かれた。いまや初めて知るようになった聖書を、夕べ、読み上げさせたが、それは彼を喜ばせ、満足させた。彼はそのさい時折眠り込んだが、それは、読み上げられる言葉に納得したからである。目が覚めると、彼は先程読まれ、記憶に残っている言葉を繰り返した。時折、彼はルターの説教を書き写した。彼の手によって書き写されたルターの小教理問答書の写しが残っている。[33] 遅かれ早かれ、諸侯のなかには、この種の帰依によって、行動においては麻痺してしまった人物が現れた。彼の場合は、そうではなかった。ごく単純に、彼の精神は飛翔し、決意へと発展した。農民戦争にさいして、諸侯の地位が動揺したとき、彼は、完全な変革がくるかもしれない、という気持ちを隠さなかった。自分が最後には二、三頭の馬で満足し、他と変わらない一人の男になるかもしれないと覚悟し、そのように人にも語ったといわれる。しかし、だからといって、他の者と同様、自分の権利を勇敢に守る妨げとはならなかった。ただ、その勝利において、彼は寛大さを示した。そして、それからの数年のうちで、単なる静観的な敬虔さが許されるような瞬間が訪れるようなときがあっただろうか。われわれは、プロテスタント教会の強化のために彼以上に功績のあった諸侯を知らない。彼の兄で、先任者も、新教を抑圧することなく、自分たちの領地、さらに出来る限りにおいて、帝国でそれを守ろうとした。しかし、ヨハンが統治に就いたとき、すべてが難破しそうな岩礁が四面にそびえていた。ただあらゆる瞬間を通じて、自覚的な高度の信念によって担われた政策によって、それらは避けることができた。農民戦争後、暴力的なことに対する反動の理念が高まってきた。だから、世故にたけた、仕事に熟達した従兄弟によって、暴力行使が推奨されたときにも、ヨハンはその誘惑に打ち負かされることはなかった。次の帝国議会においては、彼はむしろ、その後のあらゆる合法的な発展を促すことになる決議の通過を助けるような態度をとったのであった。その後まもなく、ヘッセンの同盟者の激情が彼をとらえ、反対側へ、見通しのきかない政治的紛糾の道へとさらっていかれたようにおもわれる。しかし、ちょうどいい時点で、彼は正しい判断を取り戻し、自分の性質に合った、したがって十分主張できる防衛的態度へと立ち帰ったのであった。彼の努力は、自分の領地で新教を教えさせ、それにふさわしい公的地位を与えることのみに向けられた。彼は、ドイツで最初の福音派教会改革を導入し、それは、他のすべての領地にとって、多かれ少なかれ模範となった。彼は、支配下の貴族たちの妨害を排除するのに遠慮しなかった。彼は穏和で善良であったが、不当にひいきされるのを欲しなかった。だから、息子が周囲に正当な賛辞以上の言葉を触れ回っていると叱責しているほどである。とりわけ、いまやルターが彼に大きな影響を及ぼした。ルターは、この魂を支配している内面的動機を知って、その魂をちょうどいいときに目覚めさせ、新鮮な自覚のなかでそれを保つように仕向けた。こうして事実、ヨハンの登場のもとで、プロテスタティオ〔抗議〕が行われ、それが党派全体に名称と世界的地位を与えたのであった。事実、法と宗教が彼の側にあったところでは、彼はなんら心配せず、「まさしく一人の良きランナーになろう」というスローガンを叫ぶことができたのである。引っ込みがちで、平和を愛する無口な性質のなかに、しかし、偉大な意図のもとに、決断と行動力とが目覚めさせられ、それが完全に成長して、姿を現したのである。

ここアウクスブルクで、いまや選帝侯ヨハンは、この考えが真の確実な金であるか、それとも金滓《かなくそ》の混じったものであるかどうかが試される、その試練のまえに立たされることになった。

彼は、皇帝に対して帝国諸侯としてのごく自然の敬意を感じており、初めは、この敬意と自分の宗教的信念をなんの困難もなく一致できると信じて疑わなかった。しかし、まもなく、それが不可能であることが明らかになり、さし当たって少なくとも侯の頭から危険を他に転ずるために、彼に付き添った学者の二、三人は古い教えに帰っていった。彼はこれを認めなかったが、彼らがなすがままに任せた。彼ら学者たちは、信仰告白を単に自分たちの名前で提出する用意があった。選帝侯は彼らに反対して、こういった。「わたしはキリストと一緒に告白しようともうのだ」。

それ以来、皇帝は日に日に機嫌を悪くしていった。「われわれは」と、選帝侯はある書簡のなかで述べている。[34]「皇帝陛下に、選帝侯位を授封下さるようにお願いしている。それは断られたままである。われわれは、大きな失費を抱えて横たわっており、およそ一万二千グルデンを調達しなければならない。皇帝陛下は、われわれにまだなんの言葉も掛けてくれない。われわれは、皇帝陛下によって手ひどく侮辱され、またわれわれ自身の親戚からも同様にけなされること以外は、考えにくい」と。

われわれは、彼がいかなる風潮のなかにおかれていたかを見てきた。それに、いまや、論駁とそれに付け足された脅迫的言辞が続いたのである。

彼が、巨大な世界的地位を取り、いまやラテン・キリスト教会の古い秩序を押し通すことが自由にできるようになった皇帝に対して抵抗をする、それも、なんらの信頼できる同盟者なしに、エルベ河畔の狭い帯状の領地と小さいチューリンゲンの領地だけでもって抵抗する、ということは、ほとんど考えられないことであった。そして、さらに、自分には抵抗する権利しかないのではないか、という疑問が彼を萎《な》えさせなかったであろうか。彼は、それ〔抵抗〕は自分にはふさわしくない、という考えに傾いていた。

眼前になにが迫っているかを、彼にしっかり知らせた方がいいと心配したひとがいた。宮廷で親しくしたある諸侯が、ある日彼にいった。「貴方が従わねば、皇帝は武器をもって貴方を捕らえ、領地や人民から貴方を追放し、貴方自身について生殺与奪の権利を行使するでしょう」と。(35)

選帝侯は、そこまで事態がすすみうることを疑わなかった。大急ぎで、彼は宿舎へ帰った。彼は目の前の真実を否定するか、あるいは、自分自身を避け難い破滅に陥れるか、そのどちらかを選ばねばならないという恐怖を隠せなかった。

ルターは、この君侯が動揺しているかぎり、自分の助言もなに一つ守られないだろう、と確言している。しかし、まさにそのことが、選帝侯をして決心させた。自分の前に置かれた問題を、文字通り、身を切るような鋭さにおいて据え直そう、と。「神を否定するか、世界を否定するか」と、彼は述べている。「どちらが最上であるか、を疑うような者がいるだろうか。神は、その価値もない自分を帝国選帝侯にし給うた。さもなければ、わたしはなんの価値もないであろう。神は自分の気に入るものを、わたしから望んでおられる」。

選帝侯の心になにが去来したか、をもっともよく示したものに、彼がこのころ見た夢がある。その夢の中で、彼は息苦しさにとらえられ、胸を押し潰すような重荷のもとで自分は死んでしまうかもしれないと思ったほどであった。彼は高い山の下に横たわり、その頂上には甥のゲオルクが立っていた。朝に掛けて山は消滅し、敵意をもった甥は、彼と並んで倒れているのである。

もちろん、年とった侯はたじろいたり、動揺したりしなかった。大きな出来事というのは、道徳的な骨折りなしには起こらないものである。新しい教養は、こうした秘密に満ちた内面的核を必要とする。選帝侯ヨハンは、以前と同様以後も、皇帝は自分に、あらゆる点において忠実、かつ平和な君侯を見て取るべきであると言明している。しかし、あなた〔皇帝〕はわたし〔選帝侯〕に、永遠の真実を真実として、そして、過ぎ去らない神の言葉を神の言葉としてみなさないように説得することはできないであろう、とも。

選帝侯をこの立場にしっかりと保たせたひと、それは疑いなくルターであった。ルターは認めていないのであるが。

ルターは、帝国追放を課せられた人物であり、なお自由な発言を許されてはいなかった。たしかに彼は、追放令以後も、それを無視して活動していたが、選帝侯としては彼を帝国議会に伴っていくことはできなかった。彼はルターを、領地の南端にあるコーブルクに滞在させた。

そこは、ルターをして、交渉や日々の出来事の圧力に煩わされることなく、事態を高所から観ることを可能にした場所であった。

そこでとりわけ彼を驚かしたのは、教皇と密接に結び付いた皇帝がフランス人に対して自信たっぷりであること、帝国諸身分がふたたび教皇と党派をつくるにいたった、ということであった。彼はこの事態を一種の皮肉の目で見ていた。「わたしの信頼する par ma foi 殿下」――ルターはフランス国王をこのように呼んでいた――は、パヴィアの屈辱をけっして忘れないであろう。「主の名前において位に就いている男」教皇は破壊されたローマにあって、なんら友人をもっていない。彼らと皇帝の同盟は「信用できない non credimus」の一語に尽きる。[36] 彼は、教皇が諸侯たちの陪席なしに皇帝に戴冠してしまったこと、そして、そのことを承認している諸侯が不可解である、とも述べている。[37] 彼は諸侯たちの集まりを、自室の窓のまえに群がっているカラスの騒ぎに例えている。その窓のところで彼は、彼らの到着、出立、群衆の叫び声やへつらいぶり、一本調子な詭弁家の説教を見ていた。「地上にあるものすべてを食い尽くしてしまう、そして、そのための決議を長い間かかって空中から呼び出そうとする功利的連中」を。[38] 彼には、自分が立ち上がったとき、事態がどのようなものであったか、が完全に忘れられているようにおもわれた。そこで彼は、再び思い起こした。当時贖宥状がいかに普及していたか、善行が神を満足させるという教理が行われていたか、当時日常的な新たな奉仕、巡礼、聖遺物、最後にキリストの上衣の作り話が受け入れられていたか、ミサが事実上、多かれ少なかれ二、三ペーニヒで売られ、神に嘉《よみ》せられる犠牲が、その意味を深く考えることなしにいま再び探し求められている——拝領されている——か、を。また、プロテスタントには、少なくとも文書上ではあるが、農民蜂起に対して最善がなされるように勧告したことを思い出させた。いまでは、蜂起を根絶しようとだれもが思っている。実際、いかなる瞬間といえども、この問題をどこへ導いていかねばならないか、彼は疑ったことはなかった。皇帝が彼の説教を禁止しているかぎり、彼はいかなる和解も期待していなかった。彼は、自分の教理全体を展開するように諸侯に迫ることになるであろうと予見していた。彼は、皇帝自身を暴力的な人間とは考えていなかった。彼が「皇帝カローリ」の高貴な血について語るとき、恭謙さがないわけではなかった。しかし、彼は、どちらの手に主がいるか、を知っており、皇帝のなかに、旧敵たちが隠れる妖怪を見て取っていた。旧敵たちが権力だけのことを考え、多数を頼んで反抗するものと信じて疑わなかった。彼は、教皇座にいるかのフィレンツェ人が、ドイツ人に対して大量虐殺の機会をねらっていることを見抜いていた。

しかし、この見通しはルターを恐れさせなかった。「するがままにさせておこう。彼らはまだ終末期にはいないのだから」。

だからといって、彼は、一歩大きく後退することを考えなかった。「日夜、わたしはこの問題のなかで生きている。わたしは聖書を通覧し、熟考し、討議する。日々、わたしには確信が増してきた。わたしは、自分自身のことなどなに一つ取り上げなかった。わたしにとって問題であったのは、神のご意志はいかに、ということであった」。彼らが復旧を迫ったとき、それは彼を笑わせた。「彼らはレオンハルト*の血を、いまはじめて皇帝に差し出そうとしているが、彼らが罪なくして殺したその他の人間のなんと多いことか」。

＊　レオンハルト Leonhard……六世紀フランスの聖人。捕虜、病人、農民の保護聖人。とくにドイツのバイエルンで崇敬された。

彼があまり恐れなかったのは、自分の問題が神の問題だ、という信念の結果であった。「二、三の者は、神がわれらを忘れ給うのではないかと悲しんでいるが、神はわれらを忘れ給うことはない。われらを忘れ給うまえに、神は自分自身を忘れねばならないからである。われらの問題は神の問題ではないし、われらの教えは神の作り給うたものではない。しかし、キリストが、この世におられるかぎり、われらとともにおられるのではなかろうか。われらが神のことばを持たないとすれば、一体だれがそれを持つというのであろうか」。――彼は次の言葉に慰めを見いだしていた。「あなた方がわたしを見捨てるとき、わたしはこの世界を克服しているであろう」。

「主は霧のなかに住んでおられる。暗闇を隠れ家とされている。主がだれであるか、わからない。しかし、そこにおられるのは主であり、われらはそれを見ることができるであろう」。

「そして、われらは重んぜられないであろう。他の人々については、重んぜられるのに。――われらの先人は、われらに、汝みずからを知れ、といわれなかったであろうか。神だけがそれを知り給う。創造主はわれら以前も、われら以後も、自分でお作りになっているわれらが何者であるかをご存じである。事実、神はわれらとともに死なれない、その神は思想を統《す》べられている。敵がわれらを殺そうとも、わたしは、すでに、欲するままに、何倍もの復讐を遂げているであろう。ここで語っているのは、独りだが、お前の兄弟アベルはどこかにいるのではないか」。

これらの日々、彼が書いた手紙のすべてはこんな調子である。一人の人間だけが、神の存在に直接触れているという感情によって、生き生きと貫かれていたのではない。彼は、自分が奉仕している、永遠の勝利を収める諸力を知っていた。彼は、自分に啓示された彼らを認め、彼らの名を呼びかけているのである。彼は、賛美歌や福音書を通じて人間に与えられた言葉に誇りをもっていた。

彼は、現前する主人、父とするかのように、神と対話を交わした。コーブルクの彼の秘書は、彼が独りでお祈りしているところを、こっそり聞くことができた。「わたしは、君がわれらの神であり、君の迫害者を滅ぼすであろうと信じている。もし君がそれをしないならば、君は自分の事柄を放棄したことになるのだ。この事柄はわれらのものではなく、われらはただそうすることを余儀なくされているだけだ。君もまた、自分の事柄を擁護しなければならない」。彼は雄々しい勇ましさでお祈りしているが、彼が奉仕している永遠の神の力の守護を確信しているが故に、その勇ましさは正当なものであった。

彼の祈りは、なお個人的性格を帯びていたが、神性の深い深淵への降下を意味した。彼は、神に聞き入れられたという感情をもつまで、祈りをやめなかった。そのような感情には、人間の心は、あらゆる欺瞞を乗り越えて、そのもっとも神聖な瞬間にぎりぎり到達するのである。「わたしは君のために祈っている」と、彼はメランヒトンに書いている。「わたしは、自分の心のなかに承諾〔アーメン〕のお告げを感じている」。

このような彼の心情の注目すべき表現が歌である。『神は堅きわが櫓《やぐら》』。この歌の成立が、以前からこの時点におかれて来たのは正しい(39)。それは、賛美歌一六番に手を加えたものとして知られているが、しかし、それはただ原型というに過ぎない。それは、敵の充満した世界との戦いにおいて、神の問題を擁護しているという意識に引き籠もった瞬間の作品にほかならない。武器を下に置いたかにみえる。しかし、それは、男らしく、一瞬の勝利を断念したに過ぎない。永遠の勝利のために戦うべきことは判っていた。メロディーは、神に在りて、俗世を軽く見る、その確信において、喜ばしく、勇気に満ちて、いかに高揚していることか！　メロディーは、歌詞に一致している。当時の日々の嵐のなかで、それらは一緒に成立したのである。

そして、このような思潮で、ルターは、親しい友人だけでなく、諸侯やその顧問官たちに、勇気をもてと呼びかけたのであった。

彼は、諸侯たちを、純粋の生きた神の言葉を擁護する以外に、なんの責務も負わされていない、といって気を引き立たせた。しかし、そこにこそ、むしろ諸侯の栄誉すべてがあるのだ、と。その領国では、侯、あなたは最高の説教師をもっている。それ故、あなたは柔軟な青年期を教理問答書と喜びを生む神の言葉で過ごしてきた。それは楽園であり、神はあなたをその監視人に命じられたのです。あなたは言葉を守るだけでなく、それを保持し、養う。

それに対して、それがまた、あなたにとって再び助けとなるでしょう。「おー、幼い子供たちがそれをやるでしょう。彼らは、無垢な小さな舌で、心から天に向かって呼びかけるのです！」

「わたしは、最近二つの驚異を見た」と、彼はザクセン官房長官ブリュックに書いている。「一つは、わたしが窓から外を見ていたときのこと、天の星々、神のすばらしく美しい穹窿《きゅうりゅう》全体を見渡せたが、親方大工が穹窿をその上に置いた心柱はどこにもなかった。だが、確かにそれはあったのだが。もう一つは、大きな厚い雲がわれわれの上にただよっているのを見た。しかし、その下の大地も、雲がすべっていく滑り台も見当たらず、それは落ちても来ず、清らかな顔をして、われわれに挨拶し、去っていったのだ。実際、神のお考えは、われわれの考えをはるかに越えておられる――われわれは、われわれの問題が神の問題であることを知るだけであるが、神の問題であるというだけで、われわれの祈りは聞き届けられ、お助けはすでに約束されているのである――われわれが欲する皇帝の平和がわれわれに与えられるならば、皇帝は栄誉をえるだろう。しかし、神みずからが平和をつくろうとお考えになれば、称えられるのは神おひとりである」[40]。

いずれにせよ、ここには、断固たる決意を抱いた、純真な人々を魅了してやまぬひとりの権力者がいた。むしろ、神によって満たされたひとといっていいかもしれない。コーブルクのルターは、多分、日頃、個人的に顔をあわせているときに発揮したよりも、はるかに強力な影響を彼の一党に及ぼしたとおもわれる。

毅然とした態度において、他のすべての諸侯も、選帝侯ヨハンに劣らなかった。

リューネブルク大公エルンストは、ここでは「告白者」の通称をえていた。一歩後退するかわりに、彼は、これ以後自分の領国において宗教改革を見事に指導していった男、ウルバーヌス・レギウス*と結び付くことになった。エルンストは、アウクスブルクで自分のものとして手に入れた「最上の宝石」として、レギウスを自分の傍らにおいた。

＊　レギウス Urbanus Rhegius（一四八九～一五四一）……ルター派神学者。はじめカトリックを信奉、一五二〇年アウクスブ

ルク司教座聖堂説教師になってから転向。同市の改革に努む。一五三〇年リューネブルクに赴き、同地の協会規則の制定などに尽力した。

ブランデンブルク辺境伯ゲオルクに対しては、皇帝と国王は、彼が福音派の教えから離脱するならば、彼の問題に愛顧を払うことを約束していた。ブランデンブルク家は、すでに当時、シュレージエンの領地に対する要求をあげていたのである。辺境伯は、皇帝がなしたような種類の提案をすべて拒否した(41)。しかし、いまや、少なからず活発に、彼の高貴な、なお熱心なカトリック信者の従兄弟、選帝侯のヨアヒムが、彼に迫ったのである。二人のあいだには、激しい論争が起こった。辺境伯は、違った風なキリストがなおキリストであるかぎり、自分の信ずる教えが誤りであるとはいえない、と確信的に言明している。その教えはただキリストを指示している。自分はその教えを自分自身で確かめてみた、と。この問題に真剣に立ち入らずに、選帝侯は主として、皇帝がすべてのことを以前の状態に返そうと決心しておられる、といって彼に反対したのであった。辺境伯は、皇帝が自分の欲するままに物事を廃止されようとしている、と反論した。皇帝はそれをなさるに違いない。しかし、そうされる皇帝を助ける必要はない、と。選帝侯は、辺境伯になにが賭けられているか、考えたことがあるかどうか、を尋ねた。彼はこう答えている。「わたしが領地から追放されると噂されている。わたしは、それを神に委ねたい(42)」。

アンハルト侯ヴォルフガンクは、ごく僅かな権力しかもっていなかった。彼はまさしく節度正しく述べている。自分は良き友人や主人のために文字通り多くの旅行をしました。わたしの主キリストは、わたしが敢えてしたことに値するお方です。「博士よ」と、彼はエックにいっている。「戦争が起こったと考えてご覧なさい、わたしたちの側にも戦う人々がいるのです(43)」。

他の人々の思潮がこのようであったとき、勇気に満ちたヘッセン方伯が、なにかによって買収されることがありうるだろうか。ヘッセンの年代記者ラウツェの語るところによると、信仰告白の提出後、方伯は高い山上におくられ、俗世の富が示された。すなわち、ナッサウ、ヴュルテンベルク問題について、有利な取り計らいがなされるであろう、というのである。しかし、彼はこれらすべてを拒否した[44]。ある日、彼は、皇帝が話をしたがっていることを耳にした。いつものように準備して、早速彼は王宮へ出向き、皇帝に対して、自分が守っていない点を指摘してほしいといった。皇帝は二、三の点を指摘した。方伯は、皇帝を満足させようと釈明した。主要な問題点は、皇帝が彼に、信仰の諸箇条において臣下としての服従を示すことを要求したことであった。それに従わねば、自分は皇帝として、ふさわしい措置を取るであろう、と。しかし、約束以上に、脅迫は彼になんの作用もしなかった。そのうえ、彼の権力にふさわしい地位を与えていない帝国階層諸身分の集まりに出席することが、日々煩わしくなっていった。彼は、皇帝に退場する許可を求めたが、許可は下されなかった。にもかかわらず、方伯フィリップは同夜、そこを立ち退いた[45]。遠く立ち退いてから、彼はザクセン選帝侯に保証して、こういっている。自分は自分の生命、財産、領地、人民をあなたと神の言葉に一任するつもりです、と。「諸都市にいえ」と、彼は顧問たちに書いている。「自分たちは女ではなく、男だ。困ることは一つもない。神はわれらの側にあるのだから」と。

そして、事実、都市たちは、そのことで方伯を恥とはみなさなかった。「われわれの考えでは」と、ニュルンベルクの議会派遣代表委員は書いている。「これまで神の恩寵よりも皇帝の恩恵の方を高く評価する考えから離れられませんでした。神の方が、いまからは永続性を与えられるでしょう」。市長も市参事会員たちも、代表委員のように考えるにいたった。

もっと遠方の方でも、別の人々がこれらの出来事を同じような見方で見ていた。「畏れながら」と、マグデブルク市参事会員たちはザクセン選帝侯に書いている。「殿下は、全キリスト教徒の問題のために、救世主の軍旗のもとに、困難な戦いに立ち上がっておられます。われらは、日々、主なる神の忍耐とお力付けを願っております」。

このようにして、ドイツの問題はすでに決定的な様相へと発展していた。帝国の全権利を自分たちのものとし、皇帝と結び付き、古いヨーロッパの諸勢力と同盟した多数派に対して、少数派は、なおばらばらで、形をなしていないが、しかし、宗教的決意に満ちて、対抗しようとしたのであった。

皇帝を頂点に戴く多数派は、武力を行使しようと考えていたようにおもわれる。[46] すでにイタリアでは、軽騎兵を徴募する交渉が行われている。[47] 少数派は、なお戦争する確たる意図はもっていなかった。それが避けられないであろうとおもってはいたが。しかし、暴力への措置に踏み切ることは、諸身分多数派にとっても、きわめて危険なことではなかったろうか。彼らは、自分自身の臣下に安全を覚えていなかった。また、まさにここぞという瞬間にトルコ兵の襲撃が双方を脅かすかもしれない、というマインツ選帝侯に浮かんだ危惧の念が、全般的な空気となった。平和派が最初から意図し、そのような決議への賛意をひろげようとしたように、両派のあいだを調整しようという試みが、さし当たってなされることになった。

## 帝国諸身分間の調整交渉

八月一六日、調停会議がはじまり、双方から二人の諸侯、五人の学者、すなわち二人のローマ法の博士、三人の神学者が参加し、それは、まもなく有望な進行をたどるにいたった。

本来の教義上の論争点は、この席では、なんら克服し難い困難とはならなかった。原罪の箇条については、エックは、メランヒトンが示したところに賛成した。メランヒトンは、攻撃を受けている自分の定義が、古くからスコラ学者がしてきた表現の大衆的表現にすぎないと説明したのである。「信仰のみによる」義認の箇条については、ヴィンピーナがはっきりと説明している。いかなる人間の業《わざ》も、神のお恵みなくして行われた場合には、なんら益なし、と。[48] 彼はただ、神の愛と信仰の結び付きだけを要求している。彼は「のみ」という言葉を使ってはいないにしても、である。しかし、プロテスタントは、この意味に固執しはしなかった。彼らは、それが抹消されるのを、ひそかに喜んでいた。以前から彼らが考えていたのは、神との和解は、外面的表象によってではなく、内面的献身によっておこりうる、ということであったからである。それに対して、エックは、カトリックの側で贖罪にさいして要求する善行というのは改心以外のなにものでもない、と説明した。もちろん、プロテスタント側としても、善行の必要性に対して反対すべきなにものもない[49]。ミサ犠牲のむずかしい点についてさえも、お互いにより近寄って、多くの議論がなされた。エックは説明している[50]。ミサ犠牲は、十字架上で起こったことを思い起こさせる秘蹟的しるしにすぎない、と。いずれにせよ、聖餐におけるキリストの現在については、争われなかった。プロテスタント側は、真実らしくだけではなくて、現実にキリストが現在すると告白することに、喜んで応じた。この付加的説明は、すでにアンスバッハでの信仰告白の文章に見られたところである。

実際、論争を永続化させたのは、教理の基本的概念についてではなかった。ルターは、以前からラテン教会の古き教理概念の底に横たわり、後世の教会階層制システムとそのとめどもなく増え続けた誤用によって覆い隠されてきた原理を再び目覚めさせ、意識にのぼせたにすぎなかった。このようなずれは、いつでも様々な意見が併存してきたように、お互いに容認できることであった。分裂そのものは、むしろ制度とその適用の仕方にあった。

そして、その点でプロテスタント側は、彼らなりに、可能な限り多くの譲歩をした。彼らは、教会と学校におけるよきしつけが分裂の結果困難になったこと、諸侯による教会統治が十分に管理されておらず、あまりにも費用がかかりすぎることを認めていた。プロテスタント神学者、諸侯は、福音が自由に宣教されるということを前提として、司教たちに教区裁判権、聖職者に対する裁治権、教区司祭に対する監督権を返還する用意があると宣言した[51]。彼らはまた、断食を監督する意向をもっていた。なぜなら、それは神への礼拝ではなく、よき秩序を保つ意味しかもたないから。さらに、告解については、とくに慰めを必要とする場合には、すべて告白するようにと人民に指示するつもりをもっていた。

これらの提案は、事実、もはや期待できなかったような教会の外観を修復する意味をこめたものであった。また、没収された修道院財産の返還問題が和解を妨げている、という非難も繰り返されてはならない、とされた。

たとえプロテスタント側が、教会は修道士の上ではなく、司教たちの上に建てられるべきであるという理由から、二、三の修道院を没収したが、それよりももっとひどい強奪を受けた――たとえば、のちに詳しく述べるような皇帝によるユトレヒト司教区の占拠がそれである――と非難したとしても、結局は、ザクセン選帝侯は没収したすべての修道院を係争物保管下に置くことを提案した。地域の貴族中の名望家からなる保管人は、公会議が決定を下すまで、修道院財産からなにものも取り去ることをしない、と皇帝に誓わなくてはならなかった。(52)

このように、プロテスタントたちは、もう一度、ローマ教会制度、帝国の多数派に広範に接近した。彼らが引き留められないとは、ほとんど考えられなかった。

他方、多数派の代表委員の一人が、それに対して、プロテスタントに非常に近付いた。彼は、将来の公会議においては、古教会において行われたように、司祭の結婚の承認が文字通り全般的にえられるかもしれないという希望を表明している。(53)両種の聖餐が承認されることについても、彼はなんら懸念を示していない。

お互いにこのように近付いたのであるが、こうした一連の慣習の違いの根本にはなにがあったのだろうか。そして、そのために、帝国と国民の統一、その相互の平和を放棄しなければならなかった根本はなんであったのだろうか。

最後に、そうせざるをえなかったのは、主として、カトリック側の代表者が思うままに振舞うことができなかったところから来ているとおもわれる。すでに知っているように、問題は教皇庁において協議され、決定されていた。教皇特使カムペッジオは、さし迫った時点で、皇帝にそのカトリック的熱意を燃え立たせ、教皇庁の視点に立ち帰るように説得するのに躊躇しなかった。(54)彼の教理によれば、教会の秩序すべては聖霊から導き出されたものであった。彼はこの考え方で諸身分代表に働きかけた。結局、諸身分代表者たちは、プロテスタント側に、公会議の裁定が下るまでは、結婚した司祭を任命しないように要求した。彼らは告解強制を主張して譲らなかった。また、彼らは、ミサにおける典礼文祈祷の省略や、プロテスタント地域において行われている私唱ミサの廃止についても、是認しようとはしなかった。最後に彼らは、プロテスタントの説教において、一種〔パンだけ〕の形での聖餐の享受も、両種の聖餐と同様、正しいものであると言明するように要求した。

これらはすべて、一五二九年の要求と同様、すでに始まっていたプロテスタントの組織形成を壊すものであった。ようやく得かかっていた確信が、これによって、再び根本から揺るがされることになる。プロテスタントは、一種の形での聖餐の享受を呪詛しない用意があった。しかし、彼らは、一種の形の聖餐を自分たちの両種の聖餐と同じく正しいと宣言する決心がついていなかった。「なぜなら、キリストは両種を制定なさったのだから」。そして、彼らは、自分たちが秘蹟の概念に矛盾するものとしてあれだけ激しく反対してきた私唱ミサをどうして再び導入すべきであろうか。それは、正当なこととして始め、事実そうだと確信している自分たちの仕事を再び壊すことになるであろう。

交渉がすすめられる一歩毎に、人々の立っている基本観念の大きな違いが明らかになっていった。カトリック側は、教会権威の定めたこと——せいぜい一時的例外として認められてきた——を基準と見なした。それに対して、プロテスタントは、信仰と生活の基準を聖書のなかにのみ求めた。彼らは、ローマ教会の特殊性を、ただ条件付きで、文字通り避け難いとおもわれるに限り、認めようと欲した[55]。前者は、あらゆる外部的教会秩序をすべて神の法から導き出してきた。後者は、そのなかにただ人間的な、撤回可能な制度を見出した。プロテスタントが、教皇制を地上的、人間的、それゆえせいぜい限定的制度として承認する傾きがあったとしても、それによって、自分たちにとって、たいして益になるわけではなかったが、カトリック教会の宗教概念にとっては、教皇制は、キリストの代理という神の法にもとづくものであった。

そして、和解の諸条件を確定したと、ある程度了解したときでさえも、それを実行することはいかに困難なことであったろうか——司教制の再導入ひとつ取ってみても、いかにでこぼこの状態を引き起こしたことであろう——新しい教会の性格は、まさに下級聖職者の独立性と彼らの領邦権力との直接的結合に立脚していた。すでにそれ

〔司教の再導入〕に対して、都市の反撥が起こっていた。ニュルンベルクは、自分たちは司教の支配下に再び服するつもりはないと表明している[56]。

最初の交渉が失敗におわったのち、八月末、もう一度、双方三人の委員からなる小委員会が設けられた。しかし、彼らの発言に付き合う必要はないであろう。彼らは、以前到達した点をもう一度繰り返しているからである。なお接近しようという個々の試みがなされた。あるアウクスブルク市民の家の庭で、ブラウンシュヴァイク大公ハインリヒは、選帝侯の息子ヨハン・フリードリヒと会見している。聖モーリッツ教会では、バーデン辺境伯の官房長が、メランヒトンを伴って来ていたザクセン選帝侯の官房長と会合し、それは、しばらく続いたが、なんらの結論にも達しなかった。

プロテスタント側は、宗教的信念が許す限りの、広範な譲歩をした。しかし、それは、もう限界に達していた。その内部から、なされた譲歩に対して反対さえ起こった。もはや毛ほどの幅も踏み出すことはできなかった。またこの交渉について、選帝侯ヨハンは神学者に対して、問題だけを念頭に置け、彼や彼の領地のことはなんら考慮するな、と指示したといわれる。

他方、教皇に縛られた側も、それ以上の譲歩をするつもりはなかった。

## 皇帝の交渉

皇帝としては、帝国議会をこのような行き違いのまま解散させることに同意するわけにはいかなかった。彼は、このままでは、より大きな悪事や許し難いことが果てしなく起こるであろうという心配で一杯であった[57]。

彼には、すでに数年来、キリスト教世界の全欠陥が癒される公会議の考えが浮かんでいた――そのなかで、これまで教皇クレメンス七世がなんら関知しようとしなかったことであるが、皇帝権の理念と宗教の理念とを一致させようと考えられた。一五二九年の交渉では、皇帝の使者は賢明にも問題には触れず、皇帝は、公会議から生ずるであろう不穏事や無秩序を考慮して、なんらそのことをお考えになっていない、とさえ言明したのであった。[58] ボローニャでも、それについては再びほんのわずか語られただけであった。しかし、いまやアウクスブルクでは、プロテスタントが問題を持ち出しただけでなく、カトリック諸身分層までがその開催を迫った。皇帝は、自分自身の観点を再び持ち出して、公会議開催の主導権をにぎろうと決心し、そのことを教皇に書いた。[59] そのさい彼は、自分は完全にカトリックであると表明し、プロテスタントが我慢して受け入れるような、教皇も提案をはねつけることができないような、完全に教会的性質の諸条件を提起した。〔そういう条件で〕彼は教皇に、信仰の問題のための教会会議を設けさせようとしたのである。アウクスブルクでは、二、三の者が反対した。もちろん、二つの根拠からである。一つは、最初に提案された公会議を非難した人々が、この新しい提案に従うとはおもえない、と。トルコがいつ襲来してくるか判らないし、他方では、危険がましつつある国内問題に全神経を集中しなければならないという理由で。そのうえ、帝国議会に参加していないその他の諸侯たちが公会議に参加を決心するにいたるには、あまりにも多くの時間を食うであろう。それが果たして、役に立つであろうか。代表委員たちの大部分は、次のように考えていた。公会議の開催は約束されるであろうが、しかし、皇帝自身が提案した諸条件の下においてであろうし、プロテスタントはその革新性を断念させられるであろう、と。一般的な印象は、教皇がよろこんで問題に一、二の譲歩を与え、公会議にいたる以前の状態にドイツを返すことに満足するであろう、というものであった。[60] しかし、はじめのときの発言に拘束されて、教皇は公然とは反対しなかった。彼は皇帝に、問題をもう一度、あらゆる面から考慮してほしいと要請した。しかし、現地に臨まれ、かくも良きカトリック教徒であられる陛下は、公会議の開催を避け難いと見なされたのでありましょう。わたしも、申し出られた条件の下でのみ、プロテスタントたちが聖なる母教会の儀式、協議に復帰することに同意するものです、と。公会議の最適の場所として、彼はローマを提案した。[61]

皇帝は、この返答には非常に不満であった。なぜなら、そこから、教皇が要望された公会議に一般的に不賛成か、あるいは、よろこんでそれをしようという決心がつかないでいるか、そのどちらかだということが、うかがわれたからである。そこで皇帝は、特使に向かってより詳しく要求を説得した。ルター派についてだけでなく、全般的問題の改善のために公会議が必要なのだ、と彼は述べた。トルコの攻撃が起こった場合には、共同の防衛措置を取るために、公会議はまさにうってつけの会合となるであろう。彼はできるだけ早く招集するようにと願った。特使は、文書発送から会合までには二年がかかるであろう、と考えていた。皇帝の方は、六カ月ないし八カ月、長くて一年の準備期間を認めようとおもっていた(62)。事柄をできる限り教皇の考えに沿って準備するため、皇帝は、九月七日、公会議の開催を通告したが、ただし、そのさい、「会議は来年の半ばに、皇帝、諸身分、キリスト教会全体にとって等しい形でもたれることになろう」と付け加えている。

カール五世は、進行しつつある事態に逆らった自分の命令が聞き入れられると実際に信じていたのだろうか。彼にとって、プロテスタントたちの気持ち、意向が常に閉じられたままであったのが、明らかになった。問題はこうであった。プロテスタントたちは、帝国政府の考える公会議を要求したのであり、それまでは自分たちの状態を全体的に維持することを欲したのであった。いまやローマ、および皇帝は公会議の招集を提案したわけであるが、しかし、会議が開会されるまでは、これまでの秩序を守るように彼らに要求したのであった。彼らとしては、それを呑むことができるであろうか。彼らは答えた。「この要求に従うことは、神と良心に反することである。そのうえ、われわれは法的にもそれに従う義務はない。より以前の帝国決議において、公会議が了承された。その場合、今回のような条件は述べられていなかった。前回のシュパイヤーで多数派がこの点について決議したことについていえば、それに対してわれわれは厳重に抗議したのであるから、それはわれわれを拘束することはできない」と。口頭の申し渡しにおいて、皇帝は彼らを「分派《セクト》」と表明したが、それについて彼らは真剣に抗議することを怠らなかった(63)。

皇帝はもう一度彼らに書簡をおくり、「抗議」は無効であり——その主張の根拠には立ち入っていない——したがって、少数派はまさしく多数派に従わねばならない、と主張した。同時に彼は、カトリック側の代表者たちが、この段階にいたっても、なおひたすら妥協的であるのに驚いている。(64)その返事においてプロテスタントたちは、宗教問題についてはもはや議論していない。彼らは皇帝に、ただ自分たちの法的立場を明確にしようと努めている。自分たちは、一五二四年と一五二六年の帝国議会の決議を頑として譲るまいと決心しており、そのような決心をいかなる多数派といえども彼らから奪うことはできないであろうが、彼らは単に外的平和を願っているだけである、と皇帝に反論した。この種の返答は避け難いことであったが、皇帝はそれによって少なからず気分を悪くした。彼はプロテスタントたちに、自分としては君たちの返答を「著しい不快感をもって」聞いた、と知らしめた。「彼らは自分に」と、彼は使者を通して教皇へ書いている。(65)「ひどい過ちを返答して来、それについて自分は考え込まざるをえなかった」と。このときすでに彼には、武力を行使しなければならないであろう、という見通しが上って来ていたが、なお、自分が個人的に乗り出せば、なにかを成し遂げることが可能かもしれないとおもった。「そうすれば、それだけ益々、すべてが正当化されるであろう」と、彼は上述の教皇宛書簡に書いている。「わたし自身は、わたしが直ちに実行に移したいことについて、彼ら全体、あるいは個々人とであるにせよ、彼らと話し合うことが、いいようにおもわれる」と。一日、彼は、プロテスタント諸侯たちと個人的に交渉するため、彼らを自分の居間に召し寄せた。彼は彼らすべてに、出来る限りの好意と友好的態度を示した。知られている限りでは、彼は、彼らを説得するために八時間、ないし九時間を費やしたといわれる。彼が語ったところは、ただその要約が伝えられているだけである。そのさい、教会からの離脱問題が話し合われたことはありうることである。それ以上に主要に話し合われたのは、帝国法の問題であった。プロテスタントが、自分たちの承認した帝国議会決議を楯とし、それに責任を負うかの如き態度を取りながら、にもかかわらず、帝国議会決議に反するような控訴に固執するというのは、矛盾ではないかと皇帝は指摘した。(66)皇帝自身は、シュパイヤーの二回にわたる帝国議会を混同したのではなかろうか。あるいは、それは、報告書の誤解なのであろうか。カール五世は、そのさい、信仰問題には控訴はありえず、皇帝に服従することを要求した。彼らは、それに対して、すべての事柄については服従する用意がある、ただし霊魂と良心に関する事項を除いては、と声明した。世俗的服従と宗教的信念のあいだの分裂は、個人的斡旋《あっせん》によっては、なんら乗り越えられなかった。この問題が彼をいかに腹立たしい思いにさせたか、ほとんど書くことができないと、あるときカールは語っている。彼、ラテン・キリスト教会の理念に固執した彼は、彼の反対者すべてに勝利しようと欲していた。彼の名誉欲は騎士的性質のものであったが、彼は、その騎士道ではなくて、彼には全く理解できない振舞いに巻き込まれている自分を発見したのであった(67)。

事実、彼はあらゆる手段を尽くしたいま、武器を手にしなければならないと信ずるにいたった。すでに上述したローマ宛の書簡で、彼は述べている。「いま最大の果実をもたらすことができるのは、武力です」。諸身分多数派に対しても、彼は打ち明けている。信仰の本質を害するようなことについては、自分としてはなんら譲歩はできなかったので、また、あらゆる宥和的行為もなんら役に立たなかったので、必要とされるすべてをなすために、諸身分の援助と助言をえて、自分の身体と財産をなげうつ覚悟である、教皇や他の君侯にもこの目的のための援助を求めるつもりである、と。

帝国議会開会のときから、彼の枢密顧問団はこの考えにとらえられていた。プロテスタントが、皇帝の判断にも、人々が欲する公会議の考えにも従わないという態度を頑固に維持するというのであれば、特使とともに、武力行使を進言するほかはない、とおもわれた(68)。

ローマでは、皇帝の努力が無駄におわったということが知らされたとき、決定的な成果が期待されていただけに、深い悲しみに包まれた。枢機卿会議では、ただ一つの声だけが聞かれた(69)。すべての枢機卿が抱いた考えは、いまや古き異端に代わって、新しい異端が登場してきたということであった。なぜなら、誤りは見解ではなくて、意志のなかにあるからである。ただカトリック諸侯の権力と武力だけがそれを翻《ひるが》えさすことができる。彼らは、皇帝が剣を掴まなければならない、という見解で一致した。ロアイザは、良心と名誉が命ずるところであるから、静穏さを捨て、神に奉仕する労苦を自分のうえに引き受けるようにと、皇帝に勧告した。彼は、真の武器、すなわち「戦争」という手段を取るのに無為に時間を空費してしまったコムネロスの反乱*のことを思い出していた。

＊ コムネロス comuñeros の反乱……カール五世がスペイン王位に就任した直後、一五二〇年五月、カスティリア諸都市が誓約団体（コムニダー）を結成して、重税の撤回、身分制議会の権限強化を要求して起こした反王権闘争。一五二一年四月、国王軍によって鎮圧された。

ただこの問題に熱心に取り組んできた告解聴聞師だけは、この場合、重大な困難があることを忠告した。〔福音派の〕領主は多く都市と同盟を組んでおり、それをスイスが後押しをしている。だれが、フランスがおとなしくしているといえるであろうか。だれが、トルコの来襲が迫っていないといえるだろうか。彼の助言には、特別な柔軟さが示されている。彼がもっとも好んだのは、皇帝が、この問題を善意と権力によって解決し、栄誉を手にすることであった。これが達成されなかった場合に、はじめて公会議が推奨される。なぜなら、それからひとしく、聖界、および俗界身分のカトリック教徒の大きな改善がもたらされるからである。しかし、教皇がこれを拒否すると、彼は皇帝に謝罪した。なぜなら、教皇は、離脱者の霊魂が地獄に堕ちるか否かに心を痛めることなく、彼らの服従だけを欲していたからである(70)。

ドイツの諸身分多数派から、皇帝は多くの援助を期待できなかった。彼らは常に弱く、優柔不断のように見えた。彼らの特別な利益が問題にならない限り、信仰の問題は彼らにはわずかな印象しか与えなかった。皇帝に無条件に加勢して、諸身分階層の他同僚に対して戦争することを、彼らは考えなかった。トルコの攻撃が、いまや始まろうとしている内戦に遭遇した場合、なにが起こるであろうか。その場合に恐れねばならなかったのは、福音派ドイツ諸侯たちの領域において全面的蜂起が起こることであろう。旗を掲げる以外、なにもする必要がなかった。スイス人がドイツ都市の救援に駆けつけるであろう。(71) 特使が皇帝にこのことを説得しようとしたが、無駄であった。敵意への傾斜とその結果に対する憂慮とのあいだを動揺する傾向に対応して、諸身分は、もちろん戦争の見込みを含みながら、しかし、さし当たっては、それを延期するという決議案を提出した。プロテスタントには、さし当たって〔明年〕五月五日まで、調整のつかなかった条項について再考慮の時間が与えられる、というのである。

この決議案はまたもや印刷に付されたが、それがプロテスタントの自尊心を傷付けた。(72) その文中に、なにびとも彼ら「分派《セクト》」に強制されてはならない、とあったのである。語句と内容ともに、福音派にとって憎むべきものであった。その内容は、彼らがただでさえ服従しまいと考えていた規則を含んでいた。たとえば、再考慮を許された期間内においては、信仰の問題についてなんら新しい信仰に関する印刷物を発行してはならないとか、修道士に告解聴聞やミサ奉献をみとめるべきである、といった規定が含まれていた。その果てには、〔メランヒトンの〕「信仰告白」は、聖書の良き根拠に反している、とさえ述べられていた。プロテスタント側がこの決定を認め、それに署名するならば、彼らは自分で自分の首を締めることになろう。ためらうことなく、彼らはそれを拒絶した。彼らはその拒絶の詳しい根拠を述べるなかで、自分たちは決議案の誤りに対して反証するとともに、この機会に、皇帝に自分たちの「信仰告白」の擁護論を提出したい、と主張した。その主要点では、この擁護論は「信仰告白」と同種のものであった。しかし、わたしが誤っていなければ、擁護論の編纂の仕方、その内容は、カトリック教義から大幅に遠ざかった意味のものになっていた。

この〔決議延期の〕議案をめぐって、彼らはいま一度、嵐を持ちこたえねばならなかった。ブランデンブルク選帝侯ヨアヒムは彼らに告げている（九月二三日）。自分たちがこの決議を受け入れないならば、この決議を通すため、皇帝ならびに諸身分は、その身体、財産、領地、人民を賭けようと決心しているのだね、と。皇帝は宣言した。これ以上の変更は、わたしは許さないであろう、と。プロテスタント側が決議を認めるならば、それでよし。もしそうでないならば、皇帝として、他の諸身分を糾合して、遅滞なく、「分派」の掃滅をはからざるをえないであろう。

しかし、初期の脅迫がなんらの効果も生まなかったので、今回の脅迫もなんらの印象も与えなかった。同盟というものにおける強い誠実さがはねつけてきた宗教的要素――それは、同盟締結の誠実さとは同質のものではなかった――が、それが排除されたはずの同盟体制に、まさにゆるがぬものとしての特質を付与したのである。

かくしてあらゆる接近の試みは失敗におわった。少数派は、自分たちの立場を堅持しよう、自分たちに反対してなされる企てをなすがままにさせておこうと決心したのであった。かくして人々は分離していくほかはなかった。

ザクセン選帝侯が政治的に、皇帝に対して反対する気質をもっていたと信ずる者があるとすれば、それは非常な誤りであろう。皇帝や他の領主たちと別れなければならなかったのは、彼の心を悲しませた。しかし、そうするほかはなかった。最後に、彼が帰国する時がやってきて、辞去の挨拶をするため、皇帝のところへ赴いた。「伯父上、叔父上*」と皇帝はいった。「わたしは、殿下に対して間違ったことをしませんでしたよね」。選帝侯は、それに対してなにも答えなかった。彼の目には、きらきらとした涙が溢れていた。彼は言うべき言葉を見付けられなかったのであろう。かくして彼は宮廷を、そしてアウクスブルク市を去ったのである[73]。

＊　年長者への呼びかけの語であろう。

皇帝に与えられた助言のなかに、次のようなものがあった。とりわけ、なんらかの手段によって諸侯を獲得する。そして、その次に、彼らの援助をえて、都市に対して武力を行使する、という意見である。カスティリアでは、それでうまくいった。しかし、ドイツではそれは実行不可能である。都市戦争の時代はすでに過ぎ去っており、宗教的不和が最高の帝国権力者たちをとらえていた。シュパイヤーでは、その不和はただ諸侯たちのあいだを引き裂いただけであった。いまや皇帝が加わり、それに巻き込まれていった。これまで、和解への展望が皇帝を包み隠していたが、いまや彼は白日のもとにさらされることになった。

都市自体もまた、一致団結するところからはるかに遠かった。全部がプロテスタント化したわけではなかったからである。最初はロイトリンゲン、次いで漸次、ケンプテン、ハイルブロン、ヴィンズハイム、ヴァイセンブルク・イム・ノルトガウが、ニュルンベルクに同調した。他の四つの都市、シュトラスブルク、メミンゲン、コンスタンツ、リンダウは、これまでスイス的聖餐理論に与《くみ》していたが、彼ら独自の信仰告白、いわゆる「四都市信仰告白（テトラポリターナ Tetrapolitana）」*を提出し、それは、のちに見るように、プロテスタンティズム内の歴史にとって、重要な内容をもつものであった(74)。彼らに対して、皇帝はカトリック的反証を読み上げさせたが、もちろん効果はなかった。シュトラスブルクは、ニュルンベルクその他の都市と同様、決然たる勇気を示した。ルター派とカトリックのあいだに、意図された和解が成立した場合には、四都市は少なからざる苦境に陥るはずであった。皇帝が彼らに対してドイツ国内で武装し、またイタリアから軍隊を彼らに差し向けているという噂がながれ、二、三の帝国諸侯からそのように知らされた(75)。しかし、アウクスブルクの事態がどのようにすすむにせよ、彼らは、始めと同様、なんら怖れはしなかった。

＊　シュトラスブルクのブッツァー、カピトーによって作成された「信仰告白」。四都市が署名した。ルター派とツヴィングリ派の中間の立場をとり、のちルター派に合流した。

皇帝が九月二四日、次のことを提示できたのは、その他の都市に対してであった。すなわち、ザクセンとその同調者たちが、基本的には自分らにとって有利なはずの決議案を、主として決議案中に、彼らに修道院領の返還を勧める項目があるという理由で、はねつけたのが、いかに不当であるかという話である。さらに、続けていう。自分は、事柄に結末をつける決意である。他の諸身分諸君と同様、生命と財産を投げ出す覚悟であると約束し、諸君もそうしてほしい、と述べた。都市代表者たちは、上司に相談させてほしいと嘆願したが、皇帝は即答を迫った。

それに応じて、なおカトリックにとどまっていた大小の諸都市、ロットヴァイル、ユーバーリンゲン、ケルン、ハーゲナウ、そして、レーゲンスブルクさえもが、なんら疑念を抱かずに、皇帝に与《くみ》することになった。

それに対して、少なからざる混乱に陥ったのがその他の都市であった。彼らはこれまで「信仰告白」に譲歩をしていたが、皇帝や多数派の反対に走る——その可能性は高かったのであるが——ことをしなかった。彼らは、決議を受け入れることによって、〔メランヒトンの〕「信仰告白」に反対を声明することになり、彼らの同信者との決闘を余儀なくされることを考慮に入れねばならなかった。次から次へ、フランクフルト、ウルム、シュヴェービシュ・ハル、最後にアウクスブルクが拒絶を声明した。アウクスブルクでは、考えられるように、皇帝の所在が大きな困難を生んでいた。ここではごく稀なことであったが、すべてのツンフトが構成員を出している大参事会の招集が必要と考えられた。しかし、大参事会が否定するには、あまりにも深くプロテスタント精神が市民のなかに浸透していた。皇帝の眼前で、アウクスブルクは決議案の受け入れを否認したのである。(76)

いまや十四の都市——そのなかには、まさにもっとも裕福で、繁栄していた都市、シュトラスブルク、ウルム、アウクスブルク、フランクフルト、ニュルンベルクが含まれていた——が決議に反対するにいたった。少数派は、初めに見られたような、取るに足らないものでは最早なくなっていた。その間、皇帝は、帝国を体現している多数派と、一、二の特別な事柄について交渉していた。とくに対トルコ援助と聖職者からの苦情取り扱いの問題である。教皇が〔ローマ〕王フェルディナントに、ドイツとオーストリアにおける〔回復された〕聖職者の財産〔処理を一任するという件〕について打ち明けていた認可は、執拗に拒否された。まずはじめに、聖職者たちは、教皇による認可を断固認めるつもりはないと声明した。次いで、議会全集会者がこの問題を自分たち全体の問題とした。グランヴェラの「覚え書」の一節に、「彼らは、事態が変わらない場合には、なんら対トルコ援助を果たすつもりはない」と記されている。帝国においても、オーストリア世襲領においても、このような教皇の越権行為は許されないであろう。(77) グランヴェラはこのことを王に認識させ、フェルディナントは実際に教皇教書を失効させる決心をしなければならなかった。

このようにしてはじめて、対トルコ援助が承認された。もちろん、皇帝が欲したような、根気強いものではなかった。そのような根気強い援助は全キリスト教世界の参加によって、はじめて可能なものであると諸身分は述べている。だが、そうした言葉にもかかわらず、皇帝には、全部としては著しい数の、一五二一年のローマ遠征のときよりも一段と多い数の緊急救援が認められた。歩兵四万、騎兵八千の救援部隊で、出征期間は六カ月であるが、その期間は必要とあらば、延長可能とされた。救援は金ではなく、人員供出の形で行われ、その配分は帝国クライスに応じてなされた。

提出された諸文書からうかがわれる帝国議会の主たる目的は、過去数年間多くの騒ぎを巻き起こしてきた聖職者身分と世俗身分とのあいだの確執を解決するところにあった。聖職者身分は、これまで非常に激しく苦情をいわれてきたが、いまや彼らもまた自分たちの苦情を申し立てるようになっていた。以前ならば、それは激しい争いを引き起こしたであろう。しかし、いまや、相互の敵意は、もう一つの〔福音派に対する〕共通した敵対意識に席をゆずり、双方からの成員からなる委員会が設置され、実際に妥協を成立させ、皇帝はそれを、基本法として帝国に告示させることにしたのであった[78]。

また、百箇条の「苦情書 Gravamina」もこのさい再び思い出された。世俗諸侯たちは、いつものことであるが、自分たちの決議に固執して、「苦情書」を新たに提出した。教皇特使はそれについて交渉する権限を与えられていなかったので、皇帝が、自分の使者を使って、ローマを刺激すべく、そこへ苦情を送る役目を引き受けた[79]。

ほとんど苦情の廃止が承認されたように見え、かの基本法さえもがある程度の権威をもつように見えた[80]。しかし、その後に生じたより強力な改革のまえに、それらに対する関心は消滅した。

協議の最重要対象として残っていたのが、これらの決議を非難している諸身分の他のメンバーに対して、皇帝および多数派がいかなる態度を取るべきか、という問題であった。

繰り返しての討議の結果、多数派がたどりついたのは、皇帝がヴォルムス勅令にもとづいた新たな宗教勅令を発してはどうか、という結論であった。ザクセンとその同調者がこれに服従することを拒めば、皇帝は彼らを召喚し、それにふさわしい罰のあることを知らしめ、それを執行する、というのである。

次いで、この意味に沿った帝国議会決議案が実際に作られた。

皇帝は、そのなかで、ヴォルムス勅令を実行するという堅い決意を表明した。それからの背反者として、ルター派、ツヴィングリ派、再洗礼派をあげ、彼はそれらすべてを非難している。彼は、廃止された慣例、非難された教義を一つ一つ適用するように厳命し、聖界諸侯の正当性を改めて確認した。不服従に対しては、皇帝の司法当局が裁判を起こし、ラントフリーデの規定によって、帝国追放の罰を執行するであろう、とも。

同時に、全般的な公会議を招集するという計画も前面に押し出された。もちろん、カトリック諸身分と最後には了解にたっした決議には、プロテスタントたちに提示され、それらによって拒絶されたものよりも、より包括的、かつ断固とした規定が盛り込まれた。はじめ、公会議は誤った慣例や苦情の廃止を目的として設置されることになっていたが、いまや、分裂という誤りの克服が語られるにいたっている。もはや単なるキリスト教会の改革だけでなく、キリスト教信仰の管理が問題にされている。教皇が公会議を招集するということが明確に述べられたのは、決議の第二草案になってからであった[81]。なぜなら、この草案にさいしては、もはやプロテスタントの反感を気にする必要はなくなったからである。決議が実際に成立したときには、カトリックの考えが支配的に押し出された。皇帝は、公会議の招集は六カ月以内に行われるであろうと約束した。それから一年して、実際の集会がもたれることになるというのである。

クレメンス七世は、われわれが知っているように、ただ差し当たって、プロテスタントの仮の服従を前提として、賛成していた。彼はいまや決定的に賛同し、それに言葉を与えるべきではなかったろうか。

教会として認められる最後の草案になっても、彼には賛同の言葉を与えることは果てしなく難しかった。なぜなら、言葉にしたいという身振りが示すように、その〔公会議の〕要求は、文字通り、公会議の理念が以前からローマ教皇庁では憎まれていたということと関連していた。いかにしばしば、教会の頭と肢体の改革ということがいわれたことであろう！ 公会議は教皇に優越する、という古い発言の更新がほかならず期待されていた。また、それによって皇帝に権威の増大が付与されるかもしれないというのが、妬みを含んだ憂慮を目覚めさせた。皇帝がその影響を自分のために誤用するのは、いかに容易なことであろうか。彼がなすべきことをなしたとしたら、そこからローマ教皇庁にとっては良いことはなに一つ生じないであろう。(82) 教皇は、新しい要求を聞き取ったとき、心の底から溜め息をついた。彼はかつてそのことをかなり粗野な形で表現していた。彼はキリストの血（彼は既存の教会のことをこういっていた）を数人のドイツの飲んだくれの侵入にさらすべきであろうか。彼は逃げ出すほうを好んだ。そうすれば、他の教皇が選ばれるであろう。ただ一人の代わりに、一ダースの教皇が入手されるであろう。概してクレメンスは、自分の死のまえに飲む聖餐杯は、もっとも苦《にが》いものになろうと考えていた。彼は自分自身の健康について不安を覚えていた。枢機卿たちも、そのような印象を受けていた。しかし、情況はきわめて異常であり、皇帝の勧告があまりにもはっきりとし、同時に自信たっぷりであったので、皇帝の権威は圧倒的なものとなり、彼らに逆らい難いという印象を与えたのであった。

皇帝は、自分の要求に対してあげられた憂慮をほとんど考慮しなかった。公会議を招集するよりは、それを拒否するほうが、はるかに危険だ、と彼は主張した。新しい悪に対しては新しい対抗措置で対処しなければならない。それを怠れば、ドイツ全体の脱落が起こるであろうし、それはたちまち隣人の模倣するところとなろう。いま取り掛かるべきことは、大掛かりなものでなくてはならない。トルコ戦争の危険を、それに反対する口実にしてはならない。まさに、そのためにこそ、公会議を招集することが最上の処置となるのだ、と彼は繰り返し述べている。彼は早急な招集、速やかな決断を要求した。そして、招集が実現されるにしても、それまでずっと、事柄を現状のまま放置しておいてはならない。自分は、スペインへの帰国が促されているが、教皇が、ルター主義者をこらしめ、現在の悪を除去するために、いかなる処置を取られようとされているか、見守るために、この地に留まるつもりである、と。

全般的な保証に、きわめて特別なフィレンツェに関する保証が付け加えられていた。教皇は、このままでは、自分が皇帝の友情と恭順を完全に失うことになると確信させられた。皇帝の老告解聴聞師は、自分のところに来た皇帝の書簡を教皇に伝えたが、それは、教皇に宛てられたものよりも燃え上がるような、開放的な響きをもっていた。教皇の心配を散らすようなことはなにも述べられてはいないのであるが。

信仰問題に関する教皇庁聖省の集会において、公文書が読み上げられた。問題の重要性にかんがみて、それについて採決することは延期された。二、三日経った一一月二五日に、ようやく、枢機卿会議で採決が行われるところになった。

普段よりは多数の枢機卿が参加した。ロアイザは、まえもって指導的人物と話し合うことを怠らなかった。しかしながら、枢機卿の何人かは文字通り率直に提案に反対し、皇帝に与《くみ》する枢機卿たちは無条件で賛成にまわった。枢機卿団の幹事、枢機卿ファルネーゼは、公会議に賛成してはどうか、ただし、反対派の諸侯にもそれへの出席を招待する、と提案した。かくして、最後には全員一致で決議がなされた。神によって危機にある教会を守るために送られてきた皇帝の信頼にこたえて、彼の願望を満たし、公会議は招集されねばならない、と。教皇はそれに付け加えた。皇帝が公会議に出席し、善を促進し、有害なものを阻止することに自分の承認を与えるとき、たとえその結果を知ることができなくても、喜んで地に帰ることができるであろう、と[83]。

かくして、この決議は、多くの抵抗ののち、編まれ、最後に、無条件で、すべての疑惑を消した。それが、いまや成立したのである。それは、教会と国家の後世の歴史にとっていうにいわれぬ重要性をもつものであったが、さしあたっては皇帝にとって重要なものであった。

皇帝がそのなかの公会議の件に非常に大きな価値をおいた帝国議会決議――それは、一一月一九日の日付けをもっている――は、それ〔枢機卿会議の決議〕によって完全な裏打ちをえた。それらによって、彼には、その理念にふさわしい大規模な聖界・俗界の活動の舞台が開かれることになった。一面において、プロテスタントに対してそれに見合った措置を適用する自由が彼の手中に残された。他方において、彼は、ローマ教皇庁に対するある程度の優越性を獲得した、あるいは、教皇庁がただ彼に対する配慮からなした約束によって、むしろその優越性を固めさえした。この二重の関係のなかで、今後の彼の政治と生活は動いていくことになる。

自分は、神に奉仕し、使徒の座の栄誉のためになること、皇帝の地位にふさわしいことをすべてなすつもりである、と教皇に語ったとき、それは彼の本意であった。「われらは貴方がたに告げる」と、彼は枢機卿たちに書いている。[84]「われらはこの問題を完遂するために、王国も支配も惜しまないし、否、われらの生命と霊魂を、全能の神に奉仕するために完全に捧げるつもりである、と」[85]。

（1）異端を撲滅し、教会を在るべき状態に戻し、帝国もそのようにすること（一五二八年一二月）。Le Glay, II, 686.
（2）彼ら（カールとフェルディナント）は、支配者の権力を行使する Vim potestatis distringent.
（3）カムペッジオから皇帝に与えられた指示 Instructio data Caesari dal revmo Campeggio。「まず提議によって、次いで脅迫によって、彼の道、すなわち、神の道に復帰させる con offerte prima poi con minaccie ridurli nella via sua, cioè del Dio omnipotente」この意見はボノーニエン Bononien で決定され、エックによっても承認された助言である。［Mauerbrecher, Karl V.u.d. deutsch. Protestanten. Anhang S.3ff.］Vgl. Luther, Warnung an seine lieben Deutschen. Altenb. V, 534.［W. A. Bd. XXX, Abt. 3, S. 252ff.］
（4）ブドヴァイス Budweis 発、一月二八日付、皇帝に宛てたフェルディナントの書簡。Gevay, Urkunden von 1530, p.67. Bucholtz III, 427. の官房長の書簡抜粋を参照せよ。
（5）Förstemann, Urkundenbuch zur Geschichte［des Reichstages zu］Augsburg, Band I, p.209.
（6）一五三三年、貴族にして博士テウプーロ Nic. Theupulo の報告。「そこで人々は、買い物をするか、さもなくば、さまざまな領主に贈り物をしていた ne in esso vi erano spese se non di doni fatti a diversi signori（イタリア人も同様であった）」。しかし、インスブルックへ来たときには、すでに金はなくなっていた。
（7）Roma, 3. Giugno 1530. Lettere di principi II, p.194.
（8）ザクセン選帝侯のナッサウ、ヴァルトキルヒ伯宛書簡（五月一四日）。Förstemann I, p.162, 164.
（9）同上書簡（五月一三日）。Ibid., p.24. ザクセン選帝侯官房長ブリュック Brück の意見書も参照せよ。p.11.〔以下、略〕

（10）Leodius, lib. VII, p.139. エラスムスが兵士に対して述べた言葉も参照せよ。「二つの事柄が著しい希望を示している。一つはきわめて幸せな皇帝の才能であり、他は〔キリスト教の〕教理において、はなはだしく一致がみられないことである Duae res nonnullam praebent spem : una est gentius Caesaris mire ferix, altera quod isti in dogmatibus mire inter se dissentiunt.」（一五二九年末、または一五三〇年初頭）Epp. II, 1258.

（11）Raince, Roma（六月一日付）。「聖なる父も気付かされた。官房長〔ガッティナーラ〕が、当初抱いていた安易の意見に少々見当外れであることを覚えてきたこと、そして、自分が考え付かなかったほど、事柄が全体としてははるかに困難であることを認識するにいたったことを述べ始めていることを。Les. père est adverti, que le chancelier se trouvoit aucumment（ランスはこの言葉をしばしば用いている—ランケ注）deçu de oppinion facille, en quoy il en avoit été, et qu'il commençoit à confesser qu'il s'apperçevoit les choses en tout cas y étre plus laides qu'il ne pensoient.」古文書 Bethune 8534.

（12）これについては四通りのテキストがある。1. Altenb. Sammlung lutherische Werke, 2. Cyprians Geschichte der augusburgischen Konfession und zwei fliegende Blätter, 3. Kaiserl. Maj. Einreitung zu München etc., 4. Kaiserl. Maj. Einreiten zum Reichstag gen Augsburg. 最初の二者は Walch に、後二者は Förstemann に印刷されている。〔以下、略〕

（13）メミンゲンの代表者エーインガー Hans Ehinger は、とくに皇帝について記憶しているところについて報告している。「帝国国制にしたがって、二人の選帝侯が皇帝と並んで騎行し、教皇特使はそうではなかった」。Friedrich Dobel, Memmingen im Reformationszeitalter IV, S.28.

（14）非常に信頼すべき報告が、六月一六日付ニュルンベルクの使者の書面のなかに見出されるが、その中で、ヘッセン方伯は同夜の事柄について語っている。Bretschneider, Corpus Ref. III, 106. 少し違った明るさで、Förstemann.

（15）Schrift aus Augsburg. Altenb. V, 26. Walch 16, 873. イーゼンマン Isemmann 宛ブレンツ Brenz 書簡（六月一九日）Corp. Ref. II, 117.

（16）皇帝の帝妃宛書簡（七月五日）抜粋。Heine, S.11.

（17）皇帝陛下は「生まれ付きの善良さと穏和さから議会招集状に述べた通りの道を取ることになった。あらゆる了解において、公正な外観をとり、各人がそれへ動かされ、導かれていくことを期待して。かくして陛下は、その恵みふかき意図に変わらず、とどまられたのである。aus angeporner Güte und Miltigkeit diesen Weg（der Güte）nach vermöge des Ausschreiben furgenommen, der entlichen Hoffnung, der soll bei allen verstendigen ein billig ansehen haben und menniglich dahin bewegen und leiten, damit I. Mt. inn irem gnedigen Fürhaben verharren und pleiben」。Förstemann I, 308.〔以下、略〕

（18）かくして官房長ブリュックは、さし当たって、その「紙片 Zeddel」に記されたような、考えをまとめたのであった。Förstemann I, 39.

(19) 一五三〇年二月一九日。Winter I, 270. の抜粋。

(20) このいわゆるトールガウ条項は、シュヴァーバッハ条項以外のなにものでもない。〔一部省略〕Knaacke, Luthers Anteil an der augsburgischen Konfession S.18ff.

(21) 周知のように、諸侯たちが署名した〔ラテン語、ドイツ語二通の〕「アウクスブルク信仰告白」の原本はどこにもない。ながいあいだ、マインツで発見されたドイツ語のそれが原本であると信じられてきたが、ヴェーバーが『アウクスブルク信仰告白の批判的歴史』のなかで、良心的な勤勉さで示したように、それも、他のテキストと同様、本物という価値をもたない写しであった。この写本は、メランヒトンが一五三〇年に手配した最初の出版物とも、その他の写本ともちがった一連の差異を含んでいる。幸いなことにこの差異は多いが、重要なものではない。〔一部省略〕二、三の手写本の注意深く照合したものが、Förstemann にみられる。〔二版への追加〕マインツ官房発見の原本には、われわれは、一五四〇年のヴォルムスでの〔カトリック主体の〕宗教討論でも出会う。同年一二月四日のブランデンブルクの議事録によると、「エック博士は新しい信仰告白とその弁護論に対して闘ったが、それはアウクスブルク信仰告白を改善してふやし、多くの点で改めたものであり、エックのいうところによると、彼はそれに打撃を与え、新しい脂をそのなかに入れようとした……アウクスブルクにいた皇帝陛下は、マインツ官房にその原本の引き渡しを求めたが、それは聞き入れられ、引き渡しが了承された」。そこでわたしは、マインツ官房で発見された原本を、エックが約束した照合の手の入ったもの以外のなにものでもないと考える。

(22) 一五三〇年五月二一日付のレギウス Urbanus Rhegius のルター宛書簡。それによると、方伯フィリップは「無数のサクラメント」があることを認め、「レギウスの認めるところによれば、彼はツヴィングリに共感しているようだ」。しかし、レギウスも、ルター宛のメランヒトンの書簡も、方伯自身に問い合わせようとはしていない。ルター自身はすでに五月二〇日にそうしているのに。(de Wette IV. p.23.)

(23) 六月二七日、フュルステンベルク Philipp Fürstenberg のフランクフルト宛報告によると、その皇帝居室で正式な交渉が行われ、選帝侯とその一党が嘆願したといわれている。「翌朝、陛下は再び居間に現れると、周囲の者たちにそれに対する答弁を述べることを許された。そこで彼らは、皇帝だけでなく、自分たち各人の不愉快さについて悪口をいった。しかし、最後には控えめな態度にかえった」。〔六版への追加〕初版のとき利用した手書本のフュルステンベルクの報告は、現在、シールマッヘル F. W. Schirrmacher の労作〔Briefe und Acten zur Geschichte des Religionssprächs zu Marburg 1529 und des Reichstags zu Augsburg 1530...Gotha 1876.〕に印刷されている。

(24) Fürstenberg.「明るく明瞭に読まれたので、その場に居合わせた各人、ちがったドイツ語を話す人々にも、このような集会のときにはきわめて稀なことであるが、すべての言葉が一語一語理解された」。カトリック側にも、この朗読は大きな、もちろん、それにふさわしい名誉ある行為と受け取られた。二年後、これについてエックは、次のように罵っている。「ルター主義が強烈な威厳において提示されることに成功したので、誤りの擁護者は、委員会を通じて、新しい信仰告白の教理を皇帝陛下に提出するのをあえて躊躇しなくなったほどである Lutheranismus in arcem dignitatem evectus ita invaluit, ut assertores erroris non vererentur in publicis comitiis Augustae offerre Caesari novi dogmatis confessionem.」Praefatio in homilias V contra Turcam. A III.

(25) われわれはこの交渉の過程をとくに Buchholtz III から教わった。〔いまその大部分は、ブーフホルツの記載にしたがって、Brieger in Zs. f. Kirchengeschichte Bd. 12, S. 123ff. に印刷されている〕そのうちの注目すべき文書は、そっくりそのまま Förstemann Bd. II, p.9. にある。〔以下、略〕

(26) とりわけエックは、すでにインゴルシュタットで印刷に付していた文書を携行していたが、その表題は次の如くである。『主イエスとマリアの保護のもとで書かれた四〇四カ条。一部はライプツィヒ、バーデン〔スイス〕、ベルンの討論会に出席して述べられ、一部は神聖ローマ皇帝カール五世の面前で、真に聖書にもとづいて、教会の平和を乱す者を暴《あば》かんがために書かれたもの。教会の小さき下僕ヨハネス・エックが、この紙片において説明されているように、アウクスブルクの討論のために、皇帝陛下に提供すべく、皇帝の承認をえて、一年前に印刷させたものである Sub domini Jhesu et Mariae patricini Articulos 404, partem ad disputationes Lipsicam, Badensemet Bernensem attinentes, partim vero ex scriptis pacem ecclesiae perturbantium extractos, coram divo Caesare Carolo V Romanor. Imp. semper Augusto proceribus Imperii Joan. Eckius minimus ecclesiae minister offert se disputaturum , ut in scheda latius explicatur, Augustae Vindericorum die et hora consensu Caesaris posterius publicandis.』彼はまず、教皇によって誤りと断定された四一カ条を述べている。「それにわたしは、教書に反対し、教会分裂を企てるもの、カトリックが異教的、収税吏的とみなしてきた敵対的信仰を付け加えた assero, qui bullae contradizerunt, schismatocos esse ac fidei hostes, quos cathoricus habet ethnicus et publicanis.」次いで彼は、自分がライプツィヒ、バーデン討論会で擁護した箇条、ベルン討論会の結語に反対して述べた箇条、最後に目下吐き出されている新旧の誤り errores novi et veteres jam ventilati を、それに見合った表題を付けて持ち出している。そして、この四〇四カ条をこう締めくくる。「その無数の誤りのなかから、急遽、少数を抜粋したものである ex infinitis eorum erroribus hos paucos subtarie excerpsi.」急ぐあまり、彼はエラスムスの文章をもそのなかにかき集めたのである。彼の提題は、「ぶどう酒と房事と風呂場に関する提題 Propositiones de vino, venere et balneo」と揶揄《やゆ》された。この言葉はカトリックの社会でも流行し、彼を公然たる笑い者にしたのであった。

(27) コッホレウス Cochläus が、彼の著書『フィリップ・メランヒトンの弁明における四つ〔の誤り〕Philippicae quatuor in apologiam Melanchtonnis』Lipsiae 1534. に、この駁論の二、三カ条を印刷させている。第三条では、次の点が要求されている。「怖るべき冒涜――ルターの誤り、ブーゲンハーゲン、メランヒトン、ルターに傾倒せる人物アントニウス・ツィンマーマン、ルターの学識を学んだ市民たちの誤りに、有罪の判決を下す damnent diras blasphemias Lutheri erroremsuum Pygenhagium Melach-

thonem suum—Antonium Zimerman, hominem insigniter Lutherranum—studiosum Lutheri discipulum Burguerum.」あらゆるところから、非難すべき箇所が引用されている。それ故、コッホレウスも述べているように、まさに、「そのような答弁に対して有罪判決を下す会議は余りにも激しく、また長ったらしいものにならざるをえない quorundam consilium qui judicabant ejusmodi responsionem fore nimis acrem et prolixam」ことになった。

（28）『駁論』のほかに、『エックによって審査され、マインツ大司教と Georgio S. D. Augustae によって呈示されたプロテスタント信仰告白の原理について De principum protestantium confessione Johannis Ecci censura, archiepiscopo Moguntino et Georgio A. D. Augustae exhibitia』bei Cölestin III, 36. も参照せよ。その正確な印刷されたものは、Schirrmacher, a.a.O. S.203. に見られる。この文書は、二、三のカトリック諸侯についての裁きをしており、のちの譲歩の本質的なものを含んでいるので、そのため、前もって提出された欺瞞策という推測も上がっている。

（29）同時代の Ludovici の日記 III iv. 312（Ausg. von 1833）に出てくるパラヴィッチーノ Pallavicino の発言。「偏見の条項〔聖職者の独身制は〕教会の存在理由である Articoli pregiudiciali—alla ragione della chiesa.」一種の教会の国家理性というのである。〔第三版への追加〕当時ローマに在って、枢機卿会議にも陪席していた皇帝の告解聴聞師ガルシア・ロアイサ Garsia Loaysa が皇帝に宛てた手紙のなかで、このことを述べていないのは驚くべきことである。この手紙はハイネ G. Heine によってシマンクスで筆写され、一八四八年ベルリンで印刷された。さらに一八四九年、原本から Documentos ineditos XIV. に収録されている——これは一五三〇年から一五三二年の歴史にとって、きわめて貴重な寄与である。ただロアイサは当時ローマ教皇庁で公的な地位をもってはいなかった。彼は有益な助言によって自分の地位を確保しようとしただけであった。たとえ彼が述べなかったとしても、多くのことは疑いない。六月二六日付のカムペッジオの書簡の中で、公的情報という形を取らずに、この点が述べられている。彼はいう。「さまざまな方途によって、そこに落ち着いた per diverse vie intendo」わたしは、枢機卿会議について、これがまさに唯一の報知なのか、あるいは、そのほかの報知があるかどうか、未決定のままにしておこう。

（30）Müller, p.672. の印刷にさいして、こういわれている。〔本文には〕二〇、三〇年来の、とあるが、疑い無く筆記者の誤りであろう。

（31）Struve が新たに公刊した Archiv III, 16. に記載されている Spalatin の “von Herzog Hansen zu Sachsen churfürsten” は、同じ筆者によるフリードリヒ賢公に関する記述に比べると、はるかに益のないものである。

（32）Beckmann, Anhaltische Geschichte II. v. p.140. におけるヨハン公自身の表白。

（33）Cyprian, Geschichte der augsburgischen Konfession, p.184.

（34）七月二八日、Nikolaus v. Ende, Amtmann in Georgenthal 宛書簡。

（35）Müller, Geschichte der Protestation, p.715. この種の心配がいかに広がっていたかは、とりわけツヴィングリが一五三〇年初めヴェネツィアから受け取っていた報告が示している。その報告には、皇帝の意図がしるされているが、皇帝はザクセン大公ゲオルクを大公ハンセン〔ヨハン〕に代えて任命し、「後者から選帝侯の地位を取り去り――彼はもはや選帝侯でなくなる――それをゲオルクに与えようと欲していた」という。Archiv für Schweizerische Geschichte und Landeskunde I, p.278.

(36) ルターのテウトレーベン Teutleben 宛書簡（六月一九日）。

(37) ルターの選帝侯宛書簡（七月六日）。

(38) ルターの卓上談話（四月二八日）、またスパラティン宛ルター書簡（五月九日）。

(39) すでにケレスティンがそのことを認めている。オレアリウス Orearius はそれに反対して、歌がすでに一五二九年の歌集の中にあることを想起している。彼はその歌集を、一五二九年の年号表示をもつイエーナ、アルテンブルク版ルター著作集の中の歌集以外にはないと考えているが、この著作集〔の年代〕は、他の多くの著作集と同様、誤謬にもとづくものである。一五二九年の著作集は知られていないし、その存在は疑わしい。〔第六版への追加〕上記の歌集が発見されない限り、一五三〇年に止まらねばならない。たとえ発見されたとしても、歌の意義を損なうものではない。何故なら、すでに一五二九年に大いなる敵対関係は出現しており、その敵対こそ、生成しつつある教えを破滅させる恐れがあったからである（vgl. Luthers geistliche Lieder, herausgeben von Philipp Wackernagel, S. 91, Nr.21, und S. 157.）

(40) ブリュック宛ルター書簡（八月五日付）。bei de Wette IV, S.127.

(41) 辺境伯ゲオルクの本家の甥〔選帝侯ヨアヒム〕に宛てた書簡（七月一九日）。Förstemann II, 93.

(42) 同時期の交渉に関する記録。a. a. O. 630.

(43) Beckmann, Anhaltische Chronik II, v. 142.

(44) ニュルンベルクの使者の書面。Corp. Ref. II, 167.

(45) 〔方伯フィリップがアウクスブルクから立ち退いたのは〕八月六日。七月二〇日に彼はチューリヒの市民権をえていたが、それが、彼の進退に大きな影響を与えたのである。Vgl. Escher und Hottinger, Archiv für schweiz. Gesch. und Landeskunde I, 426.

(46) ブッツァーは「ディオクレティアヌス帝時代になおかろうじてあった聖者の肉の引き裂き laniena sanctorum, qualis vix Diocletiani tempore fuit」を怖れていた。

(47) ティエポロ Niccolò Tiepolo『報告 Relatione』「アウクスブルクで聞いたところによると、ルター派に対して戦争を起こそうとしておられる皇帝に、彼ら（バイエルンの二人の大公）はみずからを提供しようと申し出た、と。そして、彼らがマントヴァ大公と協力して、ドイツへ動かせるように、この機会に軽騎兵一〇〇〇を編成しようと試みていることも知ったEssendo in Augusta intensi che si offersero (die beiden Ferzoge von Baiern) all'imperatore volendo lui muover guerra a Lutherani, e seppi che tentorno col duca di Mantova d'haver il modo di condur 1000 cavali leggieri d'Italia in casa si facesse in Germania.」

（48）エックもまた、その意見書『ヨハン・エックによって審査されたところのプロテスタントの原理について De principium protestantium Johannis Eccii censura』（bei Cölestin III, 36）で述べている。「人間の業《わざ》は自然のものであり、それ自体としては益のあるものではないが、しかし、ただ神によって、神のお慈悲によって、神の恩寵のお助けによってのみ〔有益である〕quod opera de sui natura et in se non essent meritoria, sed solem ex deo, ex misercordia dei, ex gratia dei assistente.」

（49）当時、スパラティンは第一部会の書記を務めていた。Förstemann II, p.228. そのようにエック自身の発言も理解された。Cölestin, p.36.「われわれは贖罪の第三部に満足するものである。そこにおいては、善行の成果が実を結ぶように努力すると告白される。それに反して、口頭による贖罪は言葉だけのもので、実質がない nos ponimus satisfactionem tertiam partem poenitentiae, ipsi vero fatentur debere sequi fructus bonorum operum, ubi iterum solum lis est verbalis, non realis.」

（50）Cölestin, Relatione III, 45.「それ故、ミサは真の犠牲ではなく、神秘的なもの、象徴である Est ergo missa non revera victima, sed mysterialis et reoraesentativa.」

（51）未決定の答弁。Förstemann II, 256. いくぶん疑念をもって、ebendas. p.245, p.75. も参照せよ。この後者から判ることは、彼らがすべての教権制度を、教皇制もふくめて、はっきりと人為的法から導き出そうとしていることであり、そのうえで容認しようとしていることである。その限りでルターがこれらの点に同意していたことは、彼が躊躇しながらもそれに署名したことがそれを証明している。Walch XX, 2178.

（52）ザクセン弁明書。Müller, p.861. und in dem Archiv von Förstemann p.150.

（53）「妻帯者 conjugatio が聖職者身分に取り立てられ、叙任されるべきである。古く初代の教会の時代に行われたように」。カトリック側委員が、未決定ながら、間違いのないキリスト教的手段として提案したもの。Förstemann II, p.250.

（54）Thom. Leodius, Vita Friderici Palatini VII, 151. 拒否することを認識するように Utintellexit, ita rejecit.」Vgl. Melanchthon an Cameratius. Corp. Ref. III, 590. カムペッジオの最初の意見もそこへ向かっていた。「聖なる父よ、わたしは生の尊厳、神の掟の遵守をもって、同様に注意深さと勉学のすべてをあげて、聖霊にあずかるべく努力をしてき、同様に敬虔に教会の問題全体を整えることを推し進めてきた I santi padri, con la santità della vita, osservantia delli precetti divini, con summa vigilantia e studio si sono sforzati a partecipare del spirito santo, dal quale senza dubbio spinti hanno così santamente ordinate tutte le cose della chiesa.」

（55）ブレンツ Brenz は「たまたま必要とされるものに対する特免 praecetum dispensabile in casu necessitatis」について述べている。そのために必要とされるのは、彼にあっては、ローマ教会の決議であるが、だからといって、彼はその必要性が正当化されるとは考えていない。

（56）Hausdorf におけるシュペングラー Spengler の意見。Leben Spenglers p.65.

（57）帝国議会のある意見（Archiv zu Brüssel）は、次のように述べている。「事態は、より悪い、取り返しのつかない不都合を待つことなしに、この状態にとどまることはできないであろう La matière ne peut pas demeurer en ces termes sans en attendre pis et inconvenient irréparable.」
（58）ミケル・マイ Micer Mai が書いた文書（一五二九年五月一一日付）。Heine 521.
（59）皇帝の書面。Lanz I, 390.
（60）Loaysa, 31. Julio.「わたしは、（ドイツが）企てられたところへ入り込むよりは、在ったままにとどまることを望む querria mas, que（Alemania）quedase, como estaba, que meterse en esta empresa.」
（61）教皇クレメンスの皇帝宛親書。熟考した審議の結果である第一の懇望——審判において必要とされる満足感において、カトリックを蘇生させるために、公会議の招集を提案し、許可することを陛下に告げるものである。ただし、無節制に作り上げられている彼らの誤りから離れて招集される条件において、であるが。All'imperatore di mano propria di Clemente: Pregatala prima che esamini maturamente — dice a V. M. che son contento che quella, un caso giudichi esser così necessario, offerisca e prometta la convocatione del concilio, con conditione però, che appartandosi da'loro errori tornino incontinente al viver catholicamente. Lettre di pr. II, 197.
（62）サルヴィアーティ Salviati 宛カムペッジオ書簡（八月一〇日）Lämmer,［Monumenta Vaticana］53.
（63）Förstemanns Urkundenbuch II, 393. にあるアンスバッハ文書に対する注釈。また Förstemanns Arch. 136. にある Sächsische Apologia.
（64）プロテスタントの返事（九月八日付）Förstemanns Urkundenbuch II, 411. Schirrmacher, a. a. O. p.261ff.
（65）Micer Mai への書面。Sandoval II, 119. 日付けが入っていないが、同日であることは確かである。
（66）彼ら自身が多くの理由によって、すなわち、一方ではシュパイヤー帝国議会の決議の布告を援けることを欲しながら、他方では同会議に控訴するなど、彼ら自身矛盾を犯しているようにおもわれる。Mostroseles por mucha razones, como ellos mismos se contradician, queriendose por una parte ayudare del decreto dela dieta d'Spira y por otra del appellacion que del hizieron. Relation de lo, que se ha hechoen Augusta. (Documentos ineditos I, 266)
（67）ヘラー Heller の報告。Förstemanns Urkunden II, 422.
（68）もしいわゆるルター派が強情のままでいるならば、枢機卿たちの意向に賛同しなければならない、すなわち、いかなる手段によってにせよ、彼らに対して厳格に対処しなければならない Si lesdits Luthèrians — demeurent obstinez, il faut savoir l'intention du Sieur Légat, comment et par quels moyens on pourra procéder cntra eux par rigeur.
（69）全部の意見であった Paresció à todos. Loaysa, 1 Oct. Heine 373.

(70) ときおり彼（告解聴聞師）は、つねにプロテスタントを激しく叱り付けながら、公会議が開かれようと、そうでなかろうと、彼らに対して最後の手段を取ることを奨めていた。教皇に対する彼の判断も動揺していた。だれも、皇帝の考えと当時意図的に遠ざけられていた告解聴聞師の意見とが一致していたとみることはできないであろう。

(71) Campeggi bei Lämmer, Monum. Vaticana 50.

(72) 国王〔の勅令〕の方が、教皇の教書の取り消しを渇望した聖職者の第四グループには、好意をもって迎えられた Konigklich wirde zu Hungern etc. Revocation der Bapstlichen bulle auf den vierten d'Geistlichen gutter erlangt. Förstemann. Urk. II, 843.

(73) ザクセン選帝侯の弁明は、Förstemanns Archiv p.206. にある。グランヴェラ Granvella は一五四二年、選帝侯の辞去を皇帝陛下に対する彼の好意、愛情のしるしであったと思い出している。

(74) フュルステンベルクは、七月五日、次のように報じている。「シュトラスブルク人は、昨日われわれ、および若干の都市の人々を呼び寄せ、皇帝に提出しようとしている彼らの教理、説教にもとづく信仰告白を前もって聞かせ、できればそれに署名してほしいと求めた。それは、諸侯たちのそれよりも十分整ったものであり、綿密で良好なものであったが、われわれは、これまでわれわれのところで、サクラメントに関する彼らの意見が述べられることはなかったので、署名を拒否した。それとは異なって署名した人々は、〔すでに聞いて来たという〕特別な理由から、そうしたのであった」。

(75) この不安の表現のなかで、エーインガーは次のように付け加えている。教皇とかフランス国王の取り扱いからうかがわれるように、皇帝の不興は厳しいものであった。しかし、地上の皇帝、国王その他の人々よりも、神を眼前にもたねばならない。そして、聖なる福音の周知の真実から眼をそらすようなことがあってはならない。（Schreiben Ehingers von 26. September 1539, bei Dobel. Memmingen im Reformationszeitalter IV, p.70.）

(76) ニュルンベルク宛クレス Kress、フィルカマー Vilkamer の報告。Corp. Ref. II, 422.〔以下、略〕

(77) 代議員たちは明確に言明した。もし国王〔フェルディナント〕が教皇教書を完全に拒否しないならば、上述の急遽なされた誓約はなんら同意したものとはならないであろう。そして、それは、帝国においてそうであるばかりでなく、オーストリア国に住むすべての諸身分の臣下の反対にあうであろう。何故なら、彼らは教皇に臣従することを欲しないこと以外にはなんら考えていないからである。グランヴェラが国王に対してなした注解。au roi, que S. M. regarde etc.

(78) 基本法にまとめられた聖界ならびに俗界の諸困難の調和 Concordata der geistlichen und weltlichen Beschwerung, constitutionsweis zusammengezogen. Buchholtz III, 636.

(79) Adrian Catalogus codicum bibl. Giessensis nr.（p.93）に次の記事がある。苦情に関して代議員が協議せる論題ならびに論議。同ドイツ人の苦情書は審議のため教皇庁へおくられた。Consultatio et deliberatio consiliariorum deputatorum super gravaminibus, quae nationi Germanicae per sedem apostolicam inferuntur.

(80) ジットラー Sittler, Geschichte der Fundamentalgesetze der deutsch-katholischen Kirche (Werke VIII, p.501.) は確言している。実際にしっかりとまとめられた『苦情書 Gravamina』と〔諸困難の〕『調和書 Concordata』の二つの文書は、日常的に論議するため、皇帝の宮廷の卓上に置かれていた。

(81) Reichsabschied von 1530, § 5, 61.

(82) Cartas des kaiserlichen Gesandten, Musarttola. からの抜粋。Leiva III, 29.

(83) Loaysa の報告(一一月三〇日) Documentos ineditos.

(84)『ペドロ・ド・ラ・クエバ Pedro de la Cueva への訓令』と『教皇への通牒 carta dirigida al Papa』Heine 525. なんらか二次的目的を達成するために、ローマで皇帝の書面がでっちあげられたからといって、そこから、皇帝がその真面目で、燃えるような書面でもって二次的目的の達成を意図していたとはいえないであろう。参照、後述 Buch VI, Kap. 6.

(85) 貴方がたの慎重さと善意にそって、彼ら〔ルター派〕をいかに統御するかを助言するのは、貴方がたを喜ばせるであろう。……国家に対して損害を与えるようになることを妨げ、部分的にせよ、神のお慈悲によっていぶされた職務や官職を果たすために、われらは必要な事柄を成就するために、王国も支配をも捨てるのを惜しまない。貴方がたの助言に従って。Il vous plaira, selon votre prudence et bontó, adviser comment on se peut gouverner avec eux— (les Luthériens) —tant pour empescher qu'il n'advienne plus détriment à la chose publique, que partiellement pour satisfaction des charge et office, esquels par la divine clemence fumes constitués, vous advisans que n´ é pargnerons ni royaumes ni seineuries pour la consommation de chose tant nécessaire etc. [MS] Bethune 8539.

## 〔解　題〕

本編は、レオポルト・フォン・ランケの『宗教改革時代のドイツ史』第三巻中の「一五三〇年のアウクスブルク帝国議会」の部分[*]の翻訳である。

* Leopold von Ranke, Deutsche Geschichte im Zeitalter der Reformation, Bd. 3 (1. Aufl. 1840; Akademische Ausgabe, 1925), S.179–237.

周知のように、ドイツ宗教改革は一五一七年一〇月三一日のマルティン・ルターによる『九五カ条』提題の提示に始まるが、一五二一年皇帝カール五世はヴォルムス帝国議会にルターを喚問し、その教えの取り消しを求めた。しかし、ルターの断固たる拒否にあい、そこで若き皇帝はヴォルムス勅令を発し、あくまでもその教説を封じ込めようとしたが、彼は本来はスペイン王であり、スペイン統治やフランスとのイタリア戦争に手を取られて、ヴォルムス禁令を厳重に実施するにはいたらなかった。その間にドイツでは、一五二五年の大ドイツ農民戦争の勃発が示すように、新教は庶民のあいだに広範に普及した。このまま放置すれば、カトリック教会の基盤を、ひいては封建的支配階級の存立を大きく揺るがしかねない。一五二六年、一五二九年の二回にわたるシュパイヤー帝国議会でも禁令は繰り返されたが、効果は期待できそうになかった。そうした状況に直面した皇帝は、みずから議会を主宰し、新教派にも十分意見を述べさせて、カトリック教会への吸収、ないし妥協を図らせようと決意したのであった。こうして一五三〇年、アウクスブルク帝国議会の招集となったのである。

皇帝カールが招集趣旨として言明した「各人の意見、見解、思慮を聞き、双方が正しいと解せられないことすべて取り除いて、一つのキリスト教的真実に到達したい」という要請に応じて、プロテスタント側は、メランヒトンのいわゆる『アウクスブルク信仰告白』を提出し、これをめぐって論戦が展開される。最後に皇帝は、問題の最終的解決のための公会議の開催を約束し、それまではヴォルムス勅令の厳守を決定する。これに対してプロテスタント側はシュマルカルデン同盟を結成し、かくして武力対決の構図が明確になるのである。

半年に及ぶこの議会の経過を詳しくしるした著作はないものか。探しあぐねて、たどりついたのがランケのこの『宗教改革時代のドイツ史』第三巻であった。ランケの叙述は、六〇頁にわたる詳細さにおいて、通常の『宗教改革史』中の叙述を大きく抜いているだけでなく、その他の点でも、遜色のないものという印象を受けた。第一に、用いている史料であるが、基本的には今日の研究書が用いているもののほとんどが参照されている。交通の不便な時代にあって、よくもこれだけ各地を訪れて、史料が渉猟《しょうりょう》されたものと感心する。第二に、あくまでも史料にものをいわせるという彼の立場が貫徹されていて、政治的、あるいは宗派的に偏した叙述、あるいは結論というものがなく、安心して読める。またときに情景描写にもすぐれ、歴史叙述とはかくあるべきか、とおもわせられた。

一五三〇年のアウクスブルク帝国議会をテーマとした新しい論考としては、次の二著が参考文献として高く評価されているが、ここでは古典を紹介するという意味も込めて、ランケの著書の当該部分を翻訳・上梓《じょうし》することにしたのである。

J. Walter, Der Reichstag zu Augsburg 1530（Luther Jahrbuch 12, 1930, S. 1–90）

H. Immenkotter, Um die Einheit im Glauben. Die Unionsverhandlungen des Augsburger Reichstages im August und September 1530, Münster 1973. 103 S.

（『立命館文学』第六三三号、二〇一三年）

# 第三部　講　演

## 一　ドイツ中世都市の成立――ケルン、フライブルクを例として――

この春、『ヨーロッパ中世都市の起源』と題する一書をまとめましたが、かなり大部なものとなり、そう簡単には読み通せるものではありません。そこで、本日はその一部であるケルン、フライブルク、リューベックを例にとって、ドイツ中世都市の成立事情をお話ししたいとおもいます。

わたしが都市研究を志すようになったのは、いまからほぼ三〇年前のことですが、当時、ハイデルベルク大学に留学して、この絵のような大学町の美しさに魅せられたときからです。オックスフォード、ケンブリッジもそうですが、一般にドイツの大学町は小さくて、しかもとても美しい。例えばゲッチンゲン、マールブルク、テュービンゲン、あとでお話しするフライブルクなど、みなそうであり、また皆さんがやがて訪れるであろうドイツのロマンティク街道の町々もなんともいえない古風なたたずまいをしております。

ヨーロッパの都市は美しいばかりでなく、住民である市民階級の自治によって支えられているのが特徴です。考えてみると、現代ヨーロッパの政治、経済、社会、文化はみな、基本的には中世から近世にかけての市民階級によって創造されてきたものであって、ヨーロッパを理解しようとおもうならば、まず彼らの生活してきた場である都市の生成過程を明らかにしてかからねばならないとおもいました。そういう問題意識から都市の起源の研究に着手した訳ですが、そのさい、従来研究が集中してきたドイツだけでなく、ヨーロッパ全体の各地域を視野に入れて、重要な都市の発展を一つ一つ丁寧に考察しているのが、わたしの著書の特徴ではないかとおもいます。

ところで、中世都市の起源について、これまでの学説はどのように述べてきたのでしょうか。ベルギーのアンリ・ピレンヌ、ドイツのハンス・プラーニッツの学説をまとめると、大体次のようにいえましょう。第一は、古代ローマ帝国のときにできた都市制度は、八世紀までにほとんど消滅して、中世へは連続しなかった、中世都市は新たに創造されなければならなかったと主張されました。第二は、都市生成の前提条件をなす経済生活、とくに商業は、遠距離貿易であって、こまごまとした手工業生産などは都市発展の原動力とならなかった、といわれます。したがって、第三に、都市形成のイニシアチヴをにぎったのは、遠距離貿易商人であって、領主階級とか教会などは副次的役割しか演じなかったとされます。そして、第四に、都市の自治組織形成の推進力となったのも、彼ら大商人たちであったというのであります。

では、このような古典的ともいうべき学説に対して、最近の研究はどういっているのでしょうか。わたしなりにそれをまとめると、大体次のようになるのではないか、とおもいます。すなわち、ヨーロッパ中世都市の起源は、四つの地域的類型に分けられる。その第一は、イタリアを中心として、それに南フランス、西フランスを加えた地域で、古代ローマ帝国末期の都市制度がかなりな程度連続したとみられる地域であります。ローマ帝国は、その広大な属州を統治するために、人民を集住させ、都市をつくらせて、それを行政の末端組織といたしました。都市は徴税の単位でしたが、上流市民によって都市参事会がつくられ、自治が許されておりました。三世紀末には、ゲルマン人の第一波の来襲があり、ローマ属州の諸都市は囲壁で囲われることになりますが、さらに四世紀に入ると、キリスト教が公認され、教会堂が市内に建設されます。興味深いことに、この教会堂は建築の石材を節約するために、都市の囲壁を壁として利用して、その片隅に建てられました。ヨーロッパの主な都市の司教座聖堂が、かつての囲壁に沿っていることに注意していただきたいとおもいます。

四世紀末に、ご承知のように、ゲルマン人の大移動が始まり、西ローマ帝国各地が蹂躙《じゅうりん》され、とくにイタリアは蛮族の侵入の目標とされました。そこから、先程もいいましたように、ローマ帝国の都市制度は完全に消滅したと説かれてきた訳です。しかし、最近の研究では、ローマの都市が、衰微した形にせよ、連続していたと主張されるにいたっております。例えば、ローマ時代の都市内の道路はほとんどそのまま利用され、都市の地誌的構造は変わっておりません。ローマをはじめ、北イタリアのミラノ、トリノ、パーヴィア、ピアツェンツァ、あるいは南フランスのアルル、ナルボンヌ、さらにスペインのバルセローナの旧市街にこれを認めることができます。また、各地の司教座がそのまま存続し、修道院の建設が徐々に行われている事実は、それを支える住民の生活が続いていたことを証明するものではないでしょうか。イタリアにおいて、商工業営業の記録が早くから生まれ、彼らのギルド、すなわちコレッギアが八世紀の史料に出てくること、九世紀初頭に市民の自治組織らしきものがあり、一〇世紀にすでにコミューン運動が起こっていることも、この地域での都市の連続を物語るものでありましょう。

次に第二の類型がみられるのは、北フランス、ベルギー、ライン河沿岸、ドナウ河沿岸であります。ここでの都市生活の連続は、イタリアに比べると、はるかに微弱であります。ベルギーとか、ライン河沿岸、ドナウ河沿岸には、ゲルマンの侵入を防ぐため各地に軍団が配置され、この軍団を中心として都市が出現しておりました。そして、正方形をした軍団の砦に付属して、兵士たちの家族、彼らに武器を供給したり、食料品、衣類を供給する商人、手工業者の居住区がありました。これをカーナバエ canabae と呼んでおります。西ローマ帝国を滅亡させたゲルマン人出身の傭兵隊長で、イタリア王を称したオドアケルは、四八八年に国境守備の全軍団にイタリアへの引き揚げ命令を出しますが、全兵士がイタリアに引き揚げたとはかぎりませんでした。ローマの傭兵となっていたゲルマン人、その家族、そして、すでに述べました軍隊物資供給係の商人、手工業者たちは、カーナバエに残留しました。キリスト教会もまたごく小さな礼拝堂という形で残りました。これが起点となって中世都市が形成される訳です。

例えば、ライン中流のボン市は、ローマ帝国末期には軍団駐屯地であり、城砦は一辺五〇〇メートルの正方形をとり、その南側にカーナバエがありました。ローマ軍団の撤退とともに砦はしだいにさびれ、ついに消滅しますが、カーナバエの方は存続し、そこに八世紀に聖カッシウス・フローレンティウス教会が建てられ、今日のボン市へと発展しております。つまり、現在のボンは、ローマ時代の集落から南に移動したものであります。あとでもう少し詳しくお話しするケルン市は、ローマ時代の集落の三分の一に縮小しましたし、モーゼル河中流のトリアーという町は、じつに六分の一に縮小しているのであります。

ドナウ河沿岸の集落、レーゲンスブルク、パッサウ、ザルツブルク、ヴィンドボーナ Vindbona、すなわちウィーンなどは、民族移動の主要な経路がドナウ河沿いであったため、その破壊度は一層ひどく、ごく微小なキリスト教徒の生活の存続がみられただけでした。

それはともかく、ローマの伝統がきわめて微弱であったため、この第二の地域での都市の形成は、中世に入ってからの集落の自生的成長、あるいは封建領主による都市建設に負うところが大きいのでありまして、その典型を示したのがベルギーであります。ここではアラスとかトゥールネのような、ローマ時代からの都市もありますが、中世に入ってから主役を演じたのは、自然発生的都市、あるいは建設都市でありました。前者としてはミューズ河中流のナミュール、フイ、ディナンの各都市、後者ではフランドルのガン、ブリュージュが有名であります。ミューズ河中流域は、現在でもそうですが、良質の鉄、錫、亜鉛の鉱産物に恵まれ、フランドル地方は古くから毛織物生産地として全ヨーロッパにその名声が鳴り響いております。そういう経済的基盤からベルギーでは、北ヨーロッパではもっとも早く都市生活が興隆し、例えば今日ではほとんど知られていない小規模都市フイが、あのノルマンのイギリス征服の年に当たる一〇六六年に、早くも都市領主から「自由解放状」をえているのであります。

なお、この第二の地域類型の中に、スペインとイギリスも付け加えておきましょう。スペインの都市の起源は古く、ギリシア、カルタゴ人の植民地、あるいはケルト・イベリア人の集落に溯りますが、これに都市としての構造を与えたのはローマでありました。しかし、八世紀初頭のイスラムのイベリア半島進出によって、スペインの都市集落はすっかり外貌を変えました。ローマ人が好んで建設した正方形、ないし長方形の、そして格子状の街路をもった都市は、イスラムの手にかかると、迷路にみちた集落に変貌しますが、その典型がトレドといえましょう。

イギリスでは、ローマ軍団が引き揚げたのち、しばらくはその城塞群は空っぽになり、したがってローマ都市の直接的連続を云々することはできません。しかし、イングランドに渡ったアングロ・サクソン人たちは、あの七王国の建国過程の中で、いち早くその行政中心地としてローマの城塞に目を付け、それを修復して住まうようになりました。こうしてイギリス都市のいくつか、例えばウィンチェスター、カンタベリー、ヨークなどはよくローマ都市の面影を伝えております。ロンドンは、ローマ時代からすでに大きな都市として著名でありましたが、古代・中世を通じて、直接的に連続していたのではないかといわれています。ドイツと比べると、イギリス都市の復興は非常に早いという印象を受けますが、それはおそらく、六世紀半ばよりボルドーを中心とする西フランスとの交易関係が樹立されていたことに起因するのではないかと考えられます。かの征服王ウィリアム一世の治世に作成された国勢調査『ドゥームズデイ・ブック』は、人口一千人以上の集落二〇余を記録していますが、ロンドンはその当時人口二万五千人を数えました。そして、ウィリアム征服王は、首府を置いたウィンチェスターに、ローマのサン・ピエトロよりも建物の長さが長い、つまりヨーロッパでは最長の司教座聖堂を建て、毎年、イングランドへ来たときに、ウィンチェスターで国王戴冠式を挙げたといわれています。そうすることによって、ウィリアム王はアングロ・サクソン人に国王としての威厳を示そうとしたのであります。

さて、第三の地域は、ライン河以東のドイツで、この地域では封建領主による都市建設が主流を占め、その典型がフライブルク、リューベックであります。これについてはあとでお話しすることにして、第四の地域は、エルベ河以東のポーランド、チェコ、ロシア西部のスラヴ人都市であり、またスカンディナヴィアの都市もこれに含まれます。西スラヴ人の都市につきましては、しばらく前までは、一三世紀ごろドイツ人によって都市が移植されたという移植説 Kolonisationstheorie が行われていましたが、第二次世界大戦後の考古学的発掘調査によって、都市の起源がはるか以前に溯ることが判明しました。スラヴ人諸部族内部で小国家が形成されるに伴って、巨大な囲壁をもった集落が各地に出現していることが実証されており、最近では、自然発生説・進化説が定説となりつつあるのであります。

これまでヨーロッパ中世都市の起源には四つの地域的類型があると述べてきましたが、そのうち、ドイツは第二と第三の類型に属します。そこで、これから第二の類型の典型としてケルン市を、第三の類型の代表としてフライブルクとリューベックを取り上げて、考察してみようとおもいます。

ケルン市の起源は、紀元五〇年ないし五五年にローマ軍団が置かれたことに溯り、ときの皇帝の名にちなんでColonia Claudia ara Aggrippinensiumと呼ばれ、このコロニアからケルンという地名が出てくるのであります。軍団の砦は、南北九〇〇メートル、東西一二〇〇メートルのややずんぐりした長方形をなしており、現在のケルン中央部の市街構造にはっきりと見て取ることができます。

四世紀中頃からゲルマン人の一部族であるフランク族の攻撃をうけ、四〇六年には完全に占領されました。通説によれば、フランク族の占拠によってケルンは潰滅的打撃をうけたといわれてきたのですが、最近の考古学的調査は、そうではないことを明らかにしました。すなわち、現在の市役所のところにあったローマ帝国の行政府の建物は九世紀ごろまで王宮として使われていたことが判明しておりますし、また現在のあの壮麗な大聖堂の地下からは、六世紀半ばの上級貴族の婦人が埋葬された墳墓が発見されております。

ケルンの旧ローマの東寄りに、現在ホーエシュトラーセという賑やかな本通りが南北に貫いていますが、このホーエシュトラーセの東側、つまりライン河とのあいだの地区からは、メロヴィング・カロリング朝の土器が出土してきており、住民の生活の連続が裏付けられております。ホーエシュトラーセの西側からは、なんら生活を証明する土器の出土は見当たらず、そこからケルン市は、古代から中世にかけて、およそ三分の一に生活圏が縮まったといえます。

この旧ローマ市域に、商人居住区が付け加わるのは一〇世紀のことでした。商人居住区は、いわゆるライン外市と呼ばれましたが、この地区はローマ時代には、ライン河本流と分流に挟まれた長い中洲で、その中央に、ライン河の対岸に達する木橋がかかっておりました。のちに橋は流れ、橋桁だけが残りました。船の通行に危険だというので橋桁を切りましたが、水面下ちょっとのところで切ったため、かえって危険が増したという面白い話が伝わっております。ところで、ラインの分流が埋め立てられるようになるのは八世紀のことでありますが、はじめは市民がゴミ捨て場として使って、中洲の北の方から自然に埋まり、のちに労働力が動員されて埋め立てが遂行されました。そして、この埋立地に南北に連なる家屋が建てられ、市場として使われました。これが古市場 Alter Marktでありまして、その東の端に、ライン河に接して大サン・マルティン修道院が建てられたのは九三五〜九六五年のことであります。

中洲の埋め立てはさらに南の方へすすみ、一一世紀中頃ここにも市場が設けられ、この市場は Heumarkt、つまり乾草市場と称されましたが、しかし、馬の飼い葉にする乾草をこんなところで取引するというのは変です。じつはわたしがハイデルベルク大学で知り合いましたヘルマン・ヤコブスという教授の研究によりますと、乾草を意味するホイという言葉は、古いゲルマン語 homen がなまって派生してきた語で、homen というのは底湿地を意味する言葉でありました。これだと話のつじつまが合います。ともかく、こうして中洲が埋め立てられ、南北に二つの市場が設けられ、その周囲に商人が居住して、商人居住区、いわゆるヴィクが成立しました。いまこれらの市場は広場として残り、船着場として貨物の荷揚げ、あるいは発送に使われたライン河岸は華やかなレストランが立ち並ぶところとなっております。

ところで、ケルン市民が自治権を獲得して、市民共同体を形成したのは、どのような過程を通じてでありましょうか。いまケルン市民共同体の成立にかかわる重要な事項を列挙いたしますと、次の通りであります。

(一) 九四八年、囲壁の拡張によりライン外市、市内に編入さる
(二) 一〇七四年、大司教アンノーに対する市民の反乱、富裕市民六〇〇人の逃亡
(三) 一一〇六年、皇帝ハインリヒ四世擁護のための市民蜂起
(四) 一一一二年、「ケルン市民の宣誓共同体が自由のためにつくられた Conjuratio Coloniae facta est pro libertate」

（五）一一三〇～四〇年、聖マルティン区の商人ギルドのメンバー表が判明
（六）一二世紀中頃、有力市民の組織リッヘルツェへ Richerzeche が出現
（七）一一七九年、市民ら囲壁構築権を勝手に行使し、大司教に承認さす
（八）一二一六年、市参事会出現

（一）についてはすでに説明しました。次に（二）に触れますと、一〇七四年、ケルン市民は、大司教アンノーがある市民所有の舟を取り上げて使おうとしていたことから騒ぎ始め、大司教を大聖堂の内部に封じ込めました。大聖堂には、かねてこのような事態を予想してか、抜け穴があって、大司教は市内から農村へと脱走し、軍隊を集めて市民を弾圧し、富裕市民六〇〇人が逃げ出したといわれております。一一世紀末聖職者叙任権闘争が勃発したときには、ライン諸都市の市民はこぞって皇帝ハインリヒ四世を支持し、都市領主である司教たちと戦いました。（三）の一一〇六年、ケルン市民が武装して皇帝のために蜂起したのは、こうした事情からであります。

（四）の「市民の宣誓共同体結成」の史料は非常に有名ですが、謎に満ちた文書であります。なにしろ、だれがどういう経過で、どんな組織をつくったのか、その痕跡がなにか残っているのか、一切不明なのであります。ハンス・プラーニッツという歴史家は、（五）の一一三〇～四〇年ごろ作成された聖マルティン地区、つまり商人居住区の商人ギルド・メンバー表から、商人ギルドが中心となって、叙任権闘争をきっかけにして、全市民をギルドにならって、お互いに助け合うという宣誓共同体に組織し、その執行機関として（六）のリッヘルツェへがつくられたのだ、と説きました。この学説は、大体そうだろうとおもわれますが、しかし、わたくしは、市民を結び付けたのが対外的危機の問題であっただけでなく、教区教会を中心とした信仰生活、あるいは春秋二回開かれる裁判集会といった日常的繋がりが、市民を共同体に組織した基礎的な要因ではなかったか、と考えております。一三世紀に入りまして、市域が大幅に拡張し、リッヘルツェへよりもより包括的な（八）の市参事会が一二一六年に出現して、ケルン市民の自治は確立しますが、大司教はこれを容認せず、その後も争いは絶えませんでした。ライン河を溯っ

たところにあるマインツ、あるいはヴォルムスといった司教都市でも、ケルンと大体似たような経過をたどっております。

さて、次にライン河以東のドイツに向かいましょう。この地域はローマ帝国の支配の外にあり、したがって都市の伝統などはありません。加うるに、中世初期には人口も希薄で、都市建設が日程にのぼるのは、人口もようやく増加をみる一一世紀末のことであります。都市建設の糸口となるのは市場の開設でありますが、中世初期のころ市場開設特許状を発布できるのは、国王の特権であり、一一世紀半ばまでにドイツ国王が発布した特許状は五〇余通にのぼっております。その地域的内訳をみると、北部・中部ドイツで四〇通余、南ドイツで一〇通余となっておりますが、これはおそらく、当時の国王の出身地が北ドイツであったこと、ローマ帝国に比較的近かった南ドイツには、特許状をもらわなくても、自然発生的な市場が各地で芽生えていたことによるものでありましょう。

それはともかく、市場開設を要請した申請者をみますと、圧倒的に教会、修道院でありました。つまり、教会は市場の開設を通じて人々を集め、信者と教会のコミュニケーションを深め、同時に経済の活性化を図ったのであります。社会秩序の安定がもたらされるとともに、市場取引税、関税などの直接的収入が教会に流れ込んだことはいうまでもありません。そうした中で、世俗諸侯の一人が、はじめて、国王の許可をえないで、市場開設状を発布いたします。それが、一一二〇年ツェーリンゲン大公コンラートが発布したフライブルク・イム・ブライスガウ建設文書であります。

そもそもツェーリンゲン家というのは、南ドイツ、ニーダーシュヴァーベンの豪族で、一一世紀後半の聖職者叙任権闘争が勃発したときには、皇帝ハインリヒ四世に反対する立場をとり、対立国王ルードルフ・フォン・ラインフェルデンを強力に支持しました。当時のツェーリンゲン家の当主ベルトルド二世が、ルードルフの娘アグネスを妻にしていた関係もありましょうが、それだけでなく、ベルトルド二世は、ライン河流域に打って出て、シュヴァーベン大公の地位に就こうという野望に燃えていたからであります。

一〇七九年ベルトルド二世はシュヴァルツヴァルト、すなわち「黒い森」を越えてライン河に出、皇帝の城や熱心な皇帝党であったバーゼル司教の城などを破壊し、あるいは占領しました。一〇八〇年ルードルフがハインリヒ四世との戦いに敗れ、皇帝に忠誠を誓うために差し出したその右手を失うという負傷がもとで死ぬと、ラインフェルデン家は断絶し、ベルトルドはその遺領を相続・併合しました。

ラインフェルデン家の領地というのは、今日のスイス西北部一帯にひろがり、その南端は現在のスイスのフリブール市にたっしていました。ツェーリンガーの領地の北端は、シュトラスブルク市の東にあるオッフェンブルクにあり、したがってツェーリンガーは南北二〇〇キロに細長く伸びた領地を統治しなければならなくなりました。ツェーリンガーは、一〇九八年、永年そのために争ってきたシュヴァーベン大公の位を競争相手のシュタウフェン家に譲り、その代償として単なる大公の位と皇帝の城であったツェーリンゲン城を獲得し、ここから彼らはツェーリンゲン大公と称されるようになるのであります。

先程述べましたように、ツェーリンガーは南北に細長く伸びた領地を統治しなければならなかった訳で、そこで、その中心拠点を置く必要が出てきました。その打ってつけの拠点として選ばれたのがフライブルクであります。同地は南北に伸びたツェーリンゲン領のほぼ中央に位置し、かつシュヴァルツヴァルトの横断路の西出口にあって、ニーダーシュヴァーベンの旧家領とも繋がりが取りやすかったとおもわれます。まずはじめに建てられたのは、フライブルクの東部高台 Schlossberg の城砦であったとおもわれますが、同時平行的に、その麓に、領主の平時居住する領主館、ならびに家士たち、いわゆるミニステリアーレスの住居が建てられました。その造営に着手された時期は、おそらくラインフェルデンの領地を併合した一〇九〇年直後からでありましょう。領主館の位置は、シュヴァーベン門の外側、今日のアーデルハウゼン修道院付近とみられ、これにミニステリアーレスの住居群が付属して、この地区はのちにオーバー・アウと称されております。

フライブルク市建設の糸口となる市場開設文書の発行は一一二〇年であります。この文書は、さまざまな形で伝えられていますが、ほぼ信頼できる文書の原初形態は、七カ条の内容をもつものではなかったか、ということが立証されております。その内容を簡単に紹介しますと、まず前文がありまして、「いたる処より呼び集められた名望ある商人たちと宣誓約定し、彼らが市場集落を建設することを決定した」とあります。第一条は、市場を訪れる者に安全を保障し、万一路上で略奪を受けた場合には、賠償することを保証します。第二、第七条は、商人に財産所有を保証し、死亡したさいには、妻子が無条件で相続すること、止むをえない場合には、財産を売却することができる、と規定しております。第三条は、商人たちに牧草地や河川、森林などの共有地での用益権を認め、第四条は、商人たちに対し市場取引税を免除しております。第五条は、商人たちに、自分たちを守ってくれる、また自分たちの裁判集会を主宰する守護（フォークト）や、教会の司祭を選出する権利を認めており、第六条では、市民のあいだに紛争が起こった場合には、都市領主の意向ではなく、商人たちのあいだの慣行、とりわけケルン商人の慣習と法によって処理する、と規定されております。そして、文書の末尾には、「キリストのご聖体にかけて誓約した十二名のきわめて名声のあるミニステリアーレスとともに、余は……自由人および市場の誓約者たちに対して、この件について余の右手でもって、犯すことのできぬ保障を与えた。アーメン」と記されているのであります。

この商人の財産所有権や市民の自治権を承認し、すべての人に向かって自由に開放された市場、都市を建設するという考え方は、どこから来たのでありましょうか。一説によれば建設文書発行者である大公コンラートの母、ラインフェルデンのアグネスは、サヴォア家の血を引いており、彼女を通じてブルグント、つまり旧ローマ帝国の都市が多少とも存続したガリア東南部からの影響があったのだ、といわれています。ブルグント地方では、一一世紀末ごろ、囲壁で囲まれた都市的集落がブルグス burgus とか、ブルグム burgum と呼ばれるようになっており、フライブルクのブルクはそこからきたものとおもわれます。それに「開かれた」「自由な」という形容詞のフライが付けられ、こうしてフライブルクという名称は誕生したのであります。

しかし、それだけでなく、コンラート大公の妃クレメンティアはベルギーのナミュール伯家の出身であり、そこからフランドル都市の模様が伝えられていたことも想定されます。あるいは、コンラート大公の兄のベルトルド三世というのが、叙任権闘争の末期に、皇帝ハインリヒ五世に随行して、ケルンなどの攻略に参加しており、建設文書にも出てきますように、ケルンの様子も熟知していたでありましょう。こうしてフライブルクの建設は、西ヨーロッパ全体における都市生活の興隆に触発されて行われたもの、ということができるのであります。

では、市場の設営はどのように行われたのでありましょうか。実際に市場が建設されたのは、フライブルク市内中央をほぼ南北に貫くカイザー・ヨーゼフ通りで、そこの三カ所に屋根付屋台店が常設されました。北店は肉販売用、南店はパンおよび魚類販売用で、中店は品物の特定は行われておりません。他都市の例を参考にしますと、この三つの常設店のあいだでは、衣類、木工品、金属製品、皮革、陶磁器などが売られ、その店は可動式の屋台か、テント張りであったでしょう。市場通りの南北の長さはおよそ二〇〇メートルで、その両端には市場の平和を意味する十字架が立てられていたとおもわれます。

フライブルクに店舗を張ったのは、市内居住の商人、手工業者、および近隣村落からやってくる物売り、遠隔地から来た商人でありました。市内在住の商人には、間口五〇フィート（一五・二メートル）、奥行き一〇〇フィート（三〇・五メートル）の短冊型の宅地が与えられたといわれますが、これはすぐに分割して貸し出され、当初の所有者は賃貸料を徴収したことでしょう。フライブルク市場通りの復元図をよくご覧になりますと、やや濃い線が街路のあいだをうねっていることがお判りでしょうか。これは幅三〇～五〇センチの水路であります。市の南側を流れるトライザム河から水を引いて、現在もきれいな水が流れていますが、何に使われたのでありましょうか。少なくとも下水ではありません。先程述べた鮮魚店でこの水が用いられたでしょうし、家畜市が開かれた場合には、家畜の飲料水として用いられたでしょう。市民用としては洗濯に用いられたとおもわれます。中世都市の街路は、ごみや汚物が放置されて不潔そのものであり、疫病大流行の原因であったとよくいわれますが、フライブルクについていえば、それは嘘で、大変清潔な町ではなかったかとおもわれます。

中心に一本道を通して、そこに市場を開設するというフライブルクの町の形態は、ツェーリンガーによってその領国内で建設された都市において繰り返し現れます。例えばフィリンゲン、ロットヴァイル、ノイブルク、ケンツィンゲンといった諸都市がそうですし、ツェーリンガーがスイスに建設したフリブール、ベルン、トゥンなどがそうです。チューリヒもその部類に入るでしょう。

ツェーリンガーの都市建設政策は、他の封建諸侯によって模倣されるところとなりました。その最強力の諸侯が一一三八年ドイツ国王に選出されたシュタウフェン朝であります。シュタウフェン朝は、新規に都市を建設することはありませんでしたが、領国支配の拠点として都市を重視し、ツェーリンガーにならって市民にある程度の自治を与えました。今日の南ドイツの都市の大半は、シュタウフェン朝によって都市の形態を与えられました。

そのほかの諸侯では、ヴュルテンベルク伯、ハプスブルク伯などがツェーリンガーに倣《なら》っておりますが、とくにハプスブルク伯は、一二一八年ツェーリンガー家が断絶いたしますと、その遺領の大部分を継承し、ドイツ国王、そして皇帝へと上昇していくことになります。

ところで、以上述べてきました都市建設を実際に遂行した社会層は、どのような階層であったのでしょうか。市場＝都市建設文書の発布から、実際に商人が来住して都市集落が形成されるまでには、相当長期の時間を必要としました。この間、市場地の設定、来住してくる商人たちへの宅地の配分、市場内の治安の維持、市場にいたる道路の安全の保障など、多岐にわたって忍耐強く配慮し、対策を立てていかなければなりません。また市場、宅地、道路、都市の囲壁の建設などの土木工事にあたっては、近隣の農民の労働に依存しなければならず、彼らを動員し指揮する資格と能力を持ち合わせていなければなりません。このように考えてくると、都市建設の実際の推進者は、商人層よりは、封建家士、すなわちミニステリアーレス層こそがそれにふさわしい階層であったようにおもわれます。このことをもっとも明瞭に示しているのが、北ドイツ、ハンブルク市の建設にあたった Wirad von Boizen-burg という人物ですが、彼は、ハンザ同盟の盟主リューベック市の建設領主として有名なザクセン大公ハインリヒ獅子公の家士でありました。

このハインリヒ獅子公というのが、じつはツェーリンガーと深い関係にある領主でありました。ハインリヒ獅子公は南ドイツ、ヴェルフェン家の出身で、一一三九年一〇歳でザクセン大公に就任し、一一五六年にはバイエルン大公をも兼ねまして、ドイツ最大・最強の君侯となり、皇帝フリードリヒ一世バルバロッサと張り合った人物であります。リューベック、ハンブルクだけでなく、ブレーメン、ブラウンシュヴァイク、さらにはミュンヘン市もその成立を彼に負うているといわれていますが、彼の最初の妻は、ツェーリンゲン大公コンラートの娘クレメンティアでありました。つまり、獅子公がツェーリンガーの都市建設政策に大きく影響を受けたことはほぼ間違いありません。

以上、前半では、ヨーロッパ中世都市の起源としてローマ都市の連続が重視されねばならないこと、その連続性にも地域によって強弱の差のあることを述べ、後半では、都市のなかったドイツにおいて、一二世紀にどのようにして都市の建設が行われたかを、フライブルクを例に取ってお話ししました。ヨーロッパ全体からみると、ドイツの都市形成は、イタリア、フランス、イギリスに比べると、一、ないし二世紀おくれております。だから、ドイツでは、ライン沿岸の都市は別として、都市は商工業者自身によってではなく、封建領主やミニステリアーレスの手によって上からつくられねばなりませんでした。そして、都市成立後、ミニステリアーレスは市参事会の地位を独占し、これが一四世紀ドイツ都市を特徴付けるギルド闘争の原因ではなかったかとおもわれますが、それだけでなく、ドイツ市民階級の後発性は、近代ドイツの国家的、社会的ゆがみ、後進性を生み出し、これが今世紀二度にわたる世界戦争へとドイツを駆り立てた支配層の暴走を阻止できなかった基本的要因ではなかったか、とおもわれるのです。

大分はしょってお話ししましたので、お判りにくかったかとおもいますが、ご静聴を感謝いたします。

（立命館土曜講座、第二二〇〇回、一九九三年一月二三日）

## 二　ドイツ・ロマンティック街道の旅――町々の歴史と見どころ――

本日は、ドイツの旅行について、とくにロマンティック街道を中心にしてお話ししたいとおもいます。このごろの海外旅行のブームで、もう行かれた方もあるでしょうし、そういう方は体験を振り返ってみるよすがにしていただきたいし、これから行かれるかもしれない方にとっては、多少とも参考になればとおもいます。

これからお話しすることは、わたくし自身の体験にもとづくものですが、わたくしがまず第一にお勧めしたいことは、ヨーロッパの風物を楽しみ、向こうの人々となんとかコミュニケーションをしたいとおもうならば、どうしても独り旅をするということです。旅行会社による団体旅行は、短期間のうちに、要点を効率よくまわって、時間の余裕のない人にとってはいいのですが、じっくり物事を味わうという点では大きな欠点があります。ここは自分自身で旅行プランを練り、航空券から列車、ホテルの手配も全部自分でやる、ということにしますと、旅行の醍醐味が味わえるというものです。

外国語ができないから駄目だ、とおっしゃらないで下さい。わたしはほんのわずかドイツ語ができますが、他の言語は全然といっていいほど、しゃべれません。文字通り片言の英語でヨーロッパ中を旅しております。

独り旅の要領を少しお話ししましょう。まず航空券は、適当な旅行店にいって、ディスカウント、格安の航空券を注文します。わたしは通例、大韓航空やルフト・ハンザ、オランダ航空などを使っています。大韓航空はもう危険はないでしょう。機内食もおいしく、なかなか快適、この四月、ヨーロッパを往復したとき七万八千円でした。

旅支度の荷物はできるだけ少ない方がよろしい。みなさん、どうしてあんな重たい荷物を下げていかれるのか、理解に苦しみます。わたしは女房と二人で、二〇日ぐらいヨーロッパに滞在するのが通例ですが、小さな駒の付いたトランク一個と空の手提げ一個ぐらいです。* 下着など、使いきったら現地で買えばいいのです。服装も軽装でいいのですが、いま流行の登山スタイルというのは僕の趣味ではありません。服はできるだけドレッシーなもの、靴も女性ならば、ハイヒールは無理としても、中ヒールぐらいをはいて行きたいものです。そういう服装で、ヨーロッパの町を優雅に歩く、というのが僕のモットーです。

＊　買い物で一杯になったら、わたしの場合、郵便局から小包で送ることにしています。

ホテルは現地に着いてから探します。ドイツでは、ペンジョンがよろしい。夏でも二人部屋、最高一〇〇マルク、つまり七五〇〇円ぐらいで、とても快適です。朝食もついています。ただし、パンとコーヒーという、いわゆるコンティネンタル方式が基本ですが、近頃はヴァイキング方式を採用するところも多くなっています。大体、駅前か町の中心、市庁舎の辺りに案内所、インフォメーションがありますので、そこで適当なものを頼むのですが、小生は、フランスから出ているミシュランの案内書で事前に見当をつけておくことにしています。* ペンジョンは大体老夫婦が経営していることが多いのですが、老齢化がすすんで、経営がつらくなっている場合もあるようです。数年前のことですが、ハイデルベルクの馴染みのペンジョンに泊まったとき、朝、老婦人がいうには、このペンジョンを買ってくれないか、というのです。日本人はよほど金持ちとおもわれて、僕は内心にこっとしましたが、残念だがと断りました。

＊　現今は、インターネットで予約できます。

さて、食事はなにを食べるか。これが一番厄介な問題です。大体、手書きのメニューが読みづらいうえに、ドイツの食事があまり旨くないことはドイツ人自身が認めているところです。一番よく食べるのは、ご存じのブラート・ヴルスト、つまりソーセージの焼いたのに、ザウアー・クラウト（酢漬けのキャベツ）、ジャガイモを添えたやつですが、これだけでは、いくらなんでも飽きがきますので、肉を柔らかく煮込んだグーラッシュ、あるいはヴィーナー・シュニッツェル、つまり仔牛の肉のカツレツ、さらにときにはイタリア料理、中華料理を食べて変化を付けるようにした方がいいでしょう。ジャガイモをつぶして、大きな団子にしたもの、クネーデルもなかなかいいものです。飲み物は、もちろん、ビールとワインです。ドイツのワインでは、モーゼル・ワインとライン・ワインが有名ですが、どちらかというと甘口です。ロマンティック街道沿いで生産されるワインは、フランケン・ワインといってやや辛口で、ワイン通にとってはこたえられない美味しいものです。残念ながらフランケン・ワインは輸入されておりません。ロマンティック街道を旅行されるときは、是非賞味していただきたい。

さて、ロマンティック街道ですが、南ドイツ、マイン河中流のヴュルツブルクから、ローテンブルク、ディンケルスビュール、ネルトリンゲン、アウクスブルクを経て、アルプスの麓フュッセンにいたる旅程をいいますが、その途中で、ニュルンベルクからハイデルベルクにいたる古城街道が交わっております。

ヴュルツブルクは、フランクフルトから列車で一時間半ばかりの町ですが、町の起源は古く、七〇四年といいますから、一三〇〇年ほど前に溯ります。この年ヘデン大公という人物が、マイン河の西岸の丘のうえに城を築き、マリーエンベルクと称しました。それより少し前にすでに集落があったようで、六八七年頃、アイルランド出身の伝道者キリアンという人物が、ここで殉教をとげ、マリーエンベルクに葬られていました。八世紀中頃ドイツ人の使徒ボニファティウスによってヴュルツブルクに司教座が置かれると、初代司教ブルカルドは、聖キリアンの遺骨と一緒に、司教座教会を東岸の現在の地に移しました。そして、それを中心にして五角形の市街が生まれたのです。

その後はさしたる変化もありませんでしたが、もっとも大きな事件は一五二五年の、いわゆるドイツ農民戦争のときに起こりました。同年五月一三日、ローテンブルク農民団を中心とした一揆農民およそ二万人がヴュルツブルクに押し寄せ、都市領主である司教の最後の拠点であるマリーエンベルクを囲んだのであります。もしヴュルツブルクが農民の手に帰したならば、南ドイツ農民は中部ドイツに進出し、トーマス・ミュンツァーの指揮するチューリンゲン農民団と合流し、ドイツの歴史は大きく変わったでありましょう。農民団はマリーエンベルクを包囲し、総攻撃をかけましたが、急な坂の途中で籠城軍に迎え撃たれ、退却を余儀なくされました。この危機を乗り越えたのち、ヴュルツブルク司教をはじめとするドイツ諸侯は、小型の絶対君主となり、いわゆる領邦国家を築くことになります。

ヴュルツブルクの見所としては、まずその領邦君主の宮殿、レジデンツがあります。この豪奢な宮殿の天井画を画いたのはイタリアのバロック画家ティエポロであります。町の中央には司教座聖堂ドームと、その隣に新教会（ノイシュティフト）があります。両者とも第二次世界大戦の爆撃で大きな被害を受けましたが、ほぼ昔のままに再建されており、ティルマン・リーメンシュナイダーのすぐれた彫刻、司教ブルーノ像も疎開していて無事で、いまドームのなかに安置されています。また新教会の地下室では、聖キリアンの遺骨が見られます。

ところでリーメンシュナイダーという彫刻家ですが、おそらくドイツ美術史全体を通じて最高の彫刻家であるとおもいます。彼はヴュルツブルク出身で、農民戦争勃発当時、同市の市参事会員でありました。そして、農民に味方したため、戦後、捕らえられて処罰されます。彫刻家の生命である右腕が切り落とされたのです。

市内とマリーエンベルクをつなぐ立派な橋も眺めのいいところですが、マリーエンベルクは現在マイン・フランケン美術館となっていて、リーメンシュナイダーの傑作をいくつか見ることができます。

ヴュルツブルクの次はローテンブルクですが、ヴュルツブルクの駅前から出るバスを利用するといいでしょう。ただし本数が少ないので、あらかじめ確認しておくことが肝要。ローテンブルクは、正確にはRothenburg ob der Tauberといいますが、三度にわたって市域が拡張されております。起源は、一〇世紀のころ造られた城にさかのぼり、その跡は今日ブルクガルテン〔庭園〕とよばれています。この城に付属して東の方に町が生まれ、一二世紀にはささやかな市壁が築かれました。一二四一年キヴィタスと称されているので、大きな集落になったことが推測されますが、一二七四年国王ルードルフ・フォン・ハプスブルクによって帝国都市にあげられ、これを機会に、市

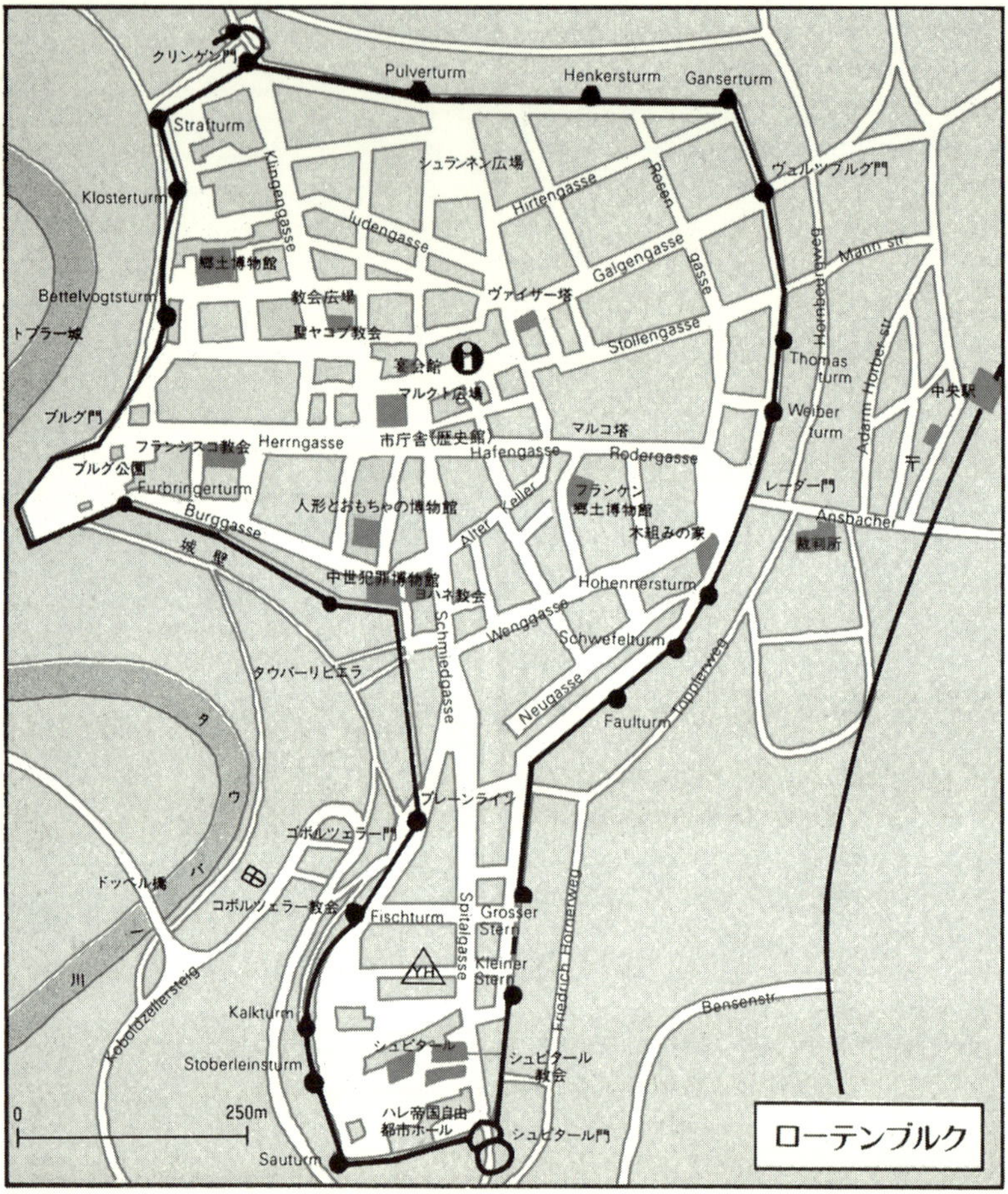

ローテンブルク

域が大きく拡張されました。その範囲は大体今日の市壁で囲われた区域ですが、ただし、南は地図のジーバー塔（くびれた部分）までで、それから南の部分は、一四世紀に入って加えられたものです。このロマンティック街道というのは、中世末期にはイタリアからアウクスブルク、ヴュルツブルクを経て、フランクフルトにいたる遠距離貿易路の役割を担ったのでありまして、ローテンブルクも商業と手工業に支えられて、一五世紀には人口六千人、中規模都市の典型をなしたのであります。一五二五年には、すでに述べましたように、ローテンブルクはフランケン農民団の中心をなしました。

市の経済の中心をなしたマルクト広場にラートハウス、市庁舎があります。市庁舎はルネサンス様式ですが、その地下室は歴史的穴蔵 Historiengewölbe と称し、真っ暗な地下牢で、中世の拷問道具が並べられており、あまり気持ちのいい場所ではありません。市庁舎の斜め向かい側に Ratsherr Trinkstube、市参事会員のクラブがありますが、その外壁の上の方に時計があり、その両側に窓があって、毎日数回、マイスタードゥルンクと呼ばれる人形劇が見られます。じつは一六三一年、ローテンブルクはドイツ三十年戦争に巻き込まれ、ローテンブルクはプロテスタントの都市でしたので、カトリック側のハプスブルクの軍隊、その指揮官ティリー将軍によって占領されました。ティリーは「都市参事会員全員の首を切り、都市は兵士の略奪にまかせ、その後に都市を焼き払え」と命じました。言い伝えによりますと、このとき市長ヌッシュが三・二五リットルのワインの一気飲みを申し出、飲みおおせたら町を焼くことを免除するように願い出ました。ヌッシュは見事「天下無双の一気飲み」を達成し、町を救いましたが、ときは一六三一年一〇月三〇日のことであったといわれます。人形劇はこれを再現したもので、時間になると、二つの窓が開き、左側にティリー、右側にヌッシュが現れ、ヌッシュが大ジョッキを空けていくわけです。ヌッシュが飲み終わると、観衆のあいだからは、思わずほっという安堵の息がもれまして、往時の市民の苦悩と市長の郷土愛を実感するわけです。なおヌッシュは、その後三日間死んだように眠り続けましたが、健康を取り戻し、八〇歳の天寿を全うしたといわれます。

次が聖ヤコブ教会ですが、この教会の入り口左手の階段を上がったところに、リーメンシュナイダーの最高傑作「聖血の祭壇」があります。階下の一般会衆席からは見えないため、気が付きにくく、注意して下さい。この彫刻は高さ六メートル位で、上の方に金色の十字架があり、その中心にある水晶の容器には、イエスが流した血の三滴が収められています。一番下の祭壇がもっとも重要で、左側はイエスのエルサレム入場、中央が最後の晩餐、右側がゲッセマネとなっています。イエスをはじめとする人々の表情は威厳に満ち、同時に内に秘められた苦悩を感じさせます。宗教改革前夜のドイツ人の精神をもっともよく表現した傑作ではないかと考えるしだいです。

あとは町の散歩、あるいは市壁の内側中段の廊下をめぐるのがお薦めですが、この廊下に付けられた木製の手摺りは大雑把で、かつもろくなっていますので、寄りかかったら五メートル下の地上に落ちる危険性があります。高所恐怖症のわたしなど、ひやひやものでした。買い物は、市庁舎の道をはさんだ南側の大きな玩具屋さんで、木彫り人形などを買うのもいい思い出になるでしょう。

ディンケルスビュールの起源は一〇世紀頃です。一一八八年にBurgum Tinkelspuhelとして史料に初出します。一二〜一六世紀の美しい木組みの家並みが残っておりまして、聖ゲオルク教会とドイッチェス・ハウスがその中心でしょう。そのドイッチェス・ハウスですが、現在レストランになっていて、そこで昼食を食べました。鶏肉のコルドン・ブルー焼きというのです。なんのことかわかりませんでしたが、注文して出てきたのは照り焼きでして、コルドン・ブルーというのは、パリの料理人組合が美味しい料理に発行する名誉のしるし、ブルーのリボンであることを知ったのは、のちのことであります。

ネルトリンゲンは、八九八年国王の行在所となり、一二一五年キヴィタス、つまり都市と称されています。さきほどお話ししましたように、交通の要地で、太市も開かれています。見所は円環状の市壁でして、全長三キロあり、その内側の廊下を歩くことができます。しかし、ローテンブルクと同じで、廊下の手摺りが腐っていて、今にも落ちそうな感じ、用心して下さい。この円形の愛らしい町並みは、中世の面影を完全に残している点で、ローテンブルクよりもはるかに上だ、と評価する学者もあるくらいです。

ネルトリンゲンで面白かったのは、町一番のホテル、ゾンネ（太陽）に泊まったときの話で、入ったところの右手の壁に、真鍮のパネルがかかっていまして、皇帝マクシミリアン一世、同じくその孫の皇帝カール五世がこの宿に泊まったとあります。その部屋らしきところで寝ることにしたのですが、部屋は当時の様子をそのまま残していて、床は傾き、家具はガタガタといったところ、ベッドは真ん中のところがへこんでいて、両方から自然に真ん中の方に落ち込むのです。しかし、金のなかった皇帝マクシミリアン、宗教改革に思い悩むカール五世の姿を偲ぶには格好な部屋でした。

さて、ここで古城街道の町にもちょっと触れておきましょう。ハイデルベルクは、ご承知のとおり、文字通りの古城の町で、ファルツ選帝侯の居城であった城が、一七世紀末、ルイ十四世のファルツ継承戦争によって焼かれ、焼かれた姿のまま、今日ネカー河沿いに哀愁を秘めてたたずんでいるわけです。雨の夜など、ライトアップされた古城の姿は、切なく心に訴えかける感じがいたします。

ハイデルベルクは大学の町でもあるわけで、人口一二万のうち学生が二万人を占めています。大学の広壮な図書館、あるいは学生牢など自由に入れますから、ご覧になって下さい。学生牢は喧嘩したり、酔っ払って器物を損壊したりした学生が入れられる大学自治の牢ですが、牢内の壁一面の落書きで有名です。つい最近、ついに立命館大学生の名前が登場しました。城の地下室にある有名なワインの大樽のそばで一杯飲むのもいいですし、町の一本しかない本通りの東の方にある学生酒場「ゼップル」や「赤い雄牛 Roter Ochsen」で、夜、大いに飲むのも結構なことかと思います。「赤い雄牛」には「レントゲン室」と呼ばれる別室があって、身体中がワイン、ビールに浸るまで飲んでよしとされています。歩くのに疲れたら、大学本部広場まえにある喫茶店「ショイ」、あるいは本通り中程にある庭園つきの「シャーフホイトレ」でコーヒーを飲むことをお薦めします。

ハイデルベルクからシュヴェービッシュ・ハルに向かう途中に、ヴィムペンという町があり、皇帝フリードリヒ一世バルバロッサが愛好した町として一見に価します。シュヴェービッシュ・ハルは、塩の産地として生まれた町で、いまでも塩水を小瓶につめて、土産品として売っています。この製塩業ですが、岩塩が水に溶けて、地表に水たまりとして出てきたところを、動物たちや、ついに人間が知って、塩坑を掘って塩鉱石を掘りだし、それを水に溶かして、鍋で蒸留して食塩にしたものです。さいごには一四世紀のころ、シュヴェービッシュ・ハルには、鍋で蒸留する権利をもった者が一一一人いたといわれ、その盛んであった様が想像されます。さらにこの町を有名にしたのが、一二世紀後半、皇帝フリードリヒ一世によって造幣所が設立され、ヘラーと称する銀貨が多数鋳造されたことであります。これはドイツ全体に普及し、一九世紀までこの呼称が使われました。

町のたたずまいは、木組みの家が傾斜地に重なり合って建てられ、さながら絵から抜け出したような美しさです。ホテル「ゴールデン・アドラー」（金の鷲）も、すこぶる中世風の建物でありながら、快適でありました。

古城街道の終点ニュルンベルクは、リヒャルト・ワグナーの楽劇「ニュルンベルクの名歌手」からイメージされますように、中世から現代にかけて商工業において栄えた町で、とくに中世では「ニュルンベルクの金物は全ドイツをゆく」と謳われたものであります。ペーグニッツ川をはさんで、北のゼーバルト教会地区、南のローレンツ教会地区の二つの区から成っていますが、ローレンツ教会の説教壇を支える支柱として、屈《かが》んだ手工業者の像が刻まれているところからも知られるように、市民たちは都市と教会の担い手という自負に燃えていました。それを代表した人物が一六世紀前半活躍した画家アルブレヒト・デューラーでありまして、彼の生家がゼーバルト教区に残っています。また、ニュルンベルクを取り巻く市壁、その要所要所に立っている四四の豪壮な塔、八カ所の市門は、ニュルンベルクの富を物語って余りあるものがあり、一見の価値があります。

さてロマンティック街道にかえりましょう。道はドナウ河をわたってアウクスブルクへと進みます。アウクスブルクの起源は、紀元一五年、古代ローマ帝国がつくりました植民都市 Augusta Vindelicorum に溯りますが、民族移動期にはいったん消滅し、八世紀半ばに再び興ってきております。一〇世紀前半には、ハンガリー人の侵入と戦う主戦場となりますが、一一世紀頃から市民生活が安定し、一二五一年都市自治権を獲得し、一二七五年帝国自由都市、そして、一三六八年ギルドが蜂起しまして、都市は完全な平民都市となりました。

アウクスブルクが大きな歴史的役割を演ずるようになるのは一五世紀からで、このころアウクスブルクはブレンナー峠を通ってイタリア、とくにヴェネツィアと交易するようになり、アジアの物産をドイツやネーデルラント、スカンディナヴィア、イングランドへと運ぶ、その窓口となりました。そうした過程のなかで、フッガー家をはじめとする幾多の富豪が現れましたが、とくにヤコブ・フッガー二世（一四五九～一五二五）はそれを代表する人物であります。

彼はヤコブ・フッガー一世という商人の十一番目の末子として生まれましたが、兄たちの商売を手伝ううちに次第に頭角を現し、また兄たちが早死にしたり事業に興味を失ったりしたため、ついにヤコブがフッガー商会の中心人物となりました。彼はドイツ特産の麻織物やバルヘント、すなわち麻と木綿の交ぜ織りしたものを大々的にヴェネツィアに輸出して大儲けをし、また南ドイツ・ティロルの銀山、中部ドイツ・ザクセンの銀山、ハンガリーの銅山などを経営して大資産を築きあげました。

さらにその間には、諸侯たちに金貸しをし、とくに一五一九年皇帝カール五世の皇帝選挙のときには、買収に使われた資金八〇万グルデンのうち、五四万グルデンを融資しました。のちにヤコブはカールに手紙をおくって、「あなたを皇帝にしたのは、ほかでもない、このわたくしです」といいきったほどです。また、一五一七年、ローマ・サンピエトロ大聖堂建立資金としてドイツで売り出された免罪符の販売の請負人はフッガー家でありましたが、それをきっかけにしてルターの宗教改革が始まるわけです。ヤコブ・フッガーは全ドイツの華とうたわれ、歴史家のなかには、一六世紀を「フッガー家の時代」と称するひともあるくらいであります。

そういうわけで、中世末期から近世初頭にかけてのアウクスブルクは、ドイツの政治の中心となり、帝国議会もニュルンベルクと並んで、ここでもっとも頻繁に開かれました。その最後を飾ったのが一五五五年の会議で、カトリックとルター派の信仰の共存ということが認められました。世にアウクスブルクの宗教和議と呼ばれるものです。

アウクスブルクの町は、北の司教座聖堂と南のウールリヒ・アフラ教会をつなぐ一本の本通り、いわゆるマクシミリアン大通りを中心として展開しています。司教座聖堂の門扉の青銅板に刻まれた浮彫は一一世紀のものですが、アダムとイヴの原罪、楽園追放などをロマネスクらしからぬ、流れるような線で写実的に描き出しており、有名なものです。ウールリヒ・アフラ教会の方は、九世紀初頭に溯るという古いものですが、現在はけばけばしいバロック様式になっており、ちょっといただけません。マクシミリアン大通りの中程に、バロック様式の堂々たる市庁舎があり、その傍らに、この方が古いのですが、ペルラッハ塔が聳えています。

　フッガー家は現在も銀行業を営んでいて、マクシミリアン大通りの南寄りにあります。その内庭を見学できますが、あのフィレンツェのメディチ家邸宅にみられるルネサンス的華麗さはなく、簡素なものです。ヤコブ・フッガーは、聖アンナ教会堂内に埋葬されていますが、彼は生前、彼なりの社会福祉観から、老人ホーム、あるいは貧困者のための住宅を、市庁舎の東側の一画に建設しました。これをフッゲライと称し、いまでも五三軒、一〇〇人ばかりの老人が生活しており、家賃は年額二マルクがずっと守られています。つまり、一五〇円あまりという家賃です。この一画は塀で囲まれていて、黄土《おうど》色の壁には蔦が這い、静かな、しっとりとしたたたずまいが、なんともいえない落ち着いた雰囲気をかもしだしています。

　アウクスブルク観光の仕上げとしては、国立美術館を是非見たいものです。デューラーの筆になるヤコブ・フッガー像をはじめとして、ルーカス・クラナッハ、ブルクマイルなどドイツ・ルネサンス美術の巨匠たちの作品を一望することができます。

　ロマンティック街道の終点はフュッセンで、中世ではそこで峠を越え、イタリアへと向かったものですが、フュッセンの近くに最後の見せ場があります。いうまでもなくノイシュヴァンシュタイン城であります。アルプスの山々に溶け込んだ、堂々として、しかも清楚な城の姿は、感嘆すべきものがあります。しかし、いまから一世紀半まえの、気の狂ったバイエルン国王ルートヴィヒ二世が、金をあかして作った浪費の産物について、あれこれ論ずるのは、小生の趣味ではありません。これについてこれ以上論ずるのは割愛させていただいて、代わりにミュンヘンを見てみようとおもいます。

　まずミュンヘンという地名。七四六年にミュンヘンの南にテーゲルンゼー修道院が建立され、その分院がここに設けられて、その修道士メンヒ Mönch からミュンヘンの地名が起こったといわれています。オーストリアのハルシュタット、ドイツ最南端のライヘンハルというところで生産される塩が西方へ運ばれる、そのイザール河を渡る地点がミュンヘンなのです。

一二世紀中頃、その塩商業を支配していたのは、ミュンヘンの少し北にあるフライジンクの司教で、当時の司教は皇帝フリードリヒ一世の叔父に当たるオットー・フォン・フライジンクでありました。彼は歴史家としても有名です。ところが一一五六年、バイエルン大公を兼任することになったザクセン大公ハインリヒ獅子公は、フライジンク司教が保持していたフェーリンクという市場を破棄し、強引にミュンヘンに市場を作ってしまいました。怒った司教オットーは、皇帝にこのことを訴え、一一五八年皇帝は裁定を下しました。それによると、フェーリンクの市場はこわして、ミュンヘンの市場を存続させる。ただし、ミュンヘンの市場の収益の三分の一を司教にわたす、というものでした。このときミュンヘンという地名が初めて出てきます。

一一七〇年頃、今日の聖ペーター教会を出発点として、ほぼ楕円形の囲壁が築かれていますが、ハインリヒ獅子公が帝国追放に処せられたのが一一八〇年ですので、ミュンヘンの基礎を置いたのはハインリヒ獅子公とみて間違いないでしょう。

一一八〇年の獅子公追放ののち、バイエルン大公に任じられたのはヴィッテルスバッハ家という豪族でしたが、この家が一九世紀までこの地を支配することになります。ヴィッテルスバッハ家のミュンヘン統治の官庁は、都市囲壁の東北外側に接して置かれ、今日、アルター・ホーフと呼ばれています。陰気な、なにもないところです。しかし、この官庁と聖ペーター教会をつなぐブルク通りというのは、手工業者の居住区として活況を呈し、塩市場であった現在のマリア広場、つまり現市庁舎前広場の商業活動とあいまって、ミュンヘン発展の原動力となりました。

一四世紀初頭、ヴィッテルスバッハ出身の唯一の国王ルートヴィッヒ・デア・バイエルが出たとき、市域は五倍に拡張され、ミュンヘンの市街地が確定しますが、マリア広場から塩市場が追っ払われ、日用雑貨が売られる市民交流の広場となったのもこのころであります。一六世紀初頭、ヴィッテルスバッハはバイエルン統治の首府をレーゲンスブルクからミュンヘンに移し、それにともなって諸官庁が移されてきて、近代ミュンヘンが誕生いたしました。

そこでミュンヘン観光も、マリア広場からはじめるわけでありますが、その東端には、つつましい旧市庁舎と聖ペーター教会があり、この聖ペーター教会の塔からの眺めはすばらしいものがあります。すなわち、眼前にネオゴシック様式の華麗な新市庁舎、玉ねぎ形のドームが二つ並び立つフラウエンキルへ、つまり聖母教会などが見えます。新市庁舎は一九世紀末から二〇世紀初頭にかけて建てられたものですが、毎日三回、高い塔の中程にあるグロッケンシュピール（音楽鐘）が見物《みもの》といえましょう。等身大の騎士たちが馬上試合を演じたのち、ビール樽作り職人が踊りだすなど、ローテンブルクの人形劇とはまた一味ちがった人形劇で、なかなか魅力的なものです。ただし、市庁舎地下のレストランは、あまり美味しくありませんでした。

フラウエン教会は、一四六八年から二〇年かけて造られたゴシック様式の壮大な教会で、二つの塔は一〇〇メートルあり、ミュンヘンのシンボルでした。二つの玉ねぎ坊主を見て、人々はミュンヘンへ帰ってきた、あるいは、ミュンヘンへ来たという感慨におそわれたことでしょう。この教会堂は第二次世界大戦のとき、爆撃によって破壊されましたが、見事元の形に再建され、ドイツ人の伝統に対する執念には脱帽のほかはありません。

市街地は本通り、裏通りともいつまで歩いても飽きませんが、ここの美術館も絶対に見逃してはなりません。その最高のものがアルテピナコテーク（古絵画館）で、デューラーの傑作「四使徒」をはじめとして、イタリア、フランドル、ネーデルラントの画家たちのすぐれた作品が目白押しで、まさに圧倒されます。ルネサンスにいささか息苦しくなった方には、近くのレーンバッハハウスをお薦めします。ここにはカンディンスキー、クレーら二〇世紀の作品があって、なにかほっとさせられますから不思議です。バイエルン国立博物館には、ティッシュバインの「ゲーテ像」をはじめとして、近代ドイツ絵画の膨大な蒐集が見られます。

疲れた夜は、ホーフブロイハウスに出かけ、ミュンヘン・ビールを満喫しましょう。陽気な楽団の演奏に合わせて、長椅子にすわった人々と、大ジョッキを打ち合わせ、腕をくんで人々の合唱に聞き入っていると、ドイツへ来たという実感に浸されることでしょう。

これまでロマンティック街道の町々とその見所について、大雑把なことをお話ししてきましたが、わたしのいいたかったことをまとめますと、第一には、旅というものは、独りで、あるいは、気の合った数人で、ゆっくり見て回り、向こうの人々にまじってコーヒーを飲み、ワイン、ビールを飲み、音楽を聴き、片言の会話を交わしたりしなければ、ひとつの文化を理解したことにはならないということです。さらにその文化の背後にひそむ歴史を知るならば、文化、そして、ヨーロッパ人に対する理解はもっと深まるでしょう。

第二にいいたいことは、ドイツ人の郷土に対する愛情の深さです。たとえば大学の例をとりますと、各地の大学がほとんど同列の評価をもっていて、学生は自分の好みに応じて大学を移動して学ぶ。日本のように、東京一極集中というようなことはありません。政治経済の中心もまた一極に集中することはなく、各地方が平等な力を出し合って、国政の運営に当たっているのは、なにかうらやましい気がします。たとえば、ベンツの本社はシュトットガルトにありますし、ドイツの電気産業の中心ジーメンス社の本社は、いまだにニュルンベルク郊外の小都市エルランゲンにあるなど、日本の企業、会社も見習ってほしいものです。

第三に、ヨーロッパ統合体ECがますます軌道にのるなかで、今後ドイツの占める役割はますます大きくなるであろうことを強調しておきたいとおもいます。ドイツ人はさきに世界大戦を起こした責任を痛感して、大統領ヴァイツゼッカーをはじめとして、真剣に反省を表明しています。今後の世界の動静を考えるとき、ヨーロッパ、とくにドイツの動きにたえず注意を払っていかなければならないと考えるしだいです。

どうか一度、独り旅をおもいきって敢行してみて下さい。いくつかの失敗をするかもしれませんが、全体的には成功し、よかったという感じをもつことは必然です。もしそうなったら、もう病み付きで、乏しい金を工面して、ヨーロッパ、あるいはアメリカ、アジア各地への旅行に乗り出すことになるでしょう。どうか一度、勇気を奮い立たせて下さい。さすれば、あなた方の人生に新しい展望がひらけてくることは疑いなし、と確信します。ただ、だらだらと長生きするだけが能ではありません。これで話を終わらせていただきます。長時間、ご静聴ありがとうございました。

（京都橘女子大学、文学文化セミナー、一九九八年五月三〇日）

## 三　オランダ独立の父　オラニエ公ウィレム（沈黙公）

ただいまご紹介いただきました瀬原でございます。これまでドイツ中世史を中心にして研究を続けてまいりましたが、最近は、主として近世史の名著の翻訳に興味をもちまして、たとえば、一昨年、ウェッジウッド女史の『ドイツ三十年戦争』を出版いたしました。このひとは、イギリスの有名な陶磁器業者ウェッジウッド家の一員で、この大著を著したのが一九三九年、二八歳のときという、大変な才媛なのですが、その作品の一つに『ウィレム沈黙公』というのがあり、いまその翻訳をやっているわけです。ウィレム沈黙公というのは、オランダ独立の父と呼ばれているひとですが、わが国ではほとんど知られておりません。

オランダという国が、わが国とは非常に近しい国であったことはいうまでもありません。一六〇〇年にオランダ船リーフデ号が豊後に漂着したのに始まり、平戸、次いで長崎にオランダ商館が設けられて、幕末までわが国が西欧と接触する唯一の窓口になり、杉田玄白の『解体新書』をはじめ、わが国の近代化の発端が蘭学に多くを負うているといっても過言ではありません。また、わが国の文化がはじめてヨーロッパに紹介されたのも、オランダ商館を通じてでありました。その典型が、シーボルトの業績ですが、彼以前にも、長崎貿易を通じて、日本の文物が輸出されております。有田焼、伊万里焼などの陶磁器が大量に輸出されており、デルフトやマイセンの陶磁器興隆に大きな影響を与えております。わたし自身が、『唐船輸出目録』を調査しましたところ、一八〇〇年（寛政一二）のところに、突如、唐傘一万二八二〇本という数字がでてき、びっくりいたしました。それから記録の絶える一八三一年（天保二）までの三十年間に合計八万四二〇本の傘が輸出されているのであります。実際に用いられたかどうかは判りませんが、当時起こってきたヨーロッパのオリエント趣味の流行に寄与したことは確かでしょう。

そういうふうにオランダとわが国の関係は密接なのですが、明治に入ると、オランダのことはすっかり忘れ去られてしまいました。まして、オランダの国の成り立ちなどを研究してみようというひとは少なく、オランダに興味をもつひとも、多くはオランダ東インド会社に集中しております。比較的新しい司馬遼太郎さんの『オランダ紀行』を読みましても、オランダの歴史、とくにその独立の過程についてはまったく触れられておりませんし、触れられていても、例えばレイデンの攻防戦などは、まったくでたらめに書かれているのです。それではいけない。歴史研究者として、オランダの独立戦争というものがどんな過程をたどり、その中心人物ウィレム沈黙公がどんな生涯をおくったのか、を明らかにしておく責務があるとおもいまして、その一助として、ウェッジウッドの名著の翻訳を思い立ったわけです。

オランダは、ネーデルラント、いわゆる低地地方の北半分をなしていますが、そのネーデルラントは、一六世紀半ばには一七州からなり、ハプスブルク家のカールの支配下にありました。カールはスペイン王であり、神聖ローマ皇帝でもあって、カール五世と称しましたが、彼は、ネーデルラントのガン市で生まれ、一七歳までここで育ったので、ネーデルラントへの愛着が深かったのです。ネーデルラントは、アントウェルペン、ブリュッセルなど都市のもっとも発達した地域で、都市は特権を付与され、各州には身分制議会があり、全国をまとめるものとしては、全国議会があり、自治の気風には根強いものがありました。カールのあとを継いだスペイン王フェリペ二世が、スペイン風画一行政を押し付けようとしたとき、激しい抵抗にぶち当たらざるをえなかったし、それを代表したのがウィレム沈黙公であったわけです。

ウィレムは、ドイツのナッサウ・ディッレンブルク家の長男に生まれました。ナッサウ家は一人の皇帝を出した名門でしたが、ウィレムの生家は分家で、貧しい貴族家門でした。たまたま本家のルネという男が戦争に出掛けるとき、ウィレムに遺産相続を約束した遺言書を書いたのですが、それが本当になり、ルネのオランジュ公国を相続することになりました。オランジュ公は、ネーデルラントのブラバント州、とくにブレダという町に大きな領地をもっており、オランジュ公はフラマン語でオラニエ公と呼ばれるようになります。

当時、ブラバント州は経済的に繁栄し、ブリュッセルには皇帝カールの宮廷がありました。カールとその代理の総督マリアは、非常に彼を可愛がり、教育をし、一五五五年、カール退位のときには、皇帝はウィレムの肩にすがって全国議会に登場し、退位宣言をしたほどです。王位を継いだフェリペもブリュッセルにいましたが、ウィレムとは反《そ》りが合わなかったようです。ウィレムが凜々《り》しい青年で、開放的で、人の気持ちをよく察し、そらさなかったのに対し、フェリペは内向的で、独断専行的であったからであります。フェリペは、一五五九年、スペインへ帰国しますが、総督に妹のマルハレータを任命し、アラス司教グランヴェルをして彼女を補佐させました。

フェリペの方針は、ネーデルラント各州の特権を廃止し、専制的支配を貫徹すること、ルター派、カルヴァン派を問わず、宗教改革派を一掃することにありました。フェリペの異端一掃の決意をウィレムが知ったのは、一五六二年、間接的にフランス国王アンリ二世から打ち明けられたときで、ウィレムは、愛する人民たちが今後さらされる苛烈な運命のことを思って暗然としました。しかし、彼はその驚愕を表情に現わすことなく、数年間、素知らぬ顔で通しました。ここから、のちに「沈黙公」と渾名《あだな》されますが、その胸のうちはどれほど苦しかったことでしょう。

しかし、大司教に昇格したグランヴェルによる激しい異端裁判の励行や、全国議会に対する九年間の特別税強要など、フェリペの強圧的な政策は、次第にネーデルラント貴族層、都市支配層の不満を集め、抵抗勢力を形成することになりました。その代表者には、オラニエ公、エグモント伯、ホールネ伯が推《お》されましたが、彼らが行った最初の反撃は、グランヴェル排撃運動で、彼が総督をうごかしているかぎりは、自分たちは州知事の職を果たすことはできない、と脅迫したのです。これら在地の大貴族は、領地をもっていない州の知事についており、たとえば、ウィレムは、ブラバントではなく、ホラント、フリースラントの州知事に就任していたのであります。フェリペは、やむをえずグランヴェルを解任しますが、抵抗派に対する復讐を決意しました。

他方、その間に、下級貴族たちは同盟を結成し、一五六六年四月五日、「妥協案 Compromise」と称する抗議文を総督マルハレータに提出しました。そのとき、マルハレータの側近のものが彼らのことを「乞食ども gueux」と呼び捨てにしまして、これが抵抗派の呼び名として、おおいに持て囃されることになったのであります。

抵抗運動は、このころには民衆のあいだにもひろがり、とくにカルヴァン派の連中は、各地の都市のカトリック教会に侵入して、聖像や祭壇画を破壊しました。事態の緩和を求めて、全国議会はエグモント伯をマドリードに派遣いたしますが、エグモントはフェリペの歓待に感激して、確約をえずに帰国し、その間、フェリペは、武断派のアルバ公を新総督に任命し、大軍を率いさせて、イタリアからネーデルラントへ向かわせました。ウィレムは危険を察知して、全財産を売り払ってドイツに退去しますが、人のいいエグモントは、なお国王に対する封建的忠誠にこだわって、残留し、のち処刑されることになります。ウィレムは、退去にあたって、ルーヴァン大学に在学中の長男を残していきますが、哀れなことに、長男は捕らえられ、その後ずっとマドリードで牢獄生活をおくるのです。

一五六七年八月、アルバがブリュッセルに入城して、ネーデルラントの反乱は第二の段階に入ります。アルバは、スペイン人からなる「騒擾対策委員会」を設け、いわゆる「血の裁判」を実施して、政治的宗教的反対者の弾圧に乗り出しました。ドイツに入ったウィレムは、ドイツの新教派諸侯を説得して、軍隊と資金を集めようとしますが、ほとんど反応はありませんでした。そこでウィレムは一〇万グルデンの私費を投じ、それに本国からおくられてきた資金を使って傭兵を集め、ネーデルラント進攻を企てました。最初に行動を起こしたのは、ウィレムの弟ルートヴィヒで、彼は北のエムデンからフリースラントに侵入し、成果をあげました。それを知ったアルバは、仕返しとして、一五六八年六月五日、捕らえていたエグモント、ホールネ伯を処刑いたしました。エグモントは、緋色の裏地のついた黒のマントをまとって、ブリュッセルの大広場の処刑台に引き出され、首を打ち落とされました。その直後、八月八日、ウィレムは二万五千の兵をひきいて、ドイツから進攻を開始いたしますが、アルバの巧妙な戦術のため、ブリュッセル間近で破られ、身一つでやれやっとフランスに逃れました。この敗北で、彼は全財産と名声を失いましたが、それでも「神の助けをえて、わたしは行く」と弟に語っているのであります。

無一物になったウィレムは、三年間、フランスのユグノー軍に入って再起を期しましたが、その間に、新しい運動が起こります。すなわち、北部に逃れて来た下級貴族達が、海乞食と称して、北部のブリールを根拠地にして、主としてスペインからの補給船をねらって海賊行為を働いたのです。海乞食には、無差別に略奪するという面もありましたが、彼らの活動に注目したウィレムは、側近を派遣して、漸次、これを統制下におくようにし、海乞食がやがてオランダ海軍の発端となるのであります。補給を断たれたスペイン軍では給与未払いが起こり、窮したアルバは、十分の一消費税、商品取引税の導入をはかり、都市民の総すかんを食いますが、その反面、ウィレムに寄せられる秘密の資金は増加し、北部諸都市はウィレム支持を表明しました。期は熟し、オラニエ公は、ドイツで借りられるだけの資金をかき集めて、再び二万人の傭兵軍隊を編成し、一五七二年七月、ドイツからネーデルラントへの国境を越えました。「わたしは、この国に骨を埋めるために来たのだ」と手紙に書いています。

しかし、その直後、八月二四日、パリでサン・バルテルミーの虐殺が起こり、コリニー提督をはじめとするユグノーの首領たちが暗殺されました。ウィレムは、ユグノーを中心とするフランス軍の支援を期待していただけに、これは大打撃でした。ウィレムは、アルバに決戦を挑むことができなくなり、北部のホラント、ゼーラントに進攻して、それを確保することに方針を切り替えます。そこは、ウィレムがながく州知事を務めて、人望が厚く、また海乞食の活動の根拠地でもあったからです。優勢なアルバは、そのホラント州に攻撃を仕掛けてき、その中央部に位置するハーレム市を包囲しました。ハーレムは七カ月の長きにわたって包囲に耐えましたが、一五七三年七月一二日、ついに力尽きて開城しました。猛烈な虐殺と略奪がおこなわれたことはいうまでもありません。スペイン軍は、八月には、ハーレムの北のアルクマールの包囲戦にかかりますが、ここは海から五マイルしか離れておらず、しかも海面より低い土地でありましたので、守備側は、運河を破って、町の周囲を海水で水浸しにしました。一〇月、スペイン軍は撤退するほかはありませんでした。

そのころ、フェリペ二世は、強硬策の失敗を悟って、アルバを更迭し、新任の総督に老兵レケセンスを送り込むことにしました。レケセンスは、大赦令を発して、話し合いの態度を表明しましたが、大赦令のなかにはウィレムは含まれておらず、ネーデルラント人はレケセンスを信用しませんでした。一方、ウィレムの方は、財政的軍事的力が底をつき、頼りになるのは、弟ルートヴィヒがフランスで募兵して、救援にかけつけてくれることでありました。しかし、そのルートヴィヒは、一五七四年四月、ドイツからネーデルラントに少し入ったところのモーク荒地で、スペイン軍に急襲され、戦死しました。三番目の弟ハインリヒも、このとき戦死しておりますが、外交官としてもすぐれ、ウィレムの片腕であったルートヴィヒの死は、ウィレムにとって大打撃でありました。

懐柔策が失敗したとみるや、レケセンスは、一五七四年五月末、ホラントの中核レイデン市の包囲にでます。今度も水浸し作戦で防衛するほかはありませんでした。レイデンは、イーセル河とムース河に挟まれた三角州にあり、ロッテルダムのところで堤防を切れば、レイデンまで海水と河水が及ぶというわけです。しかし、ロッテルダムから二二マイルも離れており、途中起伏があって、成功をあやぶむ声もありましたが、ウィレムは、全国議会を説得して、七月三〇日、河の堤防を切る決議がなされました。何千という人が家を失い、農地を失うわけで、ウィレムの心は血の出る思いであったでありましょう。さらに、スペイン軍が疲れた所を見計らって、町を解放しなければなりません。それには、ロッテルダムのところから平底船の艦隊を発進させて、スペイン軍を追い払うほかありませんが、平底船を動かすには水深六〇から九〇センチが必要で、そういう条件は、九月に入って高潮に、北からの強風が伴わないと、整いませんでした。それまでは、都市は、なんの補給も受けず、持ちこたえねばなりません。

八月に入って、市長アードリアン・ファン・デア・ウェルフら町の使節団が、司令部のおかれていたデルフトのウィレムのところにやってきました。ウィレムは、超多忙と心痛のあまり重病にかかっていましたが、彼らに持ちこたえるように激励します。なにせ町との通信は、のろしと伝書鳩しかありませんので、市民の不安は大変なものであり、それに飢餓と疫病が加わります。その中にあって、アードリアンは、英雄的にがんばりました。

九月一〇日、ついに平底船の艦隊は、ロッテルダムから発進し、まずラントセイディング（第二次遮断堤防）に達し、そこを切開しますが、その奥にあるフォールウェーフ（高道）にスペイン軍の大砲がおかれていて、そこからの砲撃でどうしても突破できません。提督ボワソも大砲を取り寄せ、撃つのですが、砲撃の度毎に平底船の底板が割れて、船が沈んでしまうのです。艦隊は水浸しになってしまったわけです。そこで提督は、艦隊を当初の突破口から五キロほど東に廻し、そこからラントセイディングを切り開き、さらに奥に進んで、警戒の手薄なフォールウェーフを切断しました。これらの切り口を通して海水が中に流れ込み、さらにフォールウェーフ上のスペイン軍が切断されたわけです。

しかし、フォールウェーフ内部の水深はなお六インチ（一五センチ）しかなく、艦隊を動かせません。一〇月一日にいたって、奇跡が起こり、高潮と強い北西風が重なり、水面は三フィートに上昇しました。寒い北風のびゅーびゅー吹く中を艦隊が前進をはじめると、水の中での戦闘を知らないスペイン兵は、恐怖に陥り、夜中に逃走してしまいました。一〇月三日、補給物資を満載した船がレイデンに到着しましたが、青ざめ、頬のこけた市民たちは、声もなく笑い、泣いたといわれます。一〇月三日は日曜日で、ウィレムは、宿舎となっていた小修道院でお祈りをしていたとき、解放の知らせが到着し、居合わせた市民たちは、祭壇に殺到しました。レイデンの攻防戦は、オランダ独立戦争の頂点であり、このときオランダ国民が誕生したといってもいいでしょう。レイデン市民は、ご褒美として大学の設立を望みました。こうしてオランダ最古のレイデン大学が設立されましたが、第二次世界大戦のとき、オランダを占領したナチスがやった最初のことは、レイデン大学の閉鎖であったのであります。

このあとは簡単に述べます。レイデンを解放したウィレムの人気が絶大なものとなり、南部に呼び戻されまして、ブリュッセル、アントウェルペンに根拠をおいて、ネーデルラントの統一維持、解放に努力を尽くしました。たとえば、一五七六年一一月、宗教的寛容をうたう「ガンの和平」を成立させて、宗教的内紛を収めようとします。ウィレム自身はカルヴァン派に属しましたが、きわめて寛容なひとでありました。しかし、翌年出現したガン市内でのカルヴァン派の独裁に見られますように、各地で、カルヴァン主義者は、住民の大半を占めるカトリック教徒を圧迫し、これに対してカトリック住民が反発し、これが南北分裂の大きな原因となります。

スペインの方では、一五七六年にレケセンスが急死し、かわってレパント海戦の英雄で、フェリペの異母兄弟であるドン・ファンが着任しますが、手も足もでません。一五七七年にいたって、軍指揮者としてパルマ公ファルネーゼ――前総督マルハレータの息子です――が着任し、彼は南部の不満分子を糾合して、「アラス同盟」を結成させ、ウィレムもこれに対抗して「ユトレヒト同盟」を結成します。こうして南北の分裂が濃厚になってまいります。そして、一五八一年、「ユトレヒト同盟」側は、フェリペ二世の廃位を布告、つまり「独立」を宣言しますが、ウィレムは、自分のようなセカンド・クラスの貴族が主権者になっては、諸外国の軽蔑を招き、外国の援助を得難いといって、主権者にフランスのアンジュー大公を招くように説得します。しかし、このアンジュー公というのはどうしようもない男で、クーデターを企てたのち、急死します。その直後に、ウィレムもスペインの刺客に撃たれまして、その生涯を閉じたのであります。

こうして、ウィレムは業半ばに倒れたかにみえますが、オランダの独立という仕事の大半はできあがっていました。彼は、人民をこのうえなく愛し、その民意をあくまでも尊重し、各州の自治を認め、そして、「全国議会」を主権者と考えていました。普段の生活は質素で、飾らず、いばりもせず、人民の請願を快く受け、住民からは「おやじさん、ファーテル」とよばれ、真の意味での国父でありました。現在、デルフトの新教会の床に埋葬されています。彼の次男マウリッツ、三男フレデリック・ヘンドリックも、父の志を継ぎ、現在のオランダ国を確立しますが、この時代にオランダは、世界貿易の覇者となり、その人民主権という考え方は半世紀後のイギリスで、ピューリタン革命となって成果を結びます。またこの時期に、ピーター・ブリューゲル、レンブラント、ルーベンス、ファン・ダイクなど、オランダ絵画の全盛期が出現したことも忘れられません。

世界史のなかで、圧倒的な軍事力を誇る超大国に対して、絶望的な戦いを挑み、民族の独立を守りきった人が二人います。ひとりは、ベトナムのホーチミンであり、いまひとりは、このオラニエ公ウィレム沈黙公ではなかったか、と考える次第です。

（西洋史同窓会総会、二〇〇七年一一月）

## 補論　和傘のヨーロッパ輸出のこと

ヨーロッパを旅行して、中華料理を注文したとき、料理のうえにミニチュア和（雨）傘が添えてあるのを経験された方も多いとおもいますが、傘はアジア文化の代表とみなされているのです。しかし、その傘は中国のものではなく、明らかに日本のものです。その日本の傘がどうして、また何時《いつ》頃からアジア文化の代表の一つになったのでしょうか。

元来ヨーロッパには雨傘使用の伝統はありません。あるのは日傘だけで、地中海地域を中心にして日傘が愛用され、絵画などに描かれているのもみな日傘です。近代までドイツでは、降雨対策としては分厚いバルヘントと呼ばれる布でつくったコートのようなものが用いられました。北欧諸国ではみなそうであったとおもいます。

ところで、一六世紀末に日本の傘に大きな変革が起こります。すなわち、文禄三年（一五九四）、堺商人納屋助左衛門が呂宋《ルソン》にわたり、ポルトガル人から、傘の中心的部分、傘を開けたり、すぼめたりする要の部分、いわゆるろくろと称する部分を教わり、わが国にもちかえったというのです。それから傘は現在の形を取るようになりますが、それに対しては疑問がない訳ではありません。それ以前に「法然上人絵伝」「一遍上人絵伝」「洛中洛外図屏風」などにちゃんと描かれた長柄傘はどんな構造をしていたのだろうかという問題です。その問題に答える力はありませんが、ともかく、西洋世界が依然として日傘中心であったのに対し、新しい技術を導入した雨傘はわが国の気候に適し、折から勃興してきた京、大坂、江戸の都市生活に対応して、雨傘に対する需要は大幅に伸び、わが国固有の生活用具になったのです。そして、徳川後期に入ると、オランダ人の注目するところとなり、大量に輸出されることになるのです。

オランダ船による輸出目録、『唐船輸出目録』延宝六年（一六七八）〜天保四年（一八三三）をみると、和傘の輸出は寛政七年（一七九五）の傘三三〇本、傘五箱にはじまり、それから毎年のように輸出されることになります。寛政一一年から翌年にかけては一万二八二〇本。あっという間の急上昇です。享和一年（一八〇一）には七三九〇本、十一隻の船に全部積載したとあります。文化六年（一八〇九）には一万三〇八本、二番船に八千本を積載したのをはじめとして、毎年相当数が送り出され、記録の途絶える天保二年（一八三一）までの総数は八万四二〇本と五箱にたっし、年平均にすると二千本です。*

これだけの膨大な傘がオランダだけで消費されたとはとても思えません。オランダからの輸出先として考えられるのはイギリスです。雨の多いイギリスでは珍重されたでしょう。しかし、雨傘のスタイルはオランダ、イギリス人の服装にマッチしません。購入したひともオリエンタリズムの趣味におわることが多かったでしょうが、しかし、おりからイギリスは産業革命の真っ最中、和傘を自分たちの生活スタイルにマッチするように改造する企てがあっても不思議ではありません。薄手の綿布の生産、細身の鉄骨の加工技術を進めれば、コウモリ傘の開発はすぐです。コウモリ傘がまずイギリスで誕生し、傘とシルクハットがイギリス紳士の常備品、象徴となったのは当然の成り行きでした。その過程の具体的解明は筆者の手にはおえませんが、ともかく日本からの傘の輸出がヨーロッパ人の生活スタイルに一つの、小さくない変化をもたらしたのではないかと考えている次第です。

＊ 永積洋子編『唐船輸出入品数量一覧 一六三七〜一八三三』（創文社、一九八七年）二五六〜三二七頁。

〔資料〕西欧への傘輸出数量（唐船輸出目録）延宝六年（一六七八）〜天保四年（一八三三）

| | | | |
|---|---|---|---|
| 天和二年（一六八二） | 日傘 | 八〇本 | 二五六頁 |
| 寛政七年（一七九五） | 傘 | 三三〇本 | 二九七頁以下 |
| 同　七年〜八年（一七九五〜九六） | 傘 | 五箱 | 二九八頁 |
| 同　十一年〜十二年（一七九九〜一八〇〇） | 傘 | 一二八二〇本 | 三〇〇頁以下 |
| 同　十二年〜享和一年（一八〇〇〜〇一） | 傘 | 六六六本 | 三〇二頁 |
| 享和一年〜二年（一八〇一〜〇二） | 傘 | 七三九〇本 | 三〇二頁以下 |
| | 一一隻の船に全部積載 | | |
| 同　三年（一八〇三） | 日傘 | 一〇〇〇本 | 三〇三頁以下 |
| | 傘 | 八五〇本 | |
| 文化二年（一八〇五） | 傘 | 四二〇〇本 | 三〇五頁以下 |
| 同　二年〜三年（一八〇五〜〇六） | 傘 | 三三〇〇本 | 三〇六頁以下 |
| 同　四年（一八〇七） | 傘 | 七一二本 | 三〇七頁 |
| 同　五年（一八〇八） | 傘 | 二五九五本 | 三〇八頁 |
| 同　六年（一八〇九） | 傘 | 一〇三〇八本 | 三〇九頁以下 |
| | 二番船は八〇〇〇本を積載 | | |
| 同　七年（一八一〇） | 傘 | 三二四九本 | 三一〇頁以下 |
| 同　八年（一八一一） | 傘 | 二九〇九本 | 三一一頁以下 |
| 同　九年（一八一二） | 傘 | 一九二四本 | 三一三頁以下 |
| 同　十年（一八一三） | 傘 | 二四七三本 | 三一四頁以下 |
| 同　十一年（一八一四） | 傘 | 二一七一本 | 三一六頁以下 |
| 同　十二年（一八一五） | 傘 | 三九七三本 | 三一七頁以下 |
| 同　十三年（一八一六） | 傘 | 三七一一本 | 三一八頁以下 |
| 文政一年（一八一八） | 傘 | 一五六三本 | 三二〇頁以下 |
| 同　三年（一八二〇） | 傘 | 七六〇八本 | 三二二頁以下 |
| 同　四年（一八二一） | 傘 | 一五四四本 | 三二三頁以下 |

| | | | |
|---|---|---|---|
| 同　五年（一八二二） | 傘 | 二二一〇本 | 三二四頁以下 |
| 同　六年（一八二三） | 傘 | 一八八〇本 | 三二五頁 |
| 同　十二年（一八二九） | 傘 | 一六〇五本 | 三二六頁 |
| 天保二年（一八三一） | 傘 | 七〇〇本 | 三二七頁 |
| 合計 | 傘 | 八〇四二〇本　五箱 | |
| | 日傘 | 一〇八〇本 | |

## 文献


永積洋子編『唐船輸出入品数量一覧　一六三七〜一八三三』（創文社、一九八七年）

荒居英次『近世海産物貿易史の研究』（吉川弘文館、一九七五年）

宮本馨太郎『かぶりもの、きもの、はきもの』（岩崎美術社、一九六八年）、二一六頁以下。

同　執筆「かさ（傘）」『国史大辞典』第二巻。

傘（からかさ）の語源。1、柄（から）から　2、唐、韓国から　3、機械（からくり）から　の三説。ろくろ。文禄三年（一五九四）堺商人納屋助左衛門が呂宋にわたり、そこから伝えられたというが、これより早く中国から輸入された可能性もあり。

長柄傘の記載されているもの「法然上人絵伝」「一遍上人絵伝」「芦引絵」「洛中洛外図屛風」宮川長春「風俗図巻」「俵重ね耕作図巻」一　絵日傘「絵本常盤草」　栄松斎長喜「秋色女」

# 第四部　エッセイ

## 一　若き日の思い出――闇市で出会った本――

敗戦直後の近鉄布施駅前にできた闇市の、とあるゴザのうえに、四冊の岩波文庫本が並んでいた。これがスイスの作家ゴットフリート・ケラー『緑のハインリヒ』との出会いである。むさぼるように読んだ。いつも古いコールテンの緑色の上着を着ていることから、このあだ名のついた青年の、失恋と失意の連続の生活、そして、あきらめに似た感情をもって、人生を眺めるにいたるまでの人生観の変遷をたどった自伝風の小説であるが、そのユーモラスな語り口が内容の辛さをかろうじて救っていた。

ケラーの作品は、その後、旧制大阪高校のドイツ語の時間でも教わった。短編小説集『ゼルトヴィーラの人々』のなかの『子猫シュピーゲル』である。これは毛色の艶やかさから「鏡」と命名された子猫が、太ったところを食べようとねらっている飼い主の魔女に一杯食わす物語であるが、その劇中劇の格好で、ある純情な若者が愛する娘のために全財産を捧げ尽くして死ぬという話が挿入されていた。その若者は商人で、ザンクト・ゴットハルト峠の「悪魔の橋」を渡ってイタリアへおもむき、金をもうけたとある。この小説を読んだころから、わたしのスイスに対する愛情は決定的となったといっていい。ちなみに、わたしが大学院時代に発表した最初の論文は、ザンクト・ゴットハルトを中心とする商業・交通史に関するものであった。

高校時代には、渡辺格司先生に、ゲーテ『ヴィルヘルム・マイスターの修行時代』を読んでもらったが、ミニヨンの歌う「君よ知るや南の国、木々は緑、花は咲ける……」とか、「涙もてパンを食べしことなき者は」といった詩が今でもなつかしく思い出される。

大学に入ったころに読んだものに、トーマス・マン『魔の山』がある。ハンス・カストルプという青年がスイスのダボスというところにあるサナトリウムに療養中の従兄弟を、見舞いにやってくる。登山電車を何度も乗り換えていくうちに、なんだか空気も希薄になって、サナトリウムは人間の思想がむきだしに露呈される「魔の山」の様相を帯びてくる。そこで長期逗留することになるハンスは、民主主義者で啓蒙思想家セッテンブリーニ、超教権主義者で民主主義の俗物性を批判するナフタ、芒洋としたアジア的風貌をもつペーター・メーメルコルン、そしてマダム・ショーシャなどに会い、激しい論争と省察の日々をおくる。そう、このマダム・ショーシャ夫人、ツンと鼻の尖った、ちょっとすが目の、いつも食堂のドアをビシャリと閉めるこの美しい女のたたえる退廃性、これがサナトリウムのムードであり、ヨーロッパのムードなのだ。ハンスはそこからの脱出を決意し、山を下り、おりから勃発した第一次世界大戦の硝煙のなかに姿を消す。その唇には、シューベルトの「菩提樹」がつぶやかれていた。この小説は、青年期をおわろうとするわたしの心をゆさぶった。否、いまでもゆさぶりつづけている。わたしは学生とのコンパのとき、原語で「菩提樹」を歌うことにしているのである。

（『立命館大学新聞』四四九号、一九八二年六月五日）

## 二　わが学生時代の恩師と読書

### 犬養健先生のこと

石《いわ》ばしる　垂水のうえの　早蕨《さわらび》の
萌えいずる春に　なりにけるかも

爛漫の春ともなれば、この歌を思い起こすひとも多いことであろう。わたしがこの歌を口ずさんだのは、旧制高校――いまの大学の教養課程――のときである。ある日、新任の犬養先生が教壇のうえから、この歌をはじめとする万葉集の一節ずつを朗々と詠ぜられると、われわれ生徒たちはびっくり仰天した。ある者はたちまち感激して陶酔するかとおもえば、わたしのように、身体がこそばゆくて、一時間中、不安感におそわれるなど、ともかくユニークきわまりない授業であり、それから先生の信奉者はとみにふえ、世にいう「犬養節」のはじまりとなったわけである。

### 野田又夫先生のこと

わたしがいろいろな書物に親しむようになったのも、この高校時代からである。それまでは、戦争中で、出版物は統制され、言論は極端に統制されていた。さらに敗戦直後のことであり、読みたくても書物はなく、人々は活字に飢えていた。だから学生は古本屋あさりをやったものである。そこで手に入れた一冊に安倍能成著『西洋近世哲学史』がある。学校では、のち京大教授として高名となる哲学者、野田又夫先生から「心理学概論」の講義を受けていたが、先生は講義の合間に、それが癖の首をふりふり、かぼそい声で、スタンダールの『赤と黒』の主人公ジュリアン・ソレルが、レナール夫人の手をそっと握る場面の心理描写はじつによく描けていましたねー、などとおっしゃる。その情景がいまも瞼《まぶた》にやきついてはなれない。

その先生が、ときに専門とされるデカルトについて話をされることもあった。デカルトは、新しい科学の創造のために、一切を疑ってかかったが、その疑っている主体、「我」を疑うことのできない存在であることに想到する。それが「我思う、故に我在り」の意味だ、と説かれる。

### 哲学との出会い

こういう予備知識があって、ある晩、寝所で、前述の安倍『哲学史』を読んでいたのであるが、そして、「一切の事物のなかに、神は在る」というスピノーザの命題にぶつかった。一瞬、電撃に似た衝撃が身体全体をつらぬき、それからふるえがきて、止まらない。これだ。当時、唯物論哲学と宗教の統合について悩んでいたわたしにとって、青天の霹靂《へきれき》であった。わたしは、「神に酔える人」スピノーザの汎神論哲学に酔って、その夜はまんじりともせず明かした。これが、わたしと哲学の出会いである。

ジョン・ロックの大著『人間悟性論』を読んだのは、高校二年生の正月のときだったが、消化不良におわった。カント、ヘーゲルのドイツ観念論は、読む気がしなかった。三年生のときには、マルクス、エンゲルスのものに傾倒した。このころようやく社会科学に興味が生まれ、大学入学のころ、アダム・スミス『国富論』やルソーの『社会契約論』を読んでいる。

『ゼルトヴィーラ』へ

高校では第一語学にドイツ語を選んだ。その初期読本がシュトルムの『インメンゼー』である。やさしい文章ながら、幼な友達のエリーザベトに対するラインハルトの片思いが切ないまでに描かれていた。

同じころ、近鉄布施駅前の闇市の、とあるゴザのうえに四冊本の岩波文庫が並んでいるのを発見した。ゴットフリート・ケラーの『緑のハインリヒ』である。一九世紀中葉のスイスのこの作家は、恵まれなかった自分の前半生をモデルにして、悲哀感を込めてある若者の成長を描いている。どん底のペシミズムに陥らずにすんでいるのは、ユーモアあふれる筆致が物語を包んでいたからであるが、二年生になって、このケラーの小説集『ゼルトヴィーラの人々』のなかの一編『子猫シュピーゲル』を久保田肇先生が読んでくれることになった。飼い主をなくした子猫シュピーゲルが生きていくために魔法使いの婆さんをだます物語であるが、劇中劇の格好で、若い男女の悲恋が描かれていた。若く美しい女が愛する青年の気持ちを試すため、青年の財産全部を要求し、青年は全財産を擲《なげう》って、彼女が結婚の承諾を与えるその朝、自殺するのである。その財産は、彼が険阻なザンクト・ゴットハルト峠をこえて、イタリアへ赴く商業によって築いたものであった。

わたしは、ケラーにすっかり惚れ込み、どうやらゼルトヴィーラらしいチューリヒへ行ってみたくなった。わたしが念願のアルプス最古・最長のザンクト・ゴットハルト峠を抜けて、イタリアへ着いたのは、ようやく昨年末、雪交じりの日のことであった。

＊　＊　＊

文学や哲学ではあまり自信がなかったわたしは、大学では、結局、西洋史、それもドイツ、スイス史の勉強を選んだが、その素地は以上の通りである。新入生諸君、大学では、先生にぶつかり、そこから人格と識見を吸収すること、古典とよばれる作品をできるかぎり読むこと、これを勧めたい。わが立命館でも、すぐれた先生に事欠かないはずである。

（筆者はこのとき学生部長であった。立命館大学『学園通信』第三二号、一九八三年四月二八日）

## 三　大学院生のころ

わたしが特別研究生として、大学院に在学したのは一九五一（昭和二六）年から五年間のことであった。当時、西洋史研究室は、旧陳列館一階東側にあった。陳列館入口左右には、原随園、宮崎市定両先生の個人研究室があった。原先生はすでに学部長を二期勤めておられた。老大家であったが、毎日、鳴滝の自宅から研究室にきておられ、その論文「アリストファネスの喜劇について」は『西洋史学』第一巻の巻頭を飾った。先生は午後四時ごろになると、共同研究室に顔をだされ、「やー、君たちどうしているかね」と呼びかけられ、院生たちはあわてたものである。井上智勇先生は豪放磊落《らいらく》、気さくな人柄、語学が達者で、外国からみえられた研究者に対する対応も滑らかなものであった。共同研究室に毎日のように顔を出されたのが、人文研の前川貞次郎（のち文学部教授）、神戸大学の会田雄次先生。会田先生は、「これからの研究者は、週に二、三回は淀川を越えないと駄目だよ」とおっしゃっていたが、人文研へこられてからは、その声を耳にしなくなった。ビルマ戦線の体験の話をよくされ、僕たちは先生のことを「アンチ・アメリカ、プロ・ビルマ」と呼んでいた。美術について大変な啓発をうけた。前川先生はアイデアマンで、『傭兵制度の歴史的研究』は先生の発案に負う。教養部の豊田尭先生はドタバタという靴音（会田先生の言葉）で来室がすぐにわかった。

助手の星田輝夫さんは、控え目な、寡黙の人で、自宅へよく遊びにいった。『西洋史学』第一号に「水平派（平等派）の人民同意について」を発表され、イギリス革命の実証的研究に先鞭をつけられたが、惜しいことに病弱で早く亡くなられた。同じ近代英国研究では、特別研究生の越智武臣さんがいた。星田さんに次いで助手になられたが、ウェーバー・大塚久雄理論の批判に執念を燃やしていた。ある機会に越智さんのお伴をして、東大の大塚先生の研究室に出掛け、暗い部屋で論争をしたことがある。のちに越智さんは『近代英国の起源』を出されたが、東大の史学会大会で公開講演をされたときの颯爽たる姿は忘れられない。底抜けに明るく、詩人肌でもあったが、忘年会でのジェスチャー入りの「愛染かつら」は爆笑ものであった。もう一人の特研生の岡部健彦さん（のち阪大教授）は、ドイツ現代史研究の正統派をもって任じ、大先輩の中山治一先生（名古屋大学）の、京大での現代史特講のときには、真ん前で正座して聴いておられた。あんまり窮屈なものだから、中村幹雄君（のち奈良女子大）などは、おおいに反撥したものである。もう一人、雑誌『西洋史学』出版の事務員として、清水澄子さんという美女がおられ、出入りする学生を悩ましていた。

陳列館の中庭にはピンポン台があり、夕方になると、各専攻の院生や助手が集まり、ピンポンに興じた。あんまり騒がしくて、雨ざらしになっている考古遺物の損壊を怖れた考古学の梅原末治先生によくしかられた。西洋史研究室では、先輩と後輩とで野球の試合をしたこともある。郡山中学でピッチャーをしていた富澤霊岸（関西大学）や広実源太郎（和歌山大学）さんなど先輩方はうまいものであった。印象的であったのは中原与茂九郎先生（京大教養部、アッシリア学）で、戦前のイギリス留学の名残りのハンチング、キュロット・ズボンの英国紳士スポーツマン・スタイルで審判をされた。中原先生とはよく囲碁をうった。先生は新聞に名人戦観戦記を書かれるだけあって、将棋が滅法お強く、あるとき挑んだが、無残であった。

今津晃先生（京大）、田村満穂先生（奈良女子大）、川口博君（島根大学、のち静岡大学）らとの飲み屋「七福」のことになると、話は尽きない。この辺にしておこう。

先生方はみな品位と威厳にあふれておられた。いま無性に懐かしい。

（京大西洋史『読書会だより』第四九号、二〇〇八年）

## 四　三六時間のバルカン列車

今年の夏、シュトットガルトで国際歴史学会が催されるが、それにつけても、五年前の夏を思い出す。ルーマニアのブカレストで開かれる同学会へ、ギリシアから鉄道でかけつけようと思い立ったのが、そもそもの難行の発端であった。

モスクワ行きバルカン半島縦断の列車は、真夜中の十二時、アテネの中央駅から出る。発車直前に駅に着くと、そこには唖然とする光景が展開されていた。中央駅とはいえ、駅舎は日本の三流都市のそれであり、屋根もない三本のホームが伸びているだけである。そこに、出稼ぎに行くのか、帰るのか、家財道具を背負った家族連れ、独身者、ヒッピー風の若者、さまざまな民族スタイルの老若男女がまさに渦巻いていた。

列車に乗り込んでからが、また大変である。わたしと家族三人のコンパートメントは一等で、座席指定のはずであったが、そんなことはお構いなし、ずかずかと乗り込んできて、終戦直後の難民列車の再現である。ぎゅうぎゅう詰めの上に、立っている若い連中は、ラジカセでロックを鳴らして身体をゆさぶっているものだから眠れる訳がない。こういう状態で、朝七時、北ギリシアのテッサロニカに着いた。すると、雑踏は潮が引くようにいなくなり、ようやく一息付けたのである。

まもなく列車はブルガリア国境を越えたが、正午近くになって気付いたことに、アテネで付いていたはずの食堂車の姿が見えない。しまったと思ったが後の祭りである。列車は黙々と北上するが、たまに停車する駅には人影も見えない。ソフィアに着いたのは真夜中。夜明けにドナウ河を越えた。この間、わたしたちはアテネで買い入れていた乏しいパンと果物、レモン水を少しずつ分け合って食べた。ブカレストに着いたのは、二日後の正午、四人は飢えと疲れでダウン寸前であった。三六時間後に見るブカレストの町の美しかったこと、そして、無我夢中で食事をパクついたことは、いまさらいうまでもないことであろう。

（『健康』月刊健康出版社、第二七二号、一九八五年七月）

## 五　ザンクト・ゴットハルト峠

終戦直後、近鉄布施駅前の闇市で、スイスの作家ゴットフリート・ケラーの小説『緑のハインリヒ』を買ったのが、そもそもわたしがスイス史を研究するきっかけであった。そして、研究するうちに、アルプスの中央に位置するザンクト・ゴットハルト峠がきわめて重要な意義を有していることに気付いた。この峠が発見されたのは一二世紀末であるが、爾来、中央ヨーロッパを南北に貫く幹線交通路の要となり、多くの人々や物資が往来した。一三世紀末にスイス誓約同盟が結成され、ハプスブルク家の支配にたいして有名な独立闘争を展開したのも、じつにこの峠を中心とし、この峠からくる利益を確保しようとしたものである。一八八二年には、ここに全長一五キロメートル、ヨーロッパ最初の大鉄道トンネルが開通し、今日その重要性はますます高まりつつある。

長年スイス史を研究しながら、また数次にわたってヨーロッパ旅行をしながら、この峠を直接見たことはなかった。そこで昨年八月中旬、行ってみようと思い立ったわけである。峠の北麓の町アンデルマットからバスが日に三往復出ているのを利用して、登った。峠というから、細く、険しい道がうねうねと登っていくのではないかと想像していたが、案に相違して、幅二〇〇メートルばかりの、平たい谷がほぼ直線に、ゆるやかに登っていくのである。残雪の山々に囲まれた頂上は、一キロ平方ばかりの平地で、大きな池があり、高山植物が咲き乱れていた。標高は一〇九一メートル、瀟洒《しょうしゃ》なホテルと博物館、土産物店があり、結構賑わっていた。ここから南のイタリア側へは、道は急傾斜で落ち込んでおり、涼しい風が吹いてくる。ここをどれほど多くの人が通ったかと想像しながら、四十年の夢が果たせた歓びにひたった。

峠を去って一週間後に、珍しく集中豪雨があり、土石流で鉄道が不通になったが、一東洋人の来訪に自然が感応したのであろうか。

(『健康』月刊健康出版社、第三二〇号、一九八八年七月)

## 六　フリブールのケーブルカー

スイスにフリブール（フライブルク・イム・ユヒトラント）という町がある。ベルンの南西三〇キロのところにある。その名が示すように、南ドイツのフライブルクと同様、この地方の豪族ツェーリンゲン大公によって、一一五七年に建設された都市である。

旧市街は、蛇行するザーネ河のそのU字型の流れに囲まれた高台のうえにあり、中央にニコラス大聖堂が聳《そび》える。その脇をすり抜けると、ツェーリンゲン大橋と呼ばれる高さ五〇メートルの橋に出、そこから見上げる高台の崖っぷちに建ち並ぶ、まるで要塞のような家々の外壁、あるいは、見下ろすザーネ河沿いの、緑のあいだに散見する下町の風景は、まさに一幅の絵を見るおもいである。

ところで、この町には、旧市街の入り口のところに面白い乗り物がある。ケーブルカーである。高台と下町を結ぶもので、その落差は四〇メートル弱であろうか。車体は幅二メートル弱、長さ三メートルばかり、車室は中央の横一列のベンチからなり、四人ばかりが座れば、もう一杯である。車の前後はオープンで、全体は赤塗り、おそらく世界一小さい、可愛らしいケーブルであろう。

これだけでも珍しいのに、さらにアッといわざるをえなかったのは、下水の水を動力源としていることであった。車体の下にタンクがついており、車が高台の駅に着くと、タンクの受水口と高台の下水口が結合され、ゴボゴボと水が流れ込む。満タンになれば、出発オーケーである。そして、下町の駅に着くと、タンクの排水口から下水本管に、水がジャーと吐き出される。この間に、高台に着いたもう一方の車体のタンクに水が満たされる、といった具合である。いつごろから始められたかは判らないが、手許にある一九二七年版のガイドブックにすでに記述がある。おそらくこのケーブルは、二〇世紀初頭から、生徒や工員、主婦の足として活動してきたものであろう。ゴボゴボ、ジャーを繰り返しながら、木立のあいだを上下する赤い車体がいまも目に焼き付いている。

（『健康』月刊健康出版社、第三二六号、一九八八年一一月）

## 七　里山を登る

小さい頃から、よく小山に登った。高山を登るときのように、重い装備も要らないし、気の向いたときに、軽い装備で、ふらっと出かけられるのがよい。

小学校二年生のとき、遠足で出雲大社の横にある弥山《みせん》に登ったのが最初の思い出である。中学にすすむと、松江市の東にある嵩山《だけ》へよく登った。数人の友人とわいわいいいながら登って、頂上から春風駘蕩《しゅんぷうたいとう》とした「中海」の景色を眺めながら、汗を乾かし、お弁当を食べるそのおいしさは格別であった。戦争が激しくなったころ大阪へ転居したが、勤労動員の合間をぬって、生駒山や六甲に登った。その頃は、中学でよく行軍訓練がおこなわれ、たまたま大阪市内から奈良の橿原神宮までの夜間行軍が行われたとき、その翌朝、神宮境内で聞いたのは、米空軍による東京初空襲のニュースであった。

戦後、大学に入って、京都に移ると、初めのころは、毎週といっていいほど、ピクニックに出掛けた。東山の山々、大文字山、叡山、鞍馬山、高尾の神護寺など、よく訪れた。少し足を伸ばして、比良山に登ったのは大学院に入ったときで、村田数之亮先生（阪大教授）、会田雄次先生のお伴をしてであった。

ドイツへ留学したときも、留学先のハイデルベルクで、よく徒歩でお城へ登った。城の対岸、山の中腹にある「哲学者の道」へ達するには、ネカー河の河岸「蛇の道」を登らねばならないが、これはなかなかの急坂である。シュトットガルトのやや東にあるホーエンシュタウフェンは、中世シュタウフェン朝発祥の地であるが、さわやかな小山であった。頂上に立つと、ニーダーシュヴァーベンの平野が一望され、王朝の本拠地であることが実感された。チューリンゲンのワルトブルク城へ登ったこともある。秋の半ば、麓のアイゼナハ市から歩いて山へ向かったが、全山黄金色と化した小高いところに、遠く堅固な城が輝いて望まれ、ワグナーの『タンホイザー』の場面を彷彿《ほうふつ》とさせた。城山の麓にたどりつくと、「伝統的な仕方で（つまり、ろばに乗って）登ろう」という立て札が立っていたが、肝心のろばは出払って見当たらず、またもや急坂をよじ登らねばならなかった。

昨年夏、孫の男の子とハイデルベルクで逗留《とうりゅう》する機会があった。小学一年の坊主は、お城への登り道も、「蛇の道」も軽々と登る。こちらは、気はあせれど、足は重く、息は切れる始末。嬉しいような、悲しいような複雑な気持ちを味わった。さらにこの夏、坊主が京都へやってきたので、鞍馬山へ出掛けた。さっさと登る「牛若丸」に対して、こちらは、山を越えて貴船へ降りるあたりから、膝ががくがくしだし、汗をびっしょりかき、おそるおそる歩く始末になってしまった。孫の気遣う顔を見るにつけ、我老いたり、をしみじみと感じた昨今である。

（『健康』月刊健康出版社、第三七七号、一九九二年二月）

## 八　ドレスデンの二つの絵

一九六六年も押し詰まったある日、ドレスデンの駅に降り立った。空は薄暗く、粉雪が降っていた。目指すはツヴィンガー宮殿である。この後期ゴシック風の建物は国立美術館となっていて、そこに展示されている一枚の絵を見るため、ベルリンから訪れたのである。

その一枚の絵とは、ヴェネツィア派の先駆者といわれるジョルジオーネの『眠れるヴィーナス』である。大学入学したての頃、複製画で魅せられて以来、一度はオリジナルを見たかった。それがいま眼前にある。なだらかな草原のうえに、ヴィーナスがその伸び伸びと、豊満な肉体を横たえている。そして、知的で、穏やかさに満ちた寝顔、そこには、ボティチェリ描くところの、写実的で生き生きとしたほつれ髪の女性像とは対照的に、女性美の理想像が、静的に描き出されている。ティチアーノやゴヤ、マネなどがこの構図を模倣したのも、さこそとうなずかれた。

『ヴィーナス像』を満喫するとともに、しかし、わたしはもう一つの絵に驚かされた。同じ部屋に、ラファエロの『システィーナのマドンナ』があることに気付いたからである。この絵はローマのヴァティカンにあるのではなかったのか。わたしは、一瞬わが眼を疑った。全体の構図、人物の表情、色調は、ラファエロらしい典雅で柔らかく、落ち着いたものであるが、異様なのは、イエスとそれを抱くマリアの視線の方向である。それは、ラファエロの他の作品にみられる、見る者に注がれる柔和な視線ではなく、真っ正面をはるか遠く見つめているのである。図高二・六五メートルの上端にある二つの顔は、ほとんど無表情で、厳しい。「君、それはね、イエスとマリアは最後の審判の場面を凝視しているのだよ」という、会田雄次先生のいつか聞いた言葉が、実感をもって思い起こされた。

三〇年を経たいまも、雪のちらつくころには、エルベ河の白皚《がい》々の風景と、二つの絵から受けた深く熱い感動がよみがえる。

（『健康』月刊健康出版社、第四二四号、一九九五年一月）

## 九　バムベルク聖堂の騎馬像

中部ドイツの東端、チェコとの国境近くにバムベルクという町がある。町の中央を流れるレークニッツ河の岸辺、小高い丘のうえに司教座聖堂が聳《そび》えている。やや細身の高塔を四隅にもつ初期ゴシックの建物は中世の面影を色濃くたたえている。

堂内の東祭壇にのぼる階段脇の壁面、中段のところに騎馬像がある。くまどりした鬼面をおもわせる彫刻を施した張り出し支え石のうえに、横向きに、均整のとれた馬、ゆったりとそれに跨がる騎士像が置かれ、さらに天蓋がそえられている。騎士は薄布をまとい、右手はその肩衣の紐を引っ張り――ミケランジェロのダヴィデ像のあの左手と同じ格好――左手は手綱をもち、顔は精悍《せいかん》だが、心なしか憂いの表情を示している。簡素な王冠らしきものをかぶり、ゆたかな髪が顎下までかかっている。天蓋は多くの建物を積み重ねた形をとっており、おそらくエルサレムを示したものではなかろうか。

教会堂内の騎馬像というのは極めてまれで、イタリア、ルッカのドゥオーモ（外套を貧民のために二つに切っている馬上の聖マルティヌス像）、マクデブルク大聖堂の皇帝オットー大帝の騎馬像（現在は博物館に展示）しか知らないのであるが、その毅然とした形、堂内を圧するその迫力において、バムベルクにまさるものはない。

騎士のモデルについては、一〇〇七年周囲の反対を押し切ってバムベルク司教座を創設した皇帝ハインリヒ二世、あるいはハインリヒの義父にあたるハンガリー初代国王シュテファン（イシュトバーン）一世、またこの聖堂内に葬られた皇帝コンラート二世と、諸説があるが、定かではない。いずれにせよ、騎士像はキリスト教世界の守護者としての重責を全身に示して、気品と威厳に満ちあふれている。澄明な青空に聳えるこの大聖堂をおもうと、「天と地のあいだの場所」とは、かかるところをいうのか、とふと想う。

（『健康』月刊健康出版社、第四五四号、一九九六年一二月）

## 一〇　北イタリア都市遊記

日本は冷夏だというのに、南ヨーロッパはカンカン照りで、大いに期待に反したが、今夏もまたヨーロッパ諸都市探訪の旅に出た。イタリアへは、インスブルックの南、ブレンナー峠から入ったが、まず最初の滞在地はボルツァーノ（ボーツェン）。吟遊詩人ヴァルター・フォン・デア・フォーゲルヴァイデの出生地であるが、立派なドゥオーモとアーケード街をもつ町だった。このアーケード街は、ボルツァーノのほかに、トリーノのそれが見事であるが、起源をたどれば、ベルンのそれ、さらにはフライブルク・イム・ブライスガウの市場形態に溯るのではないかとおもわれる。

＊　＊　＊

ヴェネツィアは三度目であるが、恥ずかしながら、ゴンドーラに乗った。ぼられるかなと怖れていたが、リアルト橋から聖ジョヴァニ・エ・パウロ教会――コレオーニの騎馬像がある――まで乗って、わたしたち夫婦で二万リラ、一四〇〇円であった。乗り心地の快適さに比して、比較的安いようにおもえた。そして、人の良さそうな青年が、途中で、前方を指さすではないか。よくみると、崩れかけたレンガの壁にマルコ・ポーロの家とあった。ジェノヴァでの、名所扱いのコロンブスの生家に比べると、なんと大きな違いであろう。「ほら吹きマルコ」に対して、いまでもヴェネツィア市当局の態度は冷たいのである。

＊　＊　＊

八月上旬の日曜日、フィレンツェ――ここでブルーベリーにヨーグルトをかけて食べる食べ方を教わり、以後やみつきとなった――からルッカへ行こうとおもって、駅へいった。電光板にはルッカ行きの掲示が出ているが、列車は一向に来ない。ホームには乗客が待っているが、駅員に聞いても埒《らち》が空かない。そのうち、電光板からルッカの文字がスーと消えた。つまり、なんの説明もなく、列車が取り消されたのである。仕方がないので、ピサ経由で行くほかはない。時間が限られていたので、ルッカ見物は匆々《そうそう》に了《お》えねばならなかったが、ルッカのドゥオーモの様式がピサのそれとそっくりなのにはおどろいた。白と緑の大理石を交互に組み合わせ、三つの大きなアーチと三層の小円柱列から成るファサードは、洗練された趣と自由な軽やかさを示していた。政治的には対立していたルッカは、文化のうえでは、ピサのそれを採用していたのである。こんなとき私は、ディジョンやボーヌ（ブルゴーニュ）の施療院でみた彩色瓦によるブルゴーニュ彩色瓦屋根が、リンダウ（南ドイツ、ボーデン湖畔）やインスブルック、果てはウィーンのシュテファン大聖堂まで伝わっている様を思い出し、その伝わり方が解明できれば面白いだろうなー、の感を深くしたのである。

＊　＊　＊

昨夏はシエナを訪れた。そのとき、八月一六日に挙行される有名な「競馬」を盛り上げるべく、青年たちが旗を振り、ドラムを叩いて市内を廻る前触れの行列に出会った。「競馬」そのものは、ローマのテレビで実況を見た。扇面の形をしたカンポ広場の周囲およそ四〇〇メートルを、地区代表の騎馬十数頭が二周するのである。この競技のため数週間前から準備がなされ、当日は、工夫をこらした中世衣装をまとった市民、山車の行列が行われ、競馬そのものは、数分でおわる。係員が巧みに綱をあやつって、馬を集め、さっと発進させる。薄く砂をまいただけの石畳の狭いコースを、騎馬は必死に駆け抜け、真ん中の広場や周囲の建物（ファブリコ宮殿など）には、数万の観客がいて大喚声をあげ、応援する。イタリア人はなんとお祭りの演出がうまいんだろうと、ほとほと感心した。

今年はフィレンツェから塔の町サン・ジミニャーノへ行ったので、シエナには行かなかった。実況はトリーノのテレビで見た。昨年は事故がなかったのに、今年はお互いに妨害しあったのか、落馬する騎手が続出し、無事だったのは三人だけであった。それでも市民たちは興奮し、満足げであった。いつの日か、この「競馬」を実見できるだろうか。私の胸には、いまもなお青年たちの打ち鳴らすドラムの轟きが鳴り響いている。

（京大西洋史『読書会だより』第三四号、一九九三年）

## 一一　ハイデルベルク大学の図書館

ドイツの大学図書館のことを、ハイデルベルク大学の例をとって書こう。ハイデルベルクは古城の町として有名であるが、大学もまた一三八六年創建であるから、ドイツでは最古を誇っている。図書館は赤砂岩のどっしりとした建物であるが、一階は広い目録室とか展示室、二、三階が書庫、閲覧室となっている。その目録が凄い。初期の書物名は革表紙の大型のノートに、難しい書体で手書きで書かれている。判読するのに一苦労である。最近の書物はカードか、コンピューターで索引でき、またこれらの書物は二階の書庫で自由に閲覧できる。書庫は開架式で、書物は煩わしい分類別ではなく、大体購入された順番に番号をふって、並べられているから、目録室で番号をしっかり確かめておけば、すぐ見つかる。また各学部の学科、研究所も膨大な文献を備えているから、要注意。

図書館はまた自慢のコレクションをもっているもので、ハイデルベルクの場合、『マネッセの中世歌謡挿絵細密画集』がその一つである。これは一三世紀に集められた中世騎士吟遊詩に挿絵がそえられた詩集であるが、〔口絵に掲載した〕カットはその一場面、色彩が美しいうえに、形姿も愛らしく、見ていてとても楽しい。

（『らいぶらり』京都橘女子大学図書館報、第一二号、一九九六年）

## 一二　リヒャルト・ワーグナーの図書室

作曲家リヒャルト・ワーグナーの壮大なる作品『ニーベルングの指輪』は、毎年夏、ドイツのバイロイトにある祝典劇場で上演される。そのバイロイトに、ワーグナーが晩年住んだ館――いまは博物館――があり、その一階正面ホールは、グランド・ピアノと椅子三〇などが置かれて、ワーグナーが楽曲の演奏や歌唱会を催して、観衆を楽しませたところである。

このホールのぐるりはガラス戸棚の書架になっており、ワーグナー愛蔵の書物がずらりと並んでいる。書物の数は膨大で、みな革表紙の立派なものである。

ざっとみただけであるが、書物の分野は多種多様にわたっていた。バッハやベートーヴェンなどの作品全集はもとより、ギリシア、ローマの古典、シェークスピア、ゲーテ、シラーなどの作品集、演劇集、神話学、民俗学、詩学、はてはドイツ中世の法律研究書などにも及ぶ。たとえば、中世村法を集めたグリム兄弟編『判告書』六巻である。筆者の専門である歴史書も多く、ランケの著書が七、八巻、ドロイゼンの『ヘレニズム史』、ギーゼブレヒトの『ドイツ中世皇帝史』六巻など、哲学書は少ないが、ヘーゲルの『歴史哲学』が見つかった。中世末期のニュルンベルクの靴匠で詩人のハンス・ザックスの『作品集』を発見したときには、ワーグナーの『ニュルンベルクの名歌手』の壮麗な序曲を耳にしたように思えた。

（『らいぶらり』京都橘女子大学図書館報、第一三号、一九九七年）

## 一三　ネーデルラントの画家と美術館

ベルギー・オランダ、すなわちネーデルラントは、イタリアに次いで、中・近世の画家の作品を収蔵した美術館が多い地域である。それは、中世フランドル毛織物工業やオランダ世界貿易の繁栄によって、裕福なブルジョワ層が形成されたことによる。しかし、この地に美術の隆盛がおとずれる直接的契機となったのは、一四世紀末フランス・ブルゴーニュ大公の支配がこの地に及び、その影響下のネーデルラントが政治的統一性とイタリアとの文化的交流を獲得したことにあった。イタリア・ルネサンスとの接触を通して、北欧ルネサンスが誕生することになるが、その最初の画家はヤン・ファン・エイクである。彼はブルゴーニュ大侯フィリップ善良侯に仕え、その活動の場がガン市であった。であるとすれば、ネーデルラント美術探訪の旅は、まずガン市から始めるのが妥当であろう。

ガン市の聖バヴォ教会にヤンの代表作、祭壇画「聖なる羊礼拝図」がある。現在こそ観光客で騒々しいが、筆者が最初に訪れた二八年前は静寂で、ギーという音とともに、扉を開けてもらって、壮麗な大画面に相対したときの感動は、筆舌に尽くしがたい。聖なる羊（イエス）を囲んで、数百人の大群衆――天使、使徒、教皇、司教、修道士、国王、諸侯、騎士、市民、農民――が礼拝するという構図は特異なものではないが、細密画法であくまでも丹念に描き込まれた人物群像は、背景となる豊饒《ほうじょう》な都市、自然風景とあいまって、中世キリスト教世界を描ききった感がある。まさにトマス・アクィナスの「神学大全」を図像化したものといえよう。比類なき名手というべきヤンには、ほかに「アルノルフィーニ夫妻像」（ロンドン・ナショナルギャラリー）や「ニコラ・ロランの聖母」（ルーブル）などの名作のあることも忘れてはならないであろう。

ヤンに次いで、ロヒール・ファン・デア・ヴァイデンがいるが、彼の作品は、ルーブル、プラード、ベルリンなどに分散している。ルーブルにある「マグダラのマリア」をピカ一の作品として推したい。

次いでハンス・メムリンクがいる。彼はブリュージュで活躍し、同市の聖ヨハネ施療院に残る祭壇画「聖ウルズラの殉教」と「聖カタリーナの婚礼」が良い。ロヒール、メムリンクとも、ヤンの深い宗教性はやや薄れているが、それだけ人間味あふれる世界を展開している。

ブリュッセルの王立美術館は、ピーター・ブリューゲル「イカルスの墜落」など豊富な所蔵品で水準の高さを誇っている。もちろん、ブリューゲルの主要な作品を見るには、ウィーンの美術史美術館を訪れねばならないが。アントヴェルペン（アントワープ）もまた見逃せない。フランドル巨匠たちの作品がそろっているうえ、一五世紀後半フランスの写実派ジャン・フーケの「聖母子」——国王シャルル七世の寵妃をモデルとしたといわれる——があるからである。暗赤色と黄土色からなるその単純で、不気味な裸体像は、見る者を思わずドキリとさせる現代性を内包している。アントヴェルペンでは、ルーベンスの家にも是非訪問したい。

オランダに入ると、レンブラントの「夜警」をもつアムステルダム国立美術館が第一級であろうが、筆者としては、フェルメールの傑作を有するハーグ美術館により深い親近感をおぼえる。彼の「デルフトの風景」と「少女像」——彼女の耳の白いイヤリングがなんともいえない存在感をもって迫る——は、まさに不滅の作品といえよう。そのほかフランツ・ハルスの市民群像の作品を多数集めたハーレム美術館——この町の教会堂の床は、全部、埋葬された寝棺の石蓋からなっていた——、あるいは、近代絵画を中心としたロッテルダムも見る価値が十分にあるし、なによりもゴッホ美術館（アムステルダム）では、この画家の苦闘をたどることができるであろう。

最後に、一八七六年の著作であるフロマンタン『オランダ・ベルギー絵画紀行』（上・下、岩波文庫）があることを付記しておく。

（立命館大学文学部『学芸員 News Letter』一九九五年）

# あとがき

寒くて長い冬が去り、清々しい春がおとずれてきた。

新しい論文集を編むことにした。

本論文集は四部構成とした。論文、翻訳、講演記録、エッセイの四部である。

第一論文の黒死病に関する研究は、一九八〇年代末、ハイデルベルク大学に短期留学したその成果であるが、当時イギリスの学界では、大黒死病にともなうイギリス農村・家族形態の変動に研究が集中していた。わが国学界はこうした動向に全く無関心で、そこで、あえてその動向を紹介しようと思い立ったのである。ついでに他の諸国にも触れ、長論文となったので、本書の表題とすることにした。なおこの論文の要約を一九八〇年法政大学でおこなわれた「第四〇回日本西洋史学会」の公開講演として発表したが、複雑かつ長ったらしい報告で、聴衆のみなさんを退屈させたようである。第二論文は、その後拡大され、拙著『ヨーロッパ中世都市の起源』(未来社、一九九三年)となって結実した、その出発点をなすものである。第三、第四論文は筆者の最初期の論文であるが、今回大幅に簡略化して、収録することにした。

ランケの翻訳は、名だけ有名で詳細の知られていない史実を紹介しようとしたものであるが、史実もランケの文章も難しく、不満足なものにおわった。ただし、「抵抗」の節は面白い。

講演の第二「ロマンティック街道」の旅行の話は、四〇年以上も前の話であり、旅程、ホテル、交通機関などは信用しないでほしい。ただし、旅装についてのわたしの意見は変わらない。「和傘の輸出」の話はどうおもわれるだろうか。さらに研究を深めるひとが現れるといいな、とおもう。

エッセイは、前半、わたしという一研究者の成長過程を追ったものであり、後半は、ヨーロッパで見聞し感銘をうけたものを記した。これによってヨーロッパ文化の一端に触れていただければ幸いである。

この度も文理閣に大変お世話になった。代表者黒川美富子さん、編集長山下信さん、社員のみなさんに厚くお礼を申しあげる。

二〇一六年三月二二日　　京都・下鴨にて

瀬　原　義　生

## 著者紹介

**瀬原義生**（せはら・よしお）

1927年　鳥取県米子市に生まれる。

1951年　京都大学文学部史学科西洋史専攻卒業。

1956年　京都大学大学院（旧制）修了。

現　在　立命館大学名誉教授、元京都橘女子大学教授、文学博士。

主　著　『ドイツ中世農民史の研究』未来社、1988年。

『ヨーロッパ中世都市の起源』未来社、1993年。

『ドイツ中世都市の歴史的展開』未来社、1998年。

『スイス独立史研究』ミネルヴァ書房、2009年。

『ドイツ中世後期の歴史像』文理閣、2011年。

『ドイツ中世前期の歴史像』文理閣、2012年。

『皇帝カール五世とその時代』文理閣、2013年。

『精説スイス史』文理閣、2015年。

『中・近世ドイツ鉱山業と新大陸銀』文理閣、2016年。

主訳書　M. ベンジンク／S. ホイヤー『ドイツ農民戦争―1524～26』未来社、1969年。
E. ヴェルナー『中世の国家と教会』未来社、1991年。
M. モラ／Ph. ヴォルフ『ヨーロッパ中世末期の民衆運動』ミネルヴァ書房、1996年。
R. H. ヒルトン『中世封建都市―英仏比較論』刀水書房、2000年。
C. V. ウェッジウッド『ドイツ三十年戦争』刀水書房、2003年。
K. ヨルダン『ザクセン大公ハインリヒ獅子公』ミネルヴァ書房、2004年。
C. V. ウェッジウッド『オラニエ公ウィレム』文理閣、2008年。
アンドリュー・ウィートクロフツ『ハプスブルク家の皇帝たち―帝国の体現者』文理閣、2009年。

デレック・マッケイ『プリンツ・オイゲン・フォン・サヴォア―興隆期ハプスブルク帝国を支えた男』文理閣、2010年。
C. V. ウェッジウッド『イギリス・ピューリタン革命―王の戦争―』文理閣、2015年。



大黒死病とヨーロッパ社会
―中・近世社会史論雑編―

2016年6月20日　第1刷発行

著　者　瀬原義生
発行者　黒川美富子
発行所　図書出版　文理閣
京都市下京区七条河原町西南角〒600-8146
電話(075)351-7553　FAX(075)351-7560
http://www.bunrikaku.com



ISBN978-4-89259-792-3